深度关系

从建立信任到彼此成就

CONNECT

Building Exceptional Relationships
with Family,
Friends and Colleagues

［美］大卫·布拉德福德　卡罗尔·罗宾　著
（David Bradford）　　（Carole Robin）

姜帆　译

机械工业出版社
CHINA MACHINE PRESS

图书在版编目（CIP）数据

深度关系：从建立信任到彼此成就 /（美）大卫·布拉德福德（David Bradford），（美）卡罗尔·罗宾（Carole Robin）著；姜帆译．—北京：机械工业出版社，2023.4（2024.5 重印）

书名原文：Connect: Building Exceptional Relationships with Family, Friends and Colleagues

ISBN 978-7-111-72769-9

I. ① 深… II. ① 大… ② 卡… ③ 姜… III. ① 人际关系学 — 通俗读物 IV. ① C912.11–49

中国国家版本馆 CIP 数据核字（2023）第 069706 号

机械工业出版社（北京市百万庄大街 22 号　邮政编码 100037）
策划编辑：胡晓阳　　　　　　责任编辑：胡晓阳
责任校对：梁　园　　王明欣　责任印制：单爱军
北京联兴盛业印刷股份有限公司印刷
2024 年 5 月第 1 版第 9 次印刷
170mm×230mm・23.5 印张・3 插页・258 千字
标准书号：ISBN 978-7-111-72769-9
定价：109.00 元

电话服务　　　　　　　　　网络服务
客服电话：010-88361066　　机 工 官 网：www.cmpbook.com
　　　　　010-88379833　　机 工 官 博：weibo.com/cmp1952
　　　　　010-68326294　　金 书 网：www.golden-book.com
封底无防伪标均为盗版　　　机工教育服务网：www.cmpedu.com

本书内容源自斯坦福商学院50余年经典课程——人际互动（Interpersonal Dynamics），该课程对大批硅谷高管产生了深远的影响。

深度关系对个人生活和职业成功非常重要，而这项技能是任何人都可以学会的。

关系由浅入深的发展过程

所有的关系各不相同，但多数都会按照相似的模式发展。

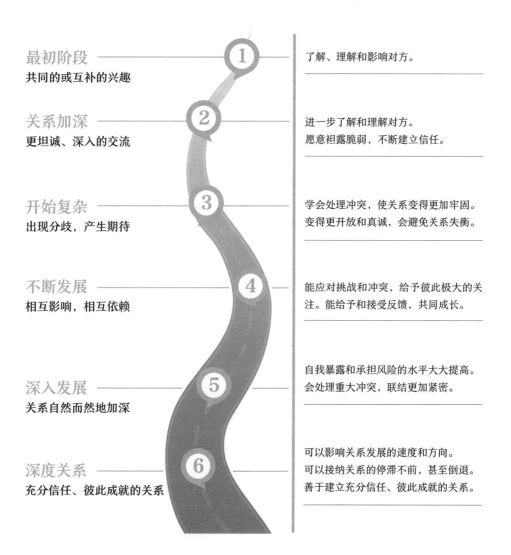

最初阶段
共同的或互补的兴趣

了解、理解和影响对方。

关系加深
更坦诚、深入的交流

进一步了解和理解对方。
愿意袒露脆弱，不断建立信任。

开始复杂
出现分歧，产生期待

学会处理冲突，使关系变得更加牢固。
变得更开放和真诚，会避免关系失衡。

不断发展
相互影响，相互依赖

能应对挑战和冲突，给予彼此极大的关注。能给予和接受反馈，共同成长。

深入发展
关系自然而然地加深

自我暴露和承担风险的水平大大提高。
会处理重大冲突，联结更加紧密。

深度关系
充分信任、彼此成就的关系

可以影响关系发展的速度和方向。
可以接纳关系的停滞不前，甚至倒退。
善于建立充分信任、彼此成就的关系。

阅读指引

1　目录速查

本书目录的编排大致遵循了关系由浅入深的发展过程，你可以**按顺序阅读**，也可以**根据关键词**选取自己感兴趣的内容。

冲突　期待　真实　鼓励　改变　需求　影响力　争议　平衡　情绪　边界　反馈

2　场景阅读

本书编排了5个场景，每个场景里都有两个人，他们正处在关系的拐点上。右图展示了每个场景所在的章节，你可以选择自己最感兴趣的关系类型开始阅读。

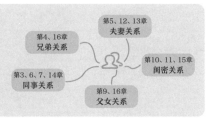

第5、12、13章
夫妻关系

第4、16章
兄弟关系

第10、11、15章
闺密关系

第3、6、7、14章
同事关系

第9、16章
父女关系

3　深化学习

自我反思
把自己带入故事角色

应用
把感悟带入自己的关系

理解
理解自己在关系中的位置

赞　誉

卡罗尔·罗宾和大卫·布拉德福德是帮助人们把智商与情商结合起来的大师，他们能帮助人们满足彼此的需求并取得成功。我向大家推荐这本书。

——瑞·达利欧（Ray Dalio）

桥水联合基金创始人

著有《原则》(*Principles：Life and Work*)

人们从未像现在这样清晰地认识到，有意义的人际关系对充实健康的生活至关重要。这是一本实用的书，它的诞生也非常及时。我强烈推荐本书，它告诉了我们，通过与自我建立联结，我们可以更容易地与他人建立联结、建立良好的关系。

——阿里安娜·赫芬顿（Arianna Huffington）

Thrive Global 公司创始人、CEO

在领英公司，我们把"人际关系很重要"作为我们的核心价值观之一。因为你在不同的岗位、公司和行业中建立的人际联结会一直存在。本书为如何建立人际关系提供了令人信服、极易上手的方法，能帮助读者取得事业的成功和人生的圆满。我强烈推荐本书。

——里德·霍夫曼（Reid Hoffman）

领英公司联合创始人

与人合著有《闪电式扩张》（*Blitzscaling*）与《联盟》（*The Alliance*）

学习如何克服差异并与他人建立联结、发展关系，看到他人的真实面貌，听见他人的心声，正在成为各个国家和个人的当务之急。本书包含了一系列精心构建的概念与实践练习，读者可以将其内涵应用于各个方面，无论是面对婚姻矛盾还是管理挑战。本书是一个宝库！

——安妮-玛丽·斯劳特（Anne-Marie Slaughter）

New America 公司 CEO

我创建 MasterClass 的目标与原因之一，就是我一心致力于让所有人都能从世界上最好的思想中获益。我很高兴，现在数百万人都能学到本书的宝贵经验。我推荐任何想在生活中的任一领域建立更稳固、更有意义的人际关系的人阅读本书。

——大卫·罗吉尔（David Rogier）

MasterClass 公司创始人、CEO

我在职业生涯和个人生活中取得的大部分成就，都得归功于我在本书所基于的课程中学到的东西。我迫不及待地想把这本书送给我的团队成员、家人和朋友。

——达拉·特雷赛德（Dara Treseder）

派乐腾公司 CMO、太平洋煤气电力公司董事

数十年从业经历告诉我，无论是在谈判桌上还是篮球场上，建立高度信任的关系都是成功最重要的因素之一。无论是对工作中的关系还是生活中的关系，本书都提出了实用的见解，它是同类书中最好的一本。

——厄夫·格罗斯贝克（Irv Grousbeck）

企业家、波士顿凯尔特人队联合创始人、

斯坦福大学商学院教授

卡罗尔和大卫的课程是无价的资源——把他们的见解和课程凝结成一本书，将是多么好的礼物啊。我愿意把这本书推荐给任何想要变得更快乐、更充实的人，以及任何希望我们未来的世界变得更美好、更加充满智慧的人。

——珍妮弗·阿科尔（Jennifer Aaker）

与人合著有《严肃的幽默》（*Humour，Seriously*）与

《蜻蜓效应》（*The Dragonfly Effect*）

推荐序 1

来自斯坦福商学院的珍贵礼物

人们都知道美国的斯坦福大学是全球顶尖名校，却未必知道"没有斯坦福就没有硅谷"这句朴实而又震撼世人的评价；人们都知道哈佛商学院的案例教学，教育界无出其右，却未必知道斯坦福商学院在全球十大商学院排行榜上常常与哈佛并列第一、难分伯仲，每年都有不少天才学子进不了斯坦福才转向哈佛的事实。

知道了斯坦福商学院有多厉害，就更容易理解这本书——这份来自斯坦福商学院的礼物有多么珍贵。到底有多珍贵呢？一句话就说清楚了：这本书是斯坦福商学院五十年来最受欢迎的一门课程 ——"人际互动"核心内容凝结而成的一本书，是这门课程的创始人、"人际互动之父"大卫·布拉德福德先生和继任的课程负责人卡罗尔·罗宾女士默契合作，共同努力四年多的智慧结晶。

让没有机会就读斯坦福商学院的天下读者，都有机会用最简便的方式、最低廉的成本得到这份珍贵礼物，正是两位作者的发心和期望。继这本书 2021 年在美国正式出版并热卖之后，机械工业出版社联手正和岛，把中文版呈现于广大读者面前，现在是把这份珍贵礼物开封的时候了！

为了让你在品读这本书时保有足够的新鲜感和接连不断的惊喜，已先睹为快的我并不想在这里"剧透"太多，只想给大家如下三个提示。

第一，无论你在人际互动中是怎样的高手，阅读本书的过程中你都会发现自己的诸多误区、盲区或致命缺陷——正像我本人阅读时的感受一样：原来我根本没理解什么是真正的"倾听"；原来我从未意识到动辄给别人提建议、下定论的弊端；原来我一不小心就会把人际交往中偶尔产生的"刺痛"积攒为"剧痛"；原来人际互动中还有那么好用的"15% 法则"；原来任何沟通的僵局或关系的死结都有打开的方法和路径；原来我长期以来引以为傲的社交方式"欣赏你到灵魂里，批判你到骨子里"，其实常常伤害到朋友而不自知；原来那句格言"通往地狱之路往往是由善意铺就的"，提醒的不只是这个世界的巨人们，也在警醒我们这些每天都在相互影响的普通人……。这些领悟正是缔结信任的基石。

第二，作为一个典型的"关系型社会"中的成员，通常情况下，我们要么为了保持关系的"良性"回避矛盾、害怕冲突，从而把关系维持在一种肤浅甚至虚假的状态，要么因为驾驭不了矛盾冲突而使关系恶化，使恶化的关系长期化。这本书用鲜活的案例告诉我们："只有当我们能够控制恐惧并承担必要的风险时，才有可能建立深度关系。"在这个过程中，我们可能犯的"唯一的错误就是不愿意从自己的错误中学习"。因此，真正健康的良性关系、对我们的生命成长至关重要的深度关系，虽然偶尔也会天然存在或自然形成，而更为可控的则是主动建设、努力习得。

第三，真正的好书，最大的价值并不在于它本身有多么好，而在于能够让你领会书中的精髓，真切地感受到自己生命的广阔、深邃与美好。为了做到这一点，本书的两位作者选用了五对人物关系来展现关系由浅入深的变化，每对关系中的两个人都处在关系的折点上。阅读他们的困境，反思自己的人生，你会发现你能够更加自信地拥抱无限的可能。

最后，请记住：**在关系中，你永远都有机会选择成为一个可以影响他人、成就他人的人。**

这样的礼物还不值得我们好好珍惜吗？

刘东华

正和岛创始人、首席架构师

推荐序 2

深度关系中的大道至简

距离我从斯坦福商学院毕业已经有十多年了，很多在商学院里学习的知识可能早就不记得了，但唯独有一门课程，给我毕业后职场生活的方方面面带来了不可磨灭的裨益。甚至直到昨天，我在给一位学成归来的朋友做人生意义探索咨询的时候，还用到了从这门课程里学习的技巧，这就是被誉为斯坦福商学院最神奇课程的人际互动学。

很多人以为去商学院主要是学习管理和领导力，但如果你到斯坦福商学院，可能更多学习的是和创业风投等相关的知识。而对于我来说，让我在斯坦福商学院受益最大的却是人际互动学这门课程。

我刚进斯坦福商学院的时候挺不自信的，因为我被录取的那一年，斯坦福全球排名第一，但录取率又是历史新低，只有不到 2%，国际学生的录取率就更低了。对比其他 M7 商学院至少 10% 的录取率，可以想象进来的都是什么样的精英。

我当时觉得自己是侥幸被录取的，所以一开始都不太敢和同学打交道，但是在人际互动学的课堂上，我却深切地体会到：无论一个人的外表多么光鲜，取得过多么荣耀的成就，拥有怎样的社会地位，在最底层他都会和你有很多共同点，你们是可以构建起深度联结的。

例如，我的一位同学，他出生于美国显赫老派家庭，家族有钱有势，他外表帅气，自己除了华尔街繁忙的私募工作外，还在海外开创了一个非常有影响力的公益组织。但他也会倍感烦恼，因为所有人都以为他的成就是依托家族的名气，而没有看到他一点一滴的辛劳。以前，这样的美国白人高富帅同学，我可能都不一定敢去搭话，但是在上完课后，我却和他以及他姐姐成了很好的朋友。

我从这门课中深刻地理解到：虽然人与人表面上存在众多差异，但这些差异无法掩盖人们底层对深度联结的渴望和对信任关系的热切需求。于是我从一个很内向的人，渐渐变成了他人眼中外向热情、善于社交的活跃分子。我发现人与人之间建立深度关系并没有我想象得那么困难，也逐渐在这个过程中建立起了自信。

建立深度关系的本质是大道至简。教授在书中只简简单单写了深度关系的六个特质，我们完全可以从中找到适合自己的实用原则。我常用到的四个原则如下：

1. 真诚，能够明晰自己的发心和初衷。

2. 对自己有勇气和对对方有信任，愿意袒露脆弱。

3. 理解任何沟通中都存在"三个现实"，不预设对方的想法和意图，而是通过不断的沟通去获得真实的信息。

4. 相信一切关系都如同橡皮筋一样有弹性，可以不断地调整和变化。

以上原则是我过去十多年不断在生活和工作的各个领域中实践人际互动课程所学之后自己的提炼。

而这四个原则不仅帮助过我，也帮助了我管理过的员工和我教过的学员，其中不乏创业者、CEO、投资人、律师等高成长性的人士，这也是 2019 年我受布拉德福德教授委托和授权，联合北京大学斯坦福中心开设这个课程受到了热烈欢迎的原因，很多人报名参加课程，而学完这个课程的人也都和我们成了好朋友。

正因为如此，在写推荐序时候，我并不担心袒露我上斯坦福商学院时的脆弱和不自信，因为我的发心是通过分享我的成长和从这个课程中获得的受益终身的收获，来激发读者探索建立深度关系的兴趣。

《道德经》有云："万物之始，大道至简，衍化至繁。"

相信各位读者，会从这本《深度关系》中阐述的简单而深奥的法则里，得出适合自己的原则和方法论，从而活出精彩且充满爱的一生。

顾及

北京大学斯坦福中心"人际互动学"精华版项目主任

在关系中，你永远
都有机会选择成为
一个可以影响他人、
成就他人的人。

目　　录

第一部分　深度关系的必经之路

自我表露可以让他人更加充分地了解你，这是建立深度关系的关键。真实的自我被他人接纳，是一种极大的认可。

鼓励他人敞开心扉的过程包括知道何时更多地表露自己，何时后退一步，给对方空间，何时问正确的问题。这也需要你支持对方获得他们想要的东西，而不是你想让他们得到的东西。

解发生了什么，然后才会注意到自己或他人的感受。有时，我们需要先停下来问问自己："我到底有什么感受？"

深度关系的六个特征：

1. 充分展现真实的自我。

2. 愿意袒露脆弱。

3. 相信自我表露的信息不会被用
   来对付自己。

4. 坦诚相待。

5. 用建设性的方式解决冲突。

6. 愿意为对方的成长与发展付出。

第 1 章

什么是深度关系

这本书讲的是一种特殊的人际关系，我们将这种关系称为"深度关系"。你可能已经有了一两段深度关系，甚至更多。在这种关系里，你觉得真实的自己被看见、被了解、被欣赏了，而不必做任何伪装或掩饰。你在 Instagram 上可能有几百个好友，他们知道你上周在高档餐厅吃饭时点的菜，但与你有深度关系的人知道，你多年来都在与进食相关的问题做斗争，或者你和你的伴侣在吃这顿饭时讨论了建立家庭的问题，或者你当天晚上外出的目的是讨论辞职的利与弊。对于那些自从高中毕业后就再也没见过，只在网络上关注你的消息的朋友来说，这些话题是他们不知道的。他们很少知道你会和谁拼车。他们也不认识你时常去看望的姑妈。但是，和你有深度关系的那个人知道你的真实情况，因为那个人真的了解你。

关系是一个连续体。在这个连续体的一端，你在与人接触的时候，感觉不到任何真实的联结；在另一端，你能感到被了解、被支持、被认可、被完全地接纳。在这个连续体的中间，你对许多人会感到有些依恋，并想要与他们建立更亲密的联结。问题是，该怎么做呢？你怎样才能改变一段关系在这个连续体中的位置呢？我们一直致力于为成千上万的学生与客户回答这样的问题。现在，我们也将为你做出解答。

　　深度关系是可以养成的。这种关系有六个特征：

1. 你和对方都可以更充分地展现真实的自我。
2. 你们两人都愿意袒露脆弱的一面。
3. 你们相信自我表露的信息不会被用来对付自己。
4. 你们可以坦诚相待。
5. 你们可以用建设性的方式解决冲突。
6. 你们都愿意为对方的成长与发展付出。

　　让我们来稍微解释一下这几点。

　　前三个特征以"自我表露"为中心。很多人会说，现在我们已经处于一种"过度分享"的文化中，为什么还要讨论"自我表露"呢？因为呈现表象与分享真实自我是有区别的。和其他许多人一样，奥斯卡·王尔德（Oscar Wilde）曾讽刺地说："做你自己吧，别人已经有人做了。"很多时候，我们会因为害怕别人对我们的评价不好而掩饰自己将要透露的信息。

　　社交媒体创造的世界，迫使我们用积极的表象掩饰一切事物。可能你在 Facebook 上的照片显示你正站在埃菲尔铁塔前微笑，但实际上，那次旅行糟透了。我们知道的那些硅谷 CEO 说，他们在讲述每件事情时，总是需要说自己"干得多漂亮"，但在硅谷，疲惫、恐惧与倦怠却是他们非常真实的情绪。维持这种虚假的表象让人很疲惫。掩饰和伪装自己，不仅会让你失去真诚的能力，还会让别人也做出掩饰。我们不是说，你要把所有事情都告诉一个人。但是，你的确需要与对方分享你的一部分。你要分享的这一部分，对那段特定的关系是重要的。而且，你所分享的内容应该是完全真实、真诚的你，而不是一个被微笑的假期照片或欢快的节日问候所掩饰的你。

后三个特征与反馈和冲突有关。事实上，挑战一个人，可以是支持他的一种有力方式，然而很少有人相信自己能很好地做到这一点。如果与你有着深度关系的人指出，你做了某些让他们感到困扰的事情，那么你应该知道，这是一个学习的机会，而不需要为自己辩解。他们知道，通过帮助你理解自己行为的影响，他们表达了对这段关系的重视，也表达了帮助你成长的意愿。

即使在最好的关系里也会发生争吵（你将会看到，本书的两位作者就是很好的例子）。然而，对冲突的畏惧可能会让你们回避矛盾。实际上，如果你们能把这些矛盾提出来，并予以圆满的解决，就可以加深你们的关系。闭口不谈的冲突依然会造成伤害。在一段深度关系里，最好把问题提出并解决掉，这样问题就不会隐藏起来，造成长期的伤害。你应该把这种挑战看作学习的机会，这样的机会能减少相同困境在未来再次出现的可能性。

在我们的职业生涯中，我们一直在教人们如何在个人生活和职场上建立并维持稳固的、健康的、有生命力的人际关系。我们邀请你加入我们成千上万的学生和客户中来，他们从我们这里不只学到了如何建立并维持关系，还学到了更多。我们的热情来源于我们在教练、教学和咨询的职业生涯中观察到的结果。我们不仅是研究并教授这本书中的概念，我们还身体力行。有时我们做得并不完美。大卫与妻子已经度过了55年的婚姻生活，而她曾对大卫说："你是教这些东西的，可你为什么不照着做呢？"卡罗尔的丈夫安迪，也对她表达了类似的不满。尽管如此，我们一直在努力按照我们教授的理念去生活，我们的生活也的确因此变得更好了。

即便如此，我们也曾几乎失去了彼此间的深度关系。大卫曾经做了某件事（更准确地说，应该是没做某件事），让卡罗尔到了想和他绝交、不再与他来往的地步。我们会在第17章详细讲述这件事，但关键的一点是，即使我们的关系处于破裂的边缘，我们也能修复关系，重建联结。这样我们才有机会一同写作本书，并且在这个过程中发展出一种更加深度的关系。我们两人就是活生生的例子：错误和误解时有发生，但关系的修复与重建也是可能的。

虽然我们两人以教书为业，但我们十分清楚，有些课程从书本上学不到，只能从体验中学到。这就是为什么本书的侧重点在于应用。我们在世界最负盛名的大学之一的商学院里工作，但我们要说的话，在商业领域之外更有意义。虽然人们用亲切的话语，说我们花费数十年时间打造的"人际互动"课程（Interpersonal Dynamics）有些"婆婆妈妈"，但这门课并没有什么肉麻之处。培养这些"软"技能需要付出大量的努力。

本书中的概念建立在社会科学研究的基础之上（尤其是人际心理学的研究），也建立在我们自身数十年的经验之上。大卫在50多年前就到斯坦福大学商学院工作了，他开发了这门"人际互动"课程。在今天，他被称为"人际互动之父"。卡罗尔在20年前与大卫成了同事，也逐渐被人称为"人际互动女王"，她协助扩大了课程的规模，使参与课程的人数翻了一番。

这门"人际互动"课程，至今仍然是斯坦福 MBA 课程中最著名、最受欢迎的课程，远远超过了第二名。超过 85% 的学生报名参加过这门课程，他们往往需要优先选择这门课才能选上。学生经常表示，上这门课是一种具有"转变性"的体验。校友们也经常表示，这是他们上过的、对他们影响最深的课程，他们在个人生活和职业生涯中依然在使用这门课中教的内容。学生之间会结下终生的友谊，甚至建立婚姻关系。关于社交的技能，像戴维·凯利（David Kelley）《创新自信力》（*Creative Confidence*）这样的畅销书就谈到过，《今日播报》（*Today*）做过专题报道，《纽约时报》发表过类似的文章，《华尔街日报》也刊登过专题文章——所有这些书籍和媒体都注意到了这些技能在当今组织生活中的重要性。

学生很快就会知道，虽然这门课被形容"婆婆妈妈"，但不意味着它很容易学。他们报名参加这门课后，会被安排进入一个 12 人的小组，也就是"T 小组"。在为期 10 周的学期里，这个小组的会面时间为 60 个小时。T 小组中的"T"代表"训练"（training），而不是"治疗"（therapy），其目的是提供一个学习的实验室，让学生在其中相互交流，从同伴的反应中学习，从而践行课堂上的概念，例如自我表露的重要性，如何给予并接受反馈，如何求同存异，如何影响彼此。我们坚信，要学习建立有效的人际关系，最好的方法就是与他人在真实情境下实时交流，而不是听讲座、阅读相关材料、做案例研究，甚至也不是看书（没错）。尽管本书涉及我们在课上讲的所有内容，但你依然需要借用你在生活中的人际关系，将其作为练习技能的"实验室",才能取得最理想的效果。在这本书中,我们会为你提供具体的建议,教你该怎么做。

对于那些习惯于处理数据、应付习题的学生来说,坐在一群人当中,探究谁与谁的联结更深以及为什么,一开始可能会有些不舒服。但多年以来,有无数的学生在一开始都没能领会这门课到底有什么特别之处,但在结课时都对课程的内容深信不疑。尽管我们可能很优秀,但这门课的影响力并不是来自教师的精彩论述。我们的工作只是提供条件,让学生学习他们的行为方式会如何影响他人,以及这对于他们成为未来的成功领导者来说意味着什么。

专家们已经认识到,**人际关系技能(即软技能)是职业成功的基础**。我们的核心信念是,人是在与人打交道,而不只是与想法、机器、战略打交道,甚至不是在与金钱打交道。"人际互动"课程提供了培养软技能的最佳条件,例如**建立联结、培养信任、产生影响,这些技能已经成为成功领导者的关键能力**。不仅如此,学生还会获得一些更加深刻的东西,一位多年前的学生很好地谈到了这一点:"我知道,我去任何一所顶级商学院,都会学习如何成为一名更好的管理者和领导者。但我相信,如果我来到斯坦福大学,尤其是上了这门课,我就会成为一个更好的人,而不仅是一个好的领导者。"

无论是在校友聚会上,还是在我们这些年来收到的电子邮件里,我们都能得到许多良好的反馈。"十年后,这门课挽救了我的职业生涯(婚姻)。""我几乎每天都在工作中运用我在'人际互动'课上学到的东西。""我知道,通过这门课的学习,我成了一个更好的父亲(母亲、配偶、儿子、女儿)、一个更好的同事。"一位近期参与高管项目的学员说:"令人惊讶的是,这门课并没有直接聚焦于提高我的领导能力。这门课主要教给我的是如何做一个更好的人……其副产品是，我成了一个更有成效的领导者，而我的自我觉察、同情心、表露脆弱情绪以及沟通的能力都提升了。"

掌握这些软技能需要努力，但任何人都能学会这些技能。这就是 MBA 学员能从"人际互动"课程的原则中受益的原因。这些技能也不是只在加利福尼亚流行，世界各地（欧洲、非洲、亚洲以及拉丁美洲）都有类似的团体课程，参与者也更多元化，其效果也是相似的。

除了学术工作之外，我们在许多国家和行业中，为成百上千的营利和非营利组织以及许多规模不同的公司（从世界 100 强企业到创业公司）提供过咨询和高管教练服务。我们一同为斯坦福大学开发了一门为期一周的高管人际关系课程，这门课程非常成功，世界各地的许多高级管理人员都参加了。现在，卡罗尔将同样的原则与课程流程应用于培养硅谷的 CEO、创始人以及投资者。

这些年来，我们观察到的最惊人的现象之一，就是**深刻、充实的个人联结可以发生在差异很大的人之间**，这超出了我们通常的想象。我们可以和一个表面上看起来与我们没有什么共同之处的人发展出一段深度关系。无论是在个人生活中还是在职场上，我们都见过这种情况一次又一次地发生。要做到这一点，就需要具备超越肤浅对话的技能。要学会这些技能不一定需要很长时间，但的确需要我们下定决心去真正地了解自己、了解他人。

你无法与所有人都建立深度关系。这是不可能的，因为这种深层的联结需要付出许多精力。更重要的是，你也没必要这样做。你的生活中可能有很多人，比如网球伙伴，一起看电影、听音乐会的人，或者偶尔一起吃晚餐的人。你可能有一些在工作上合作非常愉快的同事，但他们不是你最亲密的朋友。这些关系能为你提供伙伴情谊、社会互动、智力激励、专业认可以及乐趣。这些关系没有那么深入，这是完全正常的。更重要的是，你需要这些关系。不是每道甜点都要像巧克力蛋奶酥一样浓郁，你也不是每次都要和非常了解你的人互动。

尽管如此，你在生活中可能依然有一些想要更进一步的关系。你不确定这些关系会不会达到"深度关系"的程度，但你知道它们还有成长的空间。也许你想学习如何让一段点头之交变得更深入，让有些冷淡的关系变得更亲密，让有问题的关系变得更健康，或者让竞争的关系走向合作。也许，你已经有了一些让你感到既深刻又满意的关系，但你觉得这些关系的内涵可以变得再丰富一些。本书中的概念可以帮助你朝着关系连续体上的任意方向前进。

我们并没有承诺教你"建立深度关系的五个简单步骤"，因为这种步骤并不存在。没有适用于所有人的方法。适合你的方法不一定适合另一个人，有助于一段关系成长的方法，可能在另一段关系中却起不到预想的效果。"深度关系"也不是关系的最终状态，因为关系总是可以发展得更深。相反，我们可以把深度关系看成有生命的、会呼吸的有机体，这些有机体总在不断地变化，总是不断地需要我们的照料，而且总能给我们惊喜。

谈到建立更有意义的关系所需要付出的努力时，我们非常坦率，在谈论这种努力能带来的好处时，我们也同样坦率。我们已经发现，这些方法对于友谊、婚姻、家庭系统和工作关系都有着显著而深刻的影响。我们知道，我们所教授的方法能让关系变得更稳固、更快乐、更深刻，其中的冲突也会变得更少。对于一个人，如果你心里怀有安全和诚实的感觉，你们的关系就有无限的成长机会。当你和另一个人的互动达到最真诚的状态时，关系就会发生根本性的转变。最后，我们要说的是，要建立一段深度关系，拥有一系列技巧和能力是不够的，这是一种完全不同的生活方式。其中有一些神奇的奥妙。

我们一直在教人们如何在

个人生活和职场上

建立并维持稳固的、

健康的、有生命力的人际关系。

现在，我们邀请你加入我们。

——大卫·布拉德福德，卡罗尔·罗宾

第 2 章

斯坦福商学院经典课程

我们很清楚"人际互动"课程给一届届学生带去了什么收获。我们在帮助他人处理人际挑战，以及处理我们自己的关系问题时，我们一遍又一遍地使用了我们教授的技能。我们的学生一再催促我们把这门课程的材料写成一本书，这样他们就能在需要时查阅，或者与朋友、配偶或商业伙伴分享。除此之外，我们自己还有一个梦想，那就是让斯坦福大学之外的、成千上万的人都能从这门课程中受益。很长时间以来，我们一直在思考如何让这门课程的内容被更多的人看见。

事情并没有那么简单。这本书所描述的课程建立在学生小组的紧密合作、体验性学习的基础之上。第一，每个学生都要在这个面对面交流的小组中待上 10 周，即使遇到困难也不能放弃。如果学生能更细致入微地了解彼此，他们之间的冲突就能得以解决。第二，学生会从其他小组成员那里得到帮助。如果两人之间的互动不太顺利，其他人就会介入，说"嘿，怎么了"或者"我有点儿想维护加布里埃尔，想确保他一切都好"。第三，全班会建立一种文化规范：支持学习，承诺保密，以及唯一的错误就是不愿从自己的错误中学习。最后一个规范将问题重新定义为学习的机会。

上述三个因素在本书中肯定是不存在的。没错，我们可以提供同样的理念、故事，以及我们在讲授和阅读中涉及的材料，但我们不能为你提供 11 个同伴来支持你的学习，保持你的投入。我们也不能影响你的各种关系里的文化规范。虽然我们两人自认能力不俗，但即便如此，我们也有自己的局限。帮助你将理念的理解转化为实际的行为，这是一个挑战。毕竟，你有可能知道该怎么做，但并未身体力行。在体验性学习的过程中，你会先尝试，再学习。

为了让本书能发挥应有的作用，最重要的一点是，我们需要你的积极参与。我们在课堂上常说，那些坐在一旁观察的人收获最少，而那些卷起袖子、真正参与相互交流的人学得最多。我们在本书中编了五个场景，这五个场景会贯穿全书，每个场景里都有两个人，处在他们关系的转折点上。我们描写的这些关系涵盖范围很广，包括尝试改变数十年来与父亲相处方式的女儿，权衡共同责任与个人需求的夫妇，以及关系随着时间推移而加深并受到考验的同事。所有的案例都融合了我们有过或看见过的关系，我们希望你不要被动地阅读本书，而要努力想象自己在每个场景里的反应。

请阅读这些人的困境，将自己置于他们的立场上，并反思你会有什么感受和行为？你的感受和行为说明了什么？你有哪些做得好的地方，有哪些不足之处？你有没有需要改进的能力？然后，我们会提供一些处理这些情境的方法。你可以看看这些方法对你来说是否容易做到，以及哪些方法会给你带来挑战。反思一下你能从中获得哪些关于自己的领悟。积极主动地学习能让你对学习材料产生切身的体会。

然后，请将自己学到的内容付诸实践。每章结尾都有一些反思问题和建议，帮助你运用所学的内容。请在阅读各章节的间隙里运用所学的内容，就像我们的学生在课程的间隙里一样。将学习材料付诸实践并不容易。你会发现我们没有给你确定的答案，而是给了你多种选择，因为选择哪种具体的解决之道完全取决于你——取决于你想要什么结果，取决于你的能力，以及你愿意承担的风险。

关系是由双方共同决定的，正确的行动也取决于另一方：他们想要什么？他们能接受什么？这段关系所处的背景是什么？这种灵活变通不是一种约束，而是一种解放。虽然我们不能保证你总能成功地建立你想要的关系，但你可以从尝试中学习。事实上，在最理想的情况下，我们希望你能阅读本书中的一章，将其内容运用于你的生活中，然后再把这章读一遍。

最后，请调试好两条你最重要的"触须"。一条"触须"负责接收外界的信息，另一条负责接收内在的信息。如果你只有后一条"触须"，你就不能理解另一个人；如果你只有前者，你就会失去自我。唯有倾听这两方面的信息，你才更有可能做出最恰当的行为，既符合当前情境的要求，也符合你们共同的需要。保持这两条"触须"的最佳状态，能帮助你将每次与他人的互动都看作一次学习的机会。我们的一位朋友曾说，这门斯坦福人际关系课应该叫作"人际正念"。因为要用我们在书中描述的方式与另一个人交往，你就需要敏锐地觉察你自己和对方的具体情况。

即便我们不会给你的成绩打分,但我们还是希望你能坚持学习。

人际关系的发展过程和本书的组织结构

所有的关系各不相同,但多数都会按照相似的模式发展。关系往往起源于共同的兴趣,如音乐或徒步旅行。在有些关系中,人们的兴趣可能是互补的——一个人喜欢做计划、组织活动,而另一个人却觉得这些事情很累人。在这种情况下,这两个人就必须学着如何理解并影响对方。后者在多大程度上可以拒绝前者提出的计划?前者在多大程度上会感到自己被利用了,并且会要求后者承担一些制订计划的责任?

在某些关系里,你可能仅需要考虑这些问题,无须再做深入的交流,这是完全正常的。比如,我们假设你和一个朋友都喜欢打篮球,并且建立了一段简单的友谊,这就足以让你们每两个周末享受一场篮球比赛了。通常你们会谈论电影和时事(并回避某些有争议的话题),这样双方都能感到满意。在这种关系里,你们都不觉得有必要谈论你们内心最深处的担忧或者最大的梦想。正如我们在第 1 章所说,不是每段友谊都要像巧克力蛋奶酥一样甜美。

然而,你想让有些关系发展得更加深入。你们会超越相互了解的初始阶段,开始更加开放地交流私人话题。在这个过程中,你们会进一步了解和理解彼此,你也会发现更多可以建立联结的领域。随着信任的建立,你们两人都越来越愿意承担风险,透露个人的信息，也越来越愿意袒露脆弱的一面。随着这样的循环持续发展，并得到强化，你们的关系也会随之成长。这种更为深刻的关系能让你们谈论一些更深入的话题，比如工作中的困难，或者与青春期孩子的冲突。这些是你不会与一般的朋友聊的话题。

随着你们对彼此越来越重要，你们的关系也会变得越来越复杂。你们之间会产生各种义务与期待，以及潜在的分歧。你会如何处理那些不可避免的麻烦？如果你能很好地面对并解决这些问题，你们的关系就会更加牢固。这反过来又会促使你们说出各自想从对方那里得到的东西，以及是什么阻碍了你们得到这些东西。你们会变得越来越开放和真诚。随着关系的健康发展，你们避免了权力失衡，这样你们两人都能得到大致相同的满足感。

随着关系的不断发展，以及你们在关系中的不断协商，你会学着如何影响对方。你们建立了相互依赖的关系，这样当你需要帮助的时候，你就能很容易地求助；当你不需要帮助的时候，你也能很容易地拒绝。你们不能完全避免挑战和冲突，但你知道如何处理它们。当关系达到这个阶段时，双方都能给予对方极大的关注。你们可以公开地讨论各种话题，给予和接受反馈，并随之成长。

然而，如果你们的关系继续深入发展，你就不得不大大提高你自我表露和风险承担的程度。因为你们双方都投入了情感，所以风险也更大了。有时，通过多年快乐的共同经历、深入而坦诚的分享，以及不断增长的信任，你们的关系会自然而然地加深，达到"深度关系"的程度。但在大多数情况下，关系会在一个或多个关键问题的影响下发生转变。我们假设你们产生了一次重大的冲突，而你们的关系可能会因此破裂。你可能会决定，最好不要自找麻烦，于是干脆回避了这个冲突。你们的关系会安然无恙，但也会进入停滞。直面冲突会考验你们的关系，甚至可能让关系破裂。但是，如果能圆满地解决这个冲突，你们的联结就会变得更加紧密，你们的关系就会变得更加"深度"。

建立深厚的关系需要时间，不存在一蹴而就的亲密。你可以影响关系发展的速度和方向，我们会告诉你一些如何做到的方法。但是，跳探戈需要两个人，一段关系的发展也取决于另一个人，包括他们采取这些步骤、发展关系的意愿与能力。你可以影响他们的意愿与能力，但这不在你的控制范围之内。关系的发展过程也不一定是线性的。一段关系可能在一段时间内都会停滞不前，甚至还可能倒退，然后才再次向前发展。

本书的组织结构也大致遵循了关系加深的发展规律，并分为两个部分。在第一部分，我们讨论了深度关系的六个特征，这六个特征已经在第 1 章讲过了。这些概念对于所有健康的、有生命力的关系都是至关重要的，无论它们最终是否会成为深度关系。我们会讨论如何充分地做你自己，以及如何帮助别人也做到这一点。我们会讨论关系里的平衡及相互影响等问题。我们会探讨如何处理小的不愉快和更大的分歧，我们会询问是什么阻碍了给予和倾听反馈。我们会探索"人们是否能改变"这一棘手问题，我们还会审视好奇心在冲突解决中的作用。

在第二部分，我们着眼于关系如何从"非常好"转变为"深度"。要解决重大冲突，并且让关系在这个过程中深化，需要做些什么？你该如何设置边界但依然保持亲密？我们还会讨论"纠缠不清"

的问题，也就是当一个人的个人问题触发另一个人的痛苦时发生的事情。虽然不是所有的关系都需要经过考验才能变得"深度"，但我们发现，往往在经受考验的阶段，关系会变得更深，个人也会变得更善于建立和维持关系。

如果一段关系没有发展成深度关系，这不意味着你失败了，也不意味着这段关系永远不会变成深度关系。如何处理这一棘手的问题，是第 16 章的主题。本书的最后一章谈到了本书的两位作者的关系是如何经历危机的（这场危机几乎让我们分道扬镳），以及我们如何运用本书的所有内容，不仅挽救了我们的关系，还加深了我们的关系。这段经历很可怕，但即便是我们，教这些技能的人，也会把关系搞砸到这种程度，承认这一点让我们保持了谦卑。

学习的心态

据说，法国印象派画家奥古斯特·雷诺阿（Auguste Renoir）在 78 岁临终前的遗言是："我想我对此⊖已经开始有所了解了。"这是多么美好、开放、乐于探索的心态。对这种精神，我们也有属于我们自己的、更俗气一些的表述。无论何时，只要我们面临挑战，我们就会心想"哎呀，这'又是一个让人头疼的成长机会'"。

无论你选择雷诺阿的说法还是我们的说法，这种学习的心态有多重要，我们再怎么强调也不为过。如果你不愿意学习，你就不能很好地建立一段关系（当然也不可能建立深度关系）。这种心态不仅限于学习新的技能和能力，还可用于审视内心的意愿。20 世纪 70

⊖　指"死亡"。——译者注

年代有一个卡通人物，叫波戈（Pogo），他说过："我们都见过这个敌人，他就是我们自己。"当事情出问题的时候，指责他人是很容易的，但我们也需要反思，该负责任的敌人在一定程度上是不是"我们自己"。

学习的心态有三个不同的特点。其一是愿意放弃"我做事的方式才是最好的"这种想法。其二是敢于尝试新鲜事物，愿意承担犯错误的风险。其三是将犯错看作学习的机会，而不是让人感到尴尬、想要隐瞒的事情。好奇心是其中的关键。当事情出错时，想想"我想知道这样为什么不行"要比责怪另一个人要有效得多。

保持开放的心态、乐于持续地学习，是一种很好的生活方式。这意味着你对自己的成长持有开放的心态，也愿意学习本书讲到的技能与能力，反思可能限制自己成长的假设，重新考虑那些对自己没有好处的行为。美国导演阿伦·阿尔达（Alan Alda）说过："你的假设是你看世界的窗口。你要时不时地推翻这些假设，不然光就进不来了。"[1]有些改变可能相对容易，有些改变则非常有挑战性，但这就是人际关系如此令人着迷的部分原因。

当遇到困难时，我们很想说"我做不到。那不是我"。没错，现在的你可能不是那样的，但永远都是如此吗？也许你只是暂时还做不到，正如心理学家卡罗尔·德韦克（Carol Dweck）在论述成长型心态的作品里说的一样。我们提出的技能和能力并不是高深莫测、无法学习的。我们之所以如此肯定，是因为我们在"人际互动"课程中看到许多学员都做出过"我做不到"的声明，但在期末都学会了这些能力。对于他们每个人来说，他们都必须先把心态从"我做不到"转变为"我看到了一个可以选择的机会，尽管这个选择很难"。虽然不同的人都可以做出自己的选择，但做出选择之后我们都必须承认，自己做出了一个选择。

毫无疑问，这需要付出艰苦的努力，但这是值得的。祝你好运，并祝你犯下许多有学习价值的错误。

简述"深化学习"

为了让本书的材料更贴近你个人的生活，你的第一个任务是选择 4 ～ 5 个你想要大大加深的关系（家人关系、朋友关系或者同事关系）。在每章的结尾，你都会找到一个"自我反思"部分。我们希望你思考如何将本章的内容运用在那些你选择的关系里。无论你选择了哪种关系，请记住每章学到的内容适用于所有的关系。在每章"自我反思"之后的"应用"部分，我们会提供运用书中材料的方法，让那些关系更加牢固。

我们鼓励你与那些你选择的对象分享你的学习目标，这样他们就能了解你的情况，理解你为什么会向他们寻求帮助。你可以强调一下，你认为这是一个让你们重视的这段关系变得更加紧密的机会，而不仅仅是一个为你服务的学习机会。希望他们能加入你的学习之旅。

每章"应用"之后的部分是"理解"。这个部分会要求你思考你从"做"中学到的东西。当你试图理解一段经历的意义时，这段经历的价值才会最大化。就像我们问学生一样，我们也会问你：把这些理念运用到重要的关系中有什么感觉？关于你自己，关于建立更紧密的人际关系，你学到了什么？

自我反思

第 1 章列出了深度关系的以下六个特征：

1. 你和对方都可以更充分地展现真实的自我。
2. 你们两人都愿意袒露脆弱的一面。
3. 你们相信自我表露的信息不会被用来对付自己。

4. 你们可以坦诚相待。

5. 你们可以用建设性的方式解决冲突。

6. 你们都愿意为对方的成长与发展付出。

请审视你所选择的每段重要关系。对于每一段关系来说：

- 这六个特征中的哪一个最显著？

- 这六个特征中的哪一个是你最想改善的？

- 你（不是对方）做了（或没做）什么事情，促成了你所发现的问题？

应　　用

挑选一个你选择的对象，与他谈谈你想从这段关系中得到什么。分享你在上面"自我反思"练习中的心得（包括你认为你做过或没做的事），看看他们对你、对自己，以及对整体关系是否也有同样的看法。

理　　解

谈话进行得如何？关于你自己，以及关于你提出问题的方式，你学到了什么？你对他人评论的接纳程度如何？

在这一章里，我们讨论了一些阻碍学习的因素。你遇到过这些限制性因素吗？对于建立紧密关系的过程，你学到了什么？

注意：你可能需要把你在本书"深化学习"的活动里学到的东西记在笔记本里。你会在接下来的章节里回顾这些关系，看看这些关系如何发展将会非常有趣。我们会要求学生在课程期间记录学习的过程，虽然他们中有许多人都讨厌记录，但大多数人都会在后来感谢我们！

PART 1

第一部分

深度关系的
必经之路

建立深度关系如同爬山

　　从十几岁到二十几岁的那些年里，大卫常在新罕布什尔州北部的怀特山脉附近过暑假，他经常攀爬总统山的华盛顿峰。那里的山区多岔路，是他最喜欢的目的地，但也十分危险。虽然华盛顿峰不是北美最难攀爬的山峰，却有着最多的死亡人数纪录，因为它在仲夏的气候变幻莫测，让许多周末前来爬山的人措手不及。原本风和日丽、天朗气清的天气，可能在几分钟之内就乌云密布、气温骤降，让人难以看清远处的路标。大卫从不独自登山，部分原因是他喜欢有人陪伴，但也是因为他不知道什么时候可能需要帮助。

　　建立一段深度关系如同攀登华盛顿山。人际关系始于轻松愉快的闲谈。很快，山路就变得有些难走，你要开始做出选择了。道路分岔了，你们对方向的选择意见不一，这是需要解决的分歧。后来，遇上了险峻的峭壁，你们需要做出的选择就更多了。你应该给予同伴多少帮助？他们乐于接受帮助，还是会受到冒犯？如果你想休息片刻，而同伴不肯，又该怎么办呢？

　　当你们一起攀上峭壁的时候，那种感觉会让人兴奋不已。展现在你们面前的，是一片美丽的草地，其间点缀着夏日的花朵。你们放下背包，放松身心，沉浸在成功的喜悦里。你们可以待在那里，享受彼此的陪伴。前方的山岩看起来更高大，也更难攀登。

　　我们在本书后面章节里遇见的五对搭档都到达了草地，只不过他们的攀登之旅各不相同。他们都取得了不俗的成就——都设法建立了有活力、有意义的关系，他们各自也学到了不少，成长了许多。所有的关系之旅都必须先到达这片草地，然后才有可能登上顶峰。有的关系会停留在草地上，有些则会继续向前发展。毫无疑问，即便是踏上草地也是一项挑战，但其回报是丰厚的。

自我表露可以让他人
更加充分地了解你，
这是建立深度关系的关键。
真实的自我被他人接纳，
是一种极大的认可。

第 3 章

让他人了解真实的你

我们大多数人，每天都要与不怎么了解我们的人进行无数次的互动。你会和当地食品店的店员打招呼、开玩笑。邻居可能知道你有几个孩子，在哪里工作，甚至可能知道你最近去哪儿度假，但其他的就不知道了。你有一些定期聚餐的朋友，他们更了解你，但你生活中有很多方面是他们不知道的。有时，你渴望能有更深刻、更有意义的联结，但你并不总是知道该如何建立这种联结。

让他人更加充分地了解你，是建立深度关系的关键。自我表露可以创造更多的联结机会，增强信任。[1] 真实的自我被他人接纳，是一种极大的认可。尽管如此，自我表露也不是没有风险的。

卡罗尔曾经带领过一群硅谷高管参加静修活动，但她觉得百无聊赖、缺乏情感联结。外界的重要事务让她分心，难以集中精神。不仅是那些重要的客户，就连作为"老师"的她也感到特别脆弱。如果这次静修不顺利怎么办？别人会怎么看她？如果她坦言自己的真实感受，那会发生什么？她没有假装一切正常（她在职业生涯早期可能会这么做），她决定遵循自己的教导，真诚地表达自己的感受，包括她在分享这些感受时的脆弱。在她敞开心扉的那一刻，她立刻觉得与他人更亲近了。有些高管对她勇于破冰表示了感谢，并说他们也感到了乏味与隔阂。

在这一章里，我们会探讨如何让别人真正了解你，这并不像看起来那么简单。如果你是真诚的、开放的，但是遭到了误解，那会发生什么呢？如果你的开放态度让对方招架不住，那又会怎么样？情绪在自我表露中发挥了什么作用？为了让别人更了解你，你愿意冒什么风险？

埃琳娜与桑杰的故事（第 1 部分）

在离开自己的办公桌，去和桑杰一起吃午餐的时候，埃琳娜感到心里有些矛盾。早上她和一个同事闹了些不愉快——那个同事原本在几周前答应做某件事，现在却想把这件事推给埃琳娜。埃琳娜坚持了自己的立场，而那个同事很不高兴，对她发了脾气。她想问问桑杰对这件事的看法，但她担心桑杰可能会认为她没处理好这件事或者她反应过度了。

埃琳娜和桑杰在不同的部门工作，他们在一年前被分配到同一个技术审查工作组，从那以后，他们就逐渐熟络起来了。埃琳娜喜欢和桑杰一起工作，她觉得桑杰很善于创造性地解决问题，也是慷慨大方的团队成员。他们都能从彼此的想法中获益，并且用建设性的方式处理分歧。

工作组的工作结束后，他们时常一起吃午饭，以便叙旧。他们都热衷户外活动，经常交流有关购买装备和最佳露营地点的经验。桑杰喜欢和家人露营，而埃琳娜是一个狂热的白水皮划艇爱好者。

埃琳娜十分重视她与桑杰的友谊。她在工作之外有许多朋友，但她不能和他们谈论行业内的事情，他们也不能理解她工作单位里的圈内事。在上一份工作中，她遇上了麻烦，丢了工作，因为她直截了当地表达了自己的看法，这不符合那家公司的文化。在新公司里，她想找到一个能信任的人，能为她提供建议的人，清楚这里做事方式的细节的人。她觉得桑杰可能就是这样的人。

但如果桑杰把她的示好理解错了怎么办？他们两人都已经结婚，埃琳娜只想和桑杰交朋友。此外，如果她告诉桑杰发生在之前公司里的事——并不让她引以为豪的事情，那会发生什么？她决定小心行事。

他们在餐厅排队买了食物，找了一张空桌子。"你这周怎么样？"桑杰问。

"这个嘛，跟平常一样，有起有落。"埃琳娜说道，此时她仍然不确定是否应该分享早上的冲突。

桑杰没有接着她的话往下说，而是兴致勃勃地谈论起上周末的露营之旅。"关于那个营地，你说的真是没错，棒极了。"他说，"我想找个时间再去一次，这次我可不要一直追着一个小孩到处跑。"

埃琳娜想，她没告诉桑杰早上发生的冲突，也许这是一件好事。桑杰没有意识到埃琳娜的弦外之音，也没有追问更多的信息。埃琳娜也对桑杰和孩子们度过了一个愉快的周末而感到一丝嫉妒，她一直想要怀孕。她也不想分享这一点，因为这是个很私密的话题。相反，她对其他露营地点提供了更多的建议。

当他们谈到公司的事务时，埃琳娜决定分享一些今天早上的细节。"虽然我很喜欢在这儿工作，"在总结完她早上和同事发生的事情后，她说，"但这样的时刻总会让我有些生气。"

桑杰听得很认真。"我也遇到过这样的事，我也很恼火。"他说，"事实上，昨天我和一个下属就发生了这样的事。"他又分享了一些细节，埃琳娜松了一口气，感觉和他更亲近了。

埃琳娜想征求桑杰的意见，问问他怎么对付她那有些不近人情的老板，但她还是决定不这样做，因为她担心会在无意间透露自己曾被解雇的经历。当话题转移到他们对 CEO 最新发布的一项声明的反应上时，她感到如释重负。当桑杰和埃琳娜起身归还餐盘时，他们都说自己午餐吃得很愉快。

我们能看出来，埃琳娜很小心。每当你透露个人的信息时，你都有被误解的风险；害怕自我表露导致评判和拒绝，这样的恐惧是非常真实的。我们都会根据自己过去的经历过滤当前接收的信息。过去有些经历可能对我们造成了重大的影响，以至于让我们在当下做出非常不合时宜的反应。例如，我们曾为一家 500 强企业提供过咨询服务，那家公司的一位高级副总裁很少在会议上发言。后来我们得知，他在几年前曾因为在某一问题上采取坚定的立场而被当场辞退。虽然他在第二天又恢复了原职，但他感觉非常受伤，再也不提出任何异议，也不提出任何强硬的观点了。还有些人会受父母评判（"你是个懒人"）的影响，多年来一直耿耿于怀，导致他们对于任何强化那种看法的评价都极其敏感。

在一段关系的发展过程中，对自我表露的害怕随时都会出现，因为随着关系的发展，你们分享的东西会越来越多。然而，这种担忧在关系的早期尤其严重。如果对方不够了解你，他们就无法理解你行为的全部意义。他们会从你说的话、做的事里读出别的意思吗？更糟的是，他们会不会对你产生成见、评判，不再接受相反的信息了？ [2]有句老话说："如果足够了解，就没有什么不可原谅。"如果有人知道导致你做出某种行为的所有原因，他们就更可能原谅起初看似过分的行为。事情不一定这么简单。你不可能把关于自己的一切一股脑地全告诉别人，也不能在初识的时候分享过多。比如，在大卫教授的"人际互动"课程的第三周，他依然在和学生建立关系。那天的课程主题是获取他人帮助的重要性。他想为学生示范怎样更加开放，并分享他在心理治疗中的发现。一个学生答道："我对你的敬意减少了，因为我认为做心理治疗是软弱的表现。我认为人们应该解决自己的问题。"同样地，卡罗尔曾经向一位客户提到，犹太教为她提供了"生活指南"。客户吃了一惊，说道："我不敢相信，像你这么聪明的人会相信那种宗教的鬼话。这让我怀疑你是否能像我想的那样帮到我。"

在这两个场景中，自我表露都造成了问题，而我们俩起初也都产生了防御的心态，都感到被误解了，但我们更担心这些感受会影响我们的工作效果。那个学生会不会从此不听大卫的指示，导致在课程上的收获减少？客户会不会抵触卡罗尔的指导？幸运的是，这两种担忧都没有成为现实，因为在课堂上和教练工作中，我们一直在与对方保持接触。学生和客户都逐渐对我们有了更全面的了解，并克服了最初的怀疑。但并不是所有的情况都允许我们持续地接触对方，让我们有机会调整早期留下的印象。

正是学生和客户的直言不讳，让我们有机会了解他们对我们所说的话的反应（尽管他们的反应让人不快）。通常的情况并非如此，尤其是在一段关系的早期，你可能不知道对方有何反应。他们不太可能这样说："你刚才说的话真让我心烦。"一般而言，你只能从肢体语言或语气中推测他们的反应，而这些信息可能是模棱两可的。他们紧皱的眉头可能是不赞同的信号，也可能他们只是对生活中的某件事感到不快，与你无关。

重点是，这里是有风险的。但是，小心谨慎同样也有风险。不幸的是，我小心谨慎，你也可能守口如瓶。如果没有自我表露，就不可能建立更深的关系。

那么，你应该表露多少？应该何时表露？这些问题没有固定的答案，但根据我们的经验，人们通常太过谨慎了——他们可以分享的比自己认为的更多、更早。

15% 法则

无论是有意还是无意，在特定的互动中你会一直评估分享什么是合适的。这种决定在很大程度上取决于背景信息、你对风险的看法，特别是关系所处的状态。

埃琳娜决定不分享自己被解雇的事情以及自己在怀孕方面的困难，考虑到当时的情况，这是有道理的。如果埃琳娜对桑杰提到自己被解雇的事情，桑杰可能会对她产生负面的评判，因为他不知道当时的具体情况，对埃琳娜的了解也不够多。同样地，如果埃琳娜分享她有关怀孕的担忧，桑杰可能会感到不舒服，因为那是相当私密的话题。不过，埃琳娜谈论了露营和CEO的声明，这种选择就非常安全——几乎没有透露个人信息。没错，她通过提及与同事的分歧，稍稍透露了一些个人的信息，但没有分享太多。尽管他们的午餐对话很友好，但可能对于建立埃琳娜想要的那种关系帮助不大。**谨慎可能是一种更大的勇气，但大多数人会因谨慎而犯错**，比如埃琳娜，就可能因此让关系停滞不前。

该如何解决这种困境？有一种方法就是我们给学生的建议——"试试 15% 法则"。你可以想象三个同心的圆环——离圆心越远，安全感越少（见图 3-1）。中间最小的圆环是舒适区。这个区域代表你会毫不犹豫地说出或做出的事。对于这些事情，你感到完全放心。最外层的圆环是危险区，是你不会考虑做或说的事，因为很可能造成负面的后果。"舒适区"和"危险区"之间的圆环叫"学习区"。对于这个区域里的事情，你不确定别人会有何反应。在这个区域内，人们通常能学到一些东西。有些学生担心，冒险进入学习区，可能会有无意中陷入危险区的风险。我们对此的建议是，你可以像图 3-1 一样，稍做尝试，只踏入学习区 15% 的区域。采用这种循序渐进的方法，即便遇到坏事，也不会造成灾难性的后果，如果你完成了一次成功的互动，就能帮助别人进一步地了解你。有了这次的成功经历，你就可以考虑再前进 15% 了。

15% 法则不是绝对的金科玉律，其价值在于帮助你考虑各种可能的选择。请想象你和一个朋友在一起，并且想知道这个人对你有什么感觉。你可以待在舒适区，说一些这样的话："有时我担心别人会怎么看我。"如果你稍微冒险一些，走到舒适区外 15% 的区域，就可能会说："上周我对咱们的朋友迈克尔发表了评论，从那以后我就一直在担心你对我的看法。"

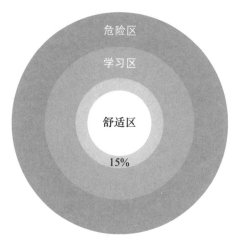

图   3-1

走出舒适区是学习的基础。比如,当你第一次学习滑雪时,你会从初学者滑道开始,而不是最难的双黑道。一旦你在初学者滑道上得心应手了,你就需要换到更有挑战性的滑道(15%),否则你就不能成为一个更好的滑雪运动员。站在新滑道的起点,你可能会感到害怕或兴奋,也可能两种感觉都有。但是,只要你在那条滑道上练习的时间够长,你就会发现自己的舒适区扩大了,你也准备好前往更难的滑道(下一个15%)了,这个过程循环往复、永无止境。当然,如果你想回避那种恐惧,你可以一直待在初学者滑道。但这样你的滑雪技术就不会进步了。不断走出自己舒适区的过程也是建立关系的关键,这是不断自我表露的基础。

对于埃琳娜来说,这15%是什么呢?她不必透露自己在上一份工作中被辞退的事情(实际上那可能是走进危险区的例子),但她可以聊聊上一家公司让她不喜欢的地方。她不必仅仅描述同事在那天早上的恼人行为,而是可以问问桑杰会怎么处理那种情况。或者,她可以多冒些险，分享她有时担心自己处事太过死板的想法。透露这些信息都不太可能会带来灾难性的后果，而这些话题都已经超越了仅仅讨论露营的关系。

对于 15% 法则，有一些重要的注意事项。首先，这是主观的：15% 对于你来说可能风险很低，但对于另一个人来说则可能是极端危险的。如果你是个 35 岁的纽约人，谈论心理治疗可能处在你的 15% 区域内，但如果你是个 55 岁的英国乡下人，这个话题可能就远远超出了你的 15%。其次，你必须考虑你透露的信息对别人的影响。例如，你不应该和一个刚刚失去母亲的人分享你与自己母亲争吵的详细过程。最后，你必须判断说话的场合是否适宜。在一对一交流中能谈的话题，可能不适合在人数较多的聚餐里谈。

情绪在关系中的作用

分享事实信息可以让别人在整体上认识我们，但仅此而已。**分享感受往往是更有影响力的做法**。在这里需要做出一个重要的区分：认知（想法）与情绪（感受）是不同的。前者告诉我们"这是什么"，后者告诉我们"这有多重要"。（尽管"感受"和"情绪"并不完全相同，但为了简单起见，我们会在书中交替使用这两个词。）经历同一件事的两个人可能会有截然不同的情绪反应。他们可能都失去了工作，一个人被彻底击垮了，但另一个人只感觉到了挑战。

情绪的另一个好处是，它们能为事实赋予意义。埃琳娜可能觉得皮划艇很刺激，或者很可怕。这种感觉可能会让她充满力量（因为她主动选择迎难而上），也可能让她感到无力（因为那是她朋友强迫她去做的事情）。根据附带的情绪不同，一件客观的事件可能会包含完全不同的信息。

感受也可以表示体验的强度。在回应他人的行为时，你可能感到轻微的困扰，也可能感到烦躁、恼火、生气或暴怒。这些不同的体验强度在人际交流中是至关重要的，它们能在很大程度上说明你是一个怎样的人。情绪为交流提供了色彩，能以一种完全不同于平静与理性的方式吸引他人。

你可以把情绪想象成音乐。音调的变化让歌剧变得丰富多彩，就像伟大的乐谱需要高亢的高声部和低沉的低声部一样。为了更好地交流，我们必须既表达想法（认知），又表达感受（情绪）。

如果埃琳娜不仅对桑杰表达了自己的想法，还表达了情绪，那他们的互动会是什么样的呢？在这顿午餐的过程中，埃琳娜有 12 种强弱不同的感受（见表 3-1），但她没有表达其中任何一种。

表　3-1

想法（认知）	感受（情绪）
埃琳娜分享了对公司的看法	与桑杰的情感联结 因她不是唯一有这种感受的人而感到安慰
埃琳娜不分享被解雇的经历	担心、害怕桑杰会如何评判自己
埃琳娜在尝试怀孕时的困难	为没有自己的孩子而悲伤 嫉妒桑杰有孩子 害怕分享这些太过私密的内容
埃琳娜与同事的分歧	担心桑杰会如何看待她 桑杰的反应让她松了一口气 因此感到与桑杰更亲近了
讨论 CEO 的声明	为话题从自己身上转移开而松了一口气
桑杰说他午餐吃得很愉快	为桑杰同样喜欢这次午餐而感到高兴 期待他们的下一次见面

这不是说埃琳娜应该分享所有这些情绪。15% 法则也适用于情绪。比如，如果她表达自己怀不上孩子的悲伤、嫉妒和恐惧，可能就太过了。但如果她想拉近与桑杰的关系，还可以选择表达很多其他的情绪[3]，还有很多其他走出舒适区的方法。如果埃琳娜表达了她的一部分感受，那会发生什么？

埃琳娜对桑杰讲了她在早上的冲突，桑杰也分享了相似的经历，她感到更放松了。我们来回顾一下他们的对话，想象埃琳娜表达了她的感受。她对桑杰说："我们的谈话让我感到很安心。我以为只有我一个人有那种感受。我真的很感谢你的坦诚，这让我更放松了。"

桑杰微笑着说："太好了！很高兴听你这么说。"

埃琳娜也一直在想，这家公司比原来的公司好多了，但透露她被解雇的经历远远超过了她舒适区之外的 15%。为了表达自己的情绪，她可能会说："桑杰，除了那些让我们烦心的事，我真的很喜欢在这儿工作。这里和我之前工作的地方很不一样，那里的环境很糟糕，我有时不敢说出自己的想法。我那么做的时候，结果并不好。"

说完这些，埃琳娜已经走出了自己的舒适区。现在，这段对话可能会朝着几个不同的方向发展：

（1）桑杰说"真糟糕"，然后改变了话题。埃琳娜可以选择是否继续谈这件事，或者干脆放下这个话题。

（2）桑杰问"那是什么感觉"，埃琳娜先回答"很糟糕，我很庆幸自己离开那儿了"，然后她可以评估桑杰的回应，是就此打住，还是继续透露更多的信息。

（3）作为回应，桑杰也表达了一种感受，这种感受有些私密，但还在他的舒适区内。"听起来真的很难。听到你的那段经历，我也挺难过的。"埃琳娜现在需要做出另一个决定，而她有很多选项。她可以做一次深呼吸，再多承担15%的风险，透露过去发生的事情。或者，她也可以认为现在这样就已经足够了，说："我现在不需要再谈更多的细节，但我真的很难用语言表达，我对你的理解有多么感激。"

再举一个例子，当桑杰谈到他最近的露营旅行时，埃琳娜感到了一丝嫉妒和刺痛，她可以说："听起来很有趣，但我得承认我有点嫉妒。我丈夫埃里克和我一直希望能怀孕，坦白说，我等不及了。"

这个场景和之前的一样，可能朝许多不同的方向发展，这在一定程度上取决于桑杰的反应，也取决于埃琳娜愿意承担多少风险。

桑杰可能会沉默片刻，或转换话题。埃琳娜同样会面临选择：放弃这个话题，或者继续。然而，如果桑杰用这样的话回应，"是啊，我的孩子很有意思"，埃琳娜就可以分享她的希望与期待。假设桑杰走出了自己的舒适区，说了一些私人的话题，例如，"他很有趣，而养育他比我和妻子想象的要辛苦得多。我真希望我是个称职的父亲"，然后，埃琳娜就可以谈谈她和丈夫一直以来的挫败感，以增加相互的自我表露。也许她可以透露他们正在考虑去看产科专家。最后，埃琳娜和桑杰沟通的舒适度甚至可以更进一步，让她能够分享这个问题对她来说有多难以启齿，因为职场女性如果有孩子，或想要孩子，有时会被归为"妈妈、不上进"的那一类。桑杰的反应无疑会影响埃琳娜愿意分享的程度。埃琳娜的两条"触须"会接收桑杰和自己的反应，为她做选择提供信息。

为什么情绪的口碑如此之坏

如果情绪如此有价值，那我们为什么要贬低情绪？在许多文化中，逻辑和理性就像通用货币一样占据主导地位。[4] 在多数教育场所都是如此。一个人不可能通过说"选 23 让我感觉更好"就能在数学考试中得 A。同样，在许多工作场合，管理者也会说"不要把情绪牵扯进来"。但他们却常常提到自己的情绪（"报告交得这么晚，我很生气""我们能拿到新合同，我很兴奋""我担心我们会失去这位客户"）。

我们也倾向于给"情绪化"贴上糟糕的标签，并且常常得到这样的建议——"不要显露自己的情绪"。尤其是男人，他们在社会化的过程中学会了不表露情绪。而在男性主导的环境中工作的女性常常感到很矛盾，不知道应该表现出多少情绪。因为她们害怕被视为太过敏感或不够坚强，或者"喜欢小题大做"。幸运的是，这种文化规范正在改变。丹尼尔·戈尔曼（Daniel Goleman）有关情绪智力的开创性工作对此产生了重要的影响。他的研究表明，**感受并恰当地表达自己的情绪，是做一个成功的领导人的关键因素。**[5] 在过去，许多男人认为表达情绪是一种禁忌，但现在，这种做法更容易被接纳了，甚至是可取的。不过即便如此，这种刻板印象依然存在。

情绪有时看起来是矛盾的，这也会使我们不愿意分享情绪。你既有可能对一次谈话感到兴奋，同时也对谈话可能会导致的结果感到害怕。你可能因某人的反馈而受伤，但也为他敢冒风险、提出困难的话题而心存感激。在这些情况下，你可能会沉默，因为你在试图弄清哪种情绪才是正确的。

比如，你可以想象今天是周五，你经历了紧张的一周，几乎无法保持平静。你只想躺在沙发上看一本好书。你的爱人在家门口迎接你，告诉你晚上要去一个特别的餐厅度过一个精彩的夜晚，然后你们会一起跳舞。在通常情况下，你会很喜欢这样的安排，但现在这一切听起来就像是折磨。不过，你感谢伴侣试图让你振作起来的努力。

你会怎么做？你可以耐住性子，勉强为之——也许你会很喜欢这个夜晚，但你多半会感到沮丧，甚至更加疲惫。你可以拒绝，但你的伴侣就有可能有被排斥的感觉，你也可能有煞风景的愧疚感。两种选择都不够理想，但还有另一种选择。我们称之为"哈姆雷特的困境"——"分享，还是不分享"。想要解决这个问题，与其在是否听从伴侣的安排上左右为难，为什么不直接说出你的困境呢？"亲爱的，我真的很感谢你做的安排。我能看出你很在意我这周过得不好。但我太累了，不想仅仅因为你下了功夫就勉强自己。我们能不能想想咱们两人都愿意做的事？"——这样就为满足双方的需求带来了一系列可能性。

埃琳娜也可以分享自己的困境。与其终止有关上一份工作的讨论，她可以这样说："这件事我可能处理得不好。我一直在犹豫是否要告诉你，因为我担心你会对我有些看法，也担心这会损害我们的工作关系。"分享困境的正反两面，可以更完整地表达这个问题。这样对方不仅能了解什么事情对你很重要，还能了解什么事情让你陷入困境。没错，这样的表露会让你感到更加脆弱，但你要想深化你们的联结，这就是需要付出的代价。

关于表达情绪，我们还想强调一点，这一点与我们使用的语言有关。我们两人都热衷于探讨"我觉得"这句话的用法，因为这句话有两种不同的用法，一种是有用的，另一种却有误导性。这句话既可以用来表达一种情绪，比如"你的评论让我觉得很难过"，也可以表达一种想法（认知），比如"我觉得你只想让我听你说话"。因为我们十分重视情绪在人际关系中的作用，所以我们总是提醒家人和朋友只用"我觉得"来表达情绪，他们都有些受不了我们了。

有两种方法可以判断你说的"我觉得"是否真的在表达情绪。第一种方法是注意"我觉得"后面的话。如果后面的话不是描述情绪的形容词（如"悲伤"或"生气"），你就该持怀疑态度。如果后面是"好像""像是"或是一个引导从句的词，你就不太可能在描述情绪。用"我觉得好像……"或者从句来表达感受，在语法上是错误的（至少在英语里是这样）。我们不会说"我觉得好像悲伤"或者"我觉得 ×× 愤怒"。第二种方法是试着做一个简单的替换。如果你把"觉得"或"觉得好像"换成"认为"，句子依然说得通，那你就不是在表达情绪。例如，"我觉得你想当老大"和"我认为你想当老大"表达了同样的意思——因为两者表达的都是认知，不是感受。

做这样的区分似乎过于吹毛求疵了，但请坚持下来，因为这很重要。请想一想"我觉得烦躁、被忽视"和"我觉得你不关心我"这两句话的区别。语言上的变化可能是微妙的，但其影响是深远的。"我觉得你不在乎我的看法"没有包含感受的词语，但其中可能有一些没表达出来的强烈感受。（注意，你可以去掉"我觉得"，这个句子的意思依然不会有任何变化。）"我觉得烦躁、被忽视"是一句关于"我"的陈述，而"我觉得你不关心我"是一句指责，很可能导致对方的防御。

多种选择

本书的核心理念是，无论在什么情况下，你都有许多回应方式可选。你想要给别人留下特定的印象，这可能会让你感到选择受限，但你仍有选择的余地。你可能会受他人反应的影响，但是否接受影响也是一种选择。即使埃琳娜会受到桑杰反应的影响，但她的回应不一定要完全由对方的反应所决定。桑杰在沟通中的反应，可能会让埃琳娜做出自我表露的决定变得更容易，或者更难，但表露与否归根结底是埃琳娜的决定。

社会科学家把这种"我们能够在现实中采取行动"的信念叫作"能动性"。[6] 很多时候，对于发生在自己身上的事情做出何种反应，人们认为自己是没有选择余地的。在这本书中，你会看到各种各样的方法。这些方法能帮助我们拥有更多的能动性，让我们比自己最初所想的那样拥有更强的影响力。这是一种重要的心态，因为要发展更深刻、更有意义、更有深度的关系，就要做出有挑战性的选择。

我们对于选择、影响力及能动性的强调，并不意味着你可以仅靠自己建立深度关系。关系是由双方共同决定的。尽管如此，你依然可以采取一些措施，提高对方与你携手前行的可能性。拥有选择，也不意味着否认外部因素。例如，埃琳娜和桑杰就受到了传统商业文化规范的影响，这种规范不鼓励在工作中建立过于"私密"的友谊，尤其是在这种友谊可能变成恋爱关系的情况下。即便如此，外部因素也能鼓励我们走出自己的舒适区，就像几个月后的埃琳娜一样。

埃琳娜与桑杰的故事（第 2 部分）

　　桑杰和埃琳娜继续一起吃午饭——通常在每周四，加深了对彼此的了解。在一个周四，埃琳娜特别期待他们俩的见面，因为她和她的上司遇到了一件麻烦事。她问桑杰是否能帮她把这件事想清楚，桑杰说他很愿意。

　　"我不确定你对里克有多了解，"埃琳娜开口说道，"也不知道你有没有和他共事过。"

　　"我跟他一点儿也不熟。怎么了？发生什么事了？"

　　"他给我布置了一些任务，听起来好像他想让我调查一些东西，"埃琳娜说，"但我提出的方法他不喜欢，然后他就不高兴了。不久之前，他让我研究一下我们是否应该把贸易展览预算投资在地方、地区或者国家的展览上。我花了大量的时间做研究，包括与所有的利益相关方沟通。昨天，我在员工会议上提出了投资建议，而他立即就否决了，说这不是他想要的建议。他草草地感谢了我，但不听我的分析。这只是一个例子。在过去的几个月里，他已经这样做过好几次了。"

　　"听起来真让人沮丧。也许你可以去和他谈谈，让他知道这已经成了一个问题，你想在问题变得更严重之前把它解决掉。"

　　埃琳娜犹豫了。"是啊，我可以……不过我不想去。"

　　"为什么？"

　　"我只是觉得这样不会有好结果。"

　　桑杰想多了解一些埃琳娜的抗拒，于是问道："你怎么知道？是什么在阻碍你？"

　　"我不确定里克会不会保持开放的态度，他可能会生气。"

　　桑杰的直觉很灵敏，埃琳娜很喜欢这样的人。他说："听起来事情不止如此。"

当然，桑杰是对的。埃琳娜正在犹豫要不要自我表露，而她很害怕。她担心告诉桑杰上一份工作中发生的事情，会改变他对自己的看法。但她意识到，如果她想和桑杰建立她真正想要的关系，她就必须冒险，袒露更脆弱的一面。

桑杰能看出埃琳娜的纠结。他耐心地坐着，等她继续说下去。

埃琳娜深吸了一口气，终于说道："要分享这件事，让我感觉很冒险。你听我说过我以前公司的文化有多糟糕。我没告诉你的是我和上司之间的问题。我似乎从来都不能让他满意，当我去和他谈这件事的时候，我惹上了麻烦。那次谈话一开始，双方还很讲道理，但他找了一个又一个借口。他越是找借口，我就越生气。我在想办法解决问题，而他却试图对问题置之不理。我发了脾气，对他大喊大叫。我很少大声讲话，但我当时太沮丧了，然后我就被解雇了。"

桑杰同情地点了点头。"听起来你的确很难。"

埃琳娜感到了些许安心，她继续说道："我想我还是对那件事感到很紧张。就像我说的，我通常很镇静，但我害怕我去找里克之后，又会发生同样的事情。"

桑杰身体前倾，轻轻地说道："但那是在那家公司、跟那个上司发生的事，这是另一个上司。"

埃琳娜若有所思地点点头说："我一直很担心，不知道要不要告诉你这件事。我不知道你会不会认为我太情绪化，或者缺乏能力。我也害怕说出来会损害我们的关系。我对那件事感觉很糟糕，要说出来真的很难。而且我真的不想让你陷入尴尬的境地。"

"哇，埃琳娜，我都不知道你心里有这些担忧，知道你不得不隐瞒这些事情，我也挺难过的。我不认为你过于情绪化——你在技术工作组里一点儿也不情绪化。其实，我很佩服你能有勇气告诉我，说出这些话一定很不容易。"

埃琳娜大大地松了一口气，说："桑杰，你不知道你的回应对我来说有多重要。我担心被认定为情绪化的女人。以前的上司就指责过我情绪化，即使当时我认为我有充分的理由生气。"

桑杰用力地点了点头，说："看来过去的经历让你背负了不少负担。跟里克打交道的时候要小心这一点。一般来说，你对这里的管理者可以很直接。"停顿片刻后，桑杰说道："这件事让我意识到，我对你也有所保留，我也不知道你会有什么反应。"

"真的？你也有这种担心？"

"是啊，当然了。我很重视我们的友谊。我在公司里，这样的关系并不多，尤其是和女性朋友之间。我婚姻幸福，你也知道我有多爱普里亚，但我们不能总是谈论我的工作，因为她不能完全明白，你理解吗？我喜欢和你聊天，并不意味着我在寻找什么不恰当的关系。但我不知道别人，甚至你会怎么想，这让我很紧张。说起脆弱的感觉，我也有同感啊！光是说说这些就感觉很奇怪了。"他紧张地笑着说。

"我完全理解你的意思，"埃琳娜说，"我也为我们的友谊感到紧张。我很高兴我们能谈这个话题。"

有关脆弱的问题

在过去和桑杰一起吃午餐的时候，埃琳娜逐渐开始分享更多的事情，但始终很谨慎。在她告诉桑杰自己被解雇的那天，她迈出了舒适区，而且不止迈出了一步。这可能是因为他们之间信任的增长，也可能是因为她真的需要找人谈谈里克的事情，还有可能是因为她意识到，如果她想要建立更亲密的同事关系，当下就是最好的时机。

无论是什么原因，埃琳娜同样是有选择的，而她选择了袒露脆弱的一面。

有些话题比别的话题更容易让人感到脆弱。在我们早年带领 T 小组的时候，我们就惊讶地发现了这个事实：透露有些信息，比透露其他信息更有影响力，我们想知道这是为什么。后来，大卫得到了一些反馈，这些反馈为我们点明了这个问题的答案。在大卫的职业生涯早期，他看到了开放性的力量，比较愿意更多地分享个人信息。有一天，一个朋友对他说："你很善于表达有关自己的事情，但你很少袒露脆弱的一面。"起初，大卫有些受伤，觉得被误解了。后来，他把朋友的话和他在学生身上观察到的现象联系了起来。

当你不确定自己的表露会带来什么影响的时候，你就会觉得有风险，这也是你感到最脆弱的时候。如果你在相似的场合下多次表露过相同的事情（即使这件事很私密），而且你很清楚别人会有什么反应，即使那种反应是消极的，你也不会感到很脆弱，远远没有你分享一些从没对别人说起过的事情时那样脆弱。大卫知道，当学生不知道自己会被接纳还是被排斥、会被赞扬还是被同情的时候，他们是最脆弱的。那种脆弱感能让他们更亲近他人。

这就是他们的自我表露让他们真正感到脆弱的原因。当大卫明白了这种"已知"和"未知"的区别之后，他就能够以一种更加冒险的方式让别人了解他了。从那以后，他才发现别人更加信任他了。例如，大卫曾经在斯坦福大学的一个高管项目中讲过一门关于自我表露的课程，有些大学教师也参加了这门课。他想示范一下自己教的内容，于是他犹豫再三，透露了他在多年前申请终身教职被拒的经历。虽然大卫以前也分享过这件事，但这届学员中有一位终身教授，这让他在这次表露的时候尤其脆弱。大卫担心他会失去学员的信任，然后大卫透露了更多的内容。他承认了自己分享这件事的担心和不安全感。卡罗尔还记得，她当时认为大卫实在是太大胆了。许多学员都说，这件事情让他们更深刻地认识到了自我表露是如何建立关系的。（分享得再彻底一些，其实对于在书中分享这件事，让我们所有人都看见，大卫也有些担心。朋友们，这就是脆弱！）

人们对于自我表露有一个共同的担忧（尤其是在自我表露可能涉及某些可能被视为缺陷的东西时）：担心其他人会认为他们很软弱。我们却不这么看。自我表露需要坚毅的品质和内在的力量。当桑杰对埃琳娜说"我很佩服你能有勇气告诉我，说出这些话一定很不容易"时，他指的就是这种品质和力量。

在通常情况下，领导者尤其害怕透露与镇定自若的表象相悖的个人信息——如果别人不那么尊重他们了怎么办？如果自我表露的内容会让他人对自己胜任工作的能力产生怀疑，那分享这种信息就可能让人失去影响力和他人的尊重，但除此之外，这样做能帮助领导者看起来更有人性。[7]我们会在下一章更详细地讨论这个问题，但一个不愿表露脆弱的领导者会营造一种文化规范，这种规范不鼓励组织里的其他人袒露脆弱的一面。对于一个领导者来说，让员工正视自我表露的唯一方法就是做出表率。

大卫曾经为一家 500 强企业的高管团队组织过一次静修活动。在第一天晚上吃甜点的时候，大家谈到了各自承受的压力。有些压力与工作有关，有些则与个人有关。大家都知道弗兰克的妻子病得很厉害，但他们对事情的细节一无所知。弗兰克犹豫地告诉大家，妻子面临的情况很让人痛苦，然后开始流泪了。他迅速道了歉，试图控制自己的情绪。"不，不，没关系！"同事们纷纷说道。然后他们表示他们被弗兰克的坦诚所感动了，并且为他照料妻子的事情而动容。

在和硅谷的 CEO、创始人共事的过程中，卡罗尔不断地听到他们说，他们有多渴望这样的坦诚，有多害怕感到脆弱，以及他们的这种信念——如果他们表现出脆弱的一面，就会被视为软弱的人——有多根深蒂固。然而，他们一次又一次地发现，当他们卸下面具、冒险表露真心的时候，却发现生活中的其他人反而认为他们更坚强、更值得（也可能更不值得）信任了，这让他们感到非常欣慰。

沉默的代价

即使是安全、平常的话语，也不是完全没有风险的。在缺乏信息的情况下，人们会编造出一些东西。每个人都会在与人交往时得出一些结论。我们表露得越少，他人就会编造更多的信息，来填补认知的空白，以便理解他们看见的我们。如果我们太过谨慎，不轻易表露自己的感受，我们实际上就更加无法控制别人对我们的看法了。

如果我们只分享自己的一面，就会产生另一种形式的沉默——在那种情况下，对方看不到也不了解真实的我们，包括那些更有趣的部分。即使我们成功地树立了某种形象，那也只是一个毫无意义的胜利。这只证明了真正的自我不受人欢迎而已。[8]此外，法国著名作家弗朗索瓦·德·拉罗什富科（François de La Rochefoucauld）曾说过："我们太习惯于在别人面前伪装自己，以至于我们最终连自己也欺骗了。"

　　同样糟糕的是，一旦我们给别人留下了某种固定的印象，我们往往就会一直如此表现，而真实的自我会越来越不为人所知。这样做的代价是更加孤独，以及我们所说的"渐渐地被秘密束缚住了"。我们自身重要的部分，通常与我们真实自我的其他方面有关。隐藏自我的某一部分，可能会让我们隐藏更多的东西，导致我们表现出来的部分越来越少，最终让我们的关系变得越来越肤浅。

　　我们有一位同性恋朋友，他对自己出柜前生活的描述就很好地说明了这一点。"我必须隐藏很多关于自己的重要部分，"他告诉我们，"显然同性恋是其中之一，但也包括可能与之相关的话题，无论这种关系有多远。我必须小心地对待我是否在谈恋爱的话题。我不能在桌子上放我伴侣的照片。我在谈论最近的假期时必须非常小心，因为我可能会不经意地提到'我们'，或者更糟的是，提到'他'。我不常与同事社交。我不参与那些可能谈到同性恋婚姻的政治讨论，我参与的许多对话都停留在相当肤浅的层面。最糟糕的是，如果有人发表了恐同言论，我还得强迫自己保持沉默。随着时间的推移，其他人对我的了解越来越少了。"

　　这样的限制无处不在。虽然斯坦福大学试图录取来自多种社会经济背景的学生，但仍有很多来自富裕家庭的学生经常侃侃而谈自己预定了假期前往纳帕谷品酒的旅行，或者谈论那些他们去过的国家。这意味着那些靠全额奖学金入学的学生往往对自己的家庭背景闭口不谈；或者为了与同伴一起租赁滑雪场的房子而负债累累；或者当别人分享自己的环球旅行时沉默不语。虔诚的信教学生常常会感到难以和他人分享自己对宗教信仰的感受，因为他们担心别人的评判。

只有在"人际互动"课程的小组中，这些学生才会感到足够安全，能够分享自己的价值观、家庭背景、害怕的事情，以及他们的希望和梦想。往往在那时，他们才意识到他们没有更多地分享真实自我所付出的代价。每当我们观察到这种觉醒的时候，我们就会加倍重视建立深度关系的重要性——因为，虽然我们不能都参加 T 小组，但我们都可以学着创造一个更安全的空间，让我们更好地自我表露，让真实的自我得到他人的了解。

承担 15% 的表露风险

先有安全感，还是先有自我表露？人们很容易有这种想法——"在我知道我能信任那个人，得到他的接纳之前，我不会冒险透露很多信息。我需要先知道他会有什么反应"。我们认为，这里的因果关系应该颠倒过来——承担 15% 的表露风险是建立安全感的基础。如果每个人都在等着对方去冒险，关系就不会有发展。

更难的是，一次表露可能不会让你得到想要的结果。埃琳娜就遇到了这样的事。她语含暗示地说"这个嘛，跟平常一样，有起有落"，而桑杰没有注意到她的言外之意，埃琳娜也没有进一步解释。在通常情况下，人们会先试着透露一些信息，如果对方没有回应，他们就不会继续说下去了。如果要别人做出回应，你可能需要稍微多冒一些风险，好让他们注意到。后来埃琳娜冒险分享了她被解雇的事情，表达了她害怕这种事情会再次发生的心情，就说明了这个道理。她已经完全走到了舒适区外 15% 的距离。如果桑杰的回应是"这种事不太可能在这儿发生，也许你应该放下过去"，那会发生什么？如果是这样，埃琳娜也有多种选择。她可以不理会桑杰的回答，改变话题，也可以再冒一次险，继续说她和以前的上司之间的问题。

如果桑杰没有正面回应，这无疑会让埃琳娜感到受伤，但埃琳娜不太可能因此受到沉重的打击。人没有那么脆弱。在不知道结果的情况下冒险，是建立深刻的人际关系的关键。在这个过程中，你必须顺其自然，相信从长期来看，通过率先自我表露，你更有可能建立信任、获得接纳，得到你最想要的关系。这就是"拥有能动性"的关键所在。

深化学习

1. 把自己放在埃琳娜的位置上。在上一份工作里被解雇的经历依然让你隐隐作痛，你最不想要的结果就是让同样的事再次发生。一部分的问题在于，你当时不了解公司的文化。你喜欢桑杰，喜欢和他一起在工作组里合作的经历。他是那个能让你坦诚相待的人吗？他是能帮助你学习如何在这家公司取得成功的人吗？你想要一段真诚的关系，让你能够分享重要的事情，但他会对你产生错误的消极看法吗？

   ● 你认为，要让别人充分地了解自己，你会怎么做？请想一想埃琳娜在这一章中面临选择的几个时刻——如果是你，你会怎么说？要让别人在这种工作场合下充分了解自己，对你来说你有多容易（或困难）？你的选择说明了什么？

2. 让别人了解你：一般而言，让别人知道你在乎什么，对你来说容易吗？你觉得最难以分享的话题是什么？对于分享那些话题，你的担忧是什么？

3. 重要的人际关系：从你在上一章里找出的重要人物中选出一个人。有没有一些与你、与那段关系相关的事情，你没有完全与那个人分享？透露这些事情会让你担心吗？

4. 表露情绪：分享你的情绪对你来说有多简单（困难）？请查看附录 A 里面的情绪词汇。对你来说，是否有些感受比其他感受更难以向别人表达？

在上文的问题 3 里，你提出了一些与某段关系有关的问题。如果要你走到舒适区外 15% 的位置，你会分享什么？

注意，潜在的自我表露包含两个方面。第一个方面是内容，第二个方面是你对于分享这些内容的感受和担忧。埃琳娜在自我表露中透露了这两个方面的信息。如果你按照上文的要求，与那个人进行了对话，那么你在多大程度上分享了这两个方面？

在接下来的一周里，在与朋友和熟人的对话中，请试着拓宽你自我表露的范围，分享一些在你舒适区之外的事情，一些你通常可能不会分享的事情。这些事情可以是事实、观点或者感受。

在与你选择的那个人对话时，你从你的自我表露中学到了什么？在自我反思部分，你思考了你对表露可能怀有的担忧。那些担忧有什么改变？你在这个过程中对自己有什么新的了解？这种了解如何影响了那段关系？

对于在与他人的互动中分享更多的私人话题，你有什么感想？你在当时有什么情绪？这样做对那些互动的性质有没有影响？

在未来的互动中，你会如何运用所学的东西？（请具体说明你会对不同的人做什么。）

鼓励他人敞开心扉的过程
包括知道何时更多地
表露自己，
何时后退一步，
给对方空间，
何时问正确的问题。
这也需要你支持对方
获得他们想要的东西，
而不是你想让他们
得到的东西。

第 4 章

鼓励他人敞开心扉

要建立深度关系，不可能仅凭你一个人的努力。如果一个人从不提起闲聊之外的话题，你就无法与他建立更亲密的关系。你可以像埃琳娜那样，走到舒适区之外的15%，但你不能强迫对方也这么做。"嘿，我都向你敞开心扉了，你也该对我开放一些！"这种话可能在小时候的"真心话大冒险"游戏里管用，但不适用于建立深度关系。

这一章讨论的不是强迫或人际操纵。相反，本章的主题是鼓励别人敞开心扉的过程——这个过程有时相当缓慢。你不能控制别人是否会自我表露，但你可以为他铺平道路。这就包括知道何时更多地表露自己，什么时候后退一步、给对方空间，什么时候问正确的问题。这也需要你支持对方获得他们想要的东西，而不是你想让他们得到的东西。本和他的好友利亚姆就面临着这样的问题。

本与利亚姆的故事（第 1 部分）

　　本和利亚姆都毕业于密歇根大学。在本搬到芝加哥后不久，他们在一次校友会上建立了友谊。他们都是 30 来岁的单身青年，在之后的一年里经常一起出去玩。他们都喜欢骑自行车，都是芝加哥白袜队的球迷，而且他们最近在不远的地方发现了一些相当不错的滑雪场。尽管他们的工作领域大不相同，但他们依然定期见面，经常谈论运动和工作。本是沃尔玛的经理，而利亚姆在一家大型建筑公司做金融工作。

　　本很重视他与利亚姆的友谊，他们相处越多，他越想与利亚姆深交。除了他们的共同兴趣以外，本还很喜欢他们之间的风格差异。本善于交际、着眼大局，而利亚姆更内敛——也许是因为他的金融背景，他更喜欢事实和数据。由于他们看问题的角度各不相同，他们的讨论也很有趣。然而，利亚姆的个人风格带来了一个后果，那就是他倾向于不分享太多私人的话题。本想知道他能做些什么来鼓励利亚姆分享更多。

　　一天晚上，在一家他们最喜欢的酒吧里，利亚姆告诉本，他想听听本的建议。"我有个同事，叫兰迪，我跟他有些问题。"

　　"怎么了？"

　　"主要的问题是，他把不属于他的功劳揽在自己身上。"然后，利亚姆谈起了他们一起做项目的经历，但兰迪告诉经理，几乎所有的工作都是他一个人做的。利亚姆越说，情绪越激动。

　　"真糟糕。你听起来很恼火。"

　　"是啊。他快把我气死了。他真是很狡猾，我一点儿也不信任他。"利亚姆接着说他有多生气,尤其是兰迪背着他去找经理谈话的事情更让他恼火。

"经理相信他吗?"

"我觉得信。兰迪总是听起来自信满满的。而且这不是头一回了。怎么会有这样的人?我真的很生气,而且我不知道该怎么办。我不能去和他对质,因为他会散布关于我的谣言,毁掉我在办公室里的声誉。我见过他做这种事。"

本思索片刻,然后问道:"告诉经理这是一个合作完成的项目,你觉得怎么样?"

"我会听起来好像在无中生有、小题大做。"

"你和同事聊过这些事吗?"

"这就是在玩兰迪那种钩心斗角的游戏,我不想那样做。"

本又提了几个建议,而利亚姆显得有些不耐烦了。

"听着,我已经考虑过这些了——我们公司不是你熟悉的那种组织,你知道吗?那是一家推崇阳刚气质的建筑公司,你应该照顾好自己。"然后,利亚姆又说道:"我猜你从来没遇到过这种破事。"

"嗯?这是什么意思?"

"就是你似乎很擅长为人处世,你知道吗?"

"实际上,我刚刚想到我之前有个像兰迪那样的同事。"

利亚姆松了口气:"当时发生了什么?"

"那是我刚到沃尔玛工作的时候,另一个经理经常把我的主意算作他的功劳。"

"那你是怎么做的?"

"其实,我什么都没做。我当时真的不知道该怎么办。如果我去找他对质,他就会否认。我知道其他经理也知道这种情况,但他们不会冒险说什么。我不知道管理层是否知道这事,但我不想去找他们投诉,让自己听起来好像在抱怨一样。我觉得自己陷入了没有赢面的局面。我不能说出实情,也不知道如果我不说会发生什么。"

"那后来呢?"

"我很幸运。最后我升职了,而他没有。"

"听你说起来好像很容易。"

"并不容易。我都快气死了。当时压力真的很大,我觉得自己很糟糕,我很无助。我讨厌那种感觉。"

"好吧,这种办法对我没用。我没你那么有耐心,兰迪让我烦死了。"

本沉默了一分钟,然后说道:"我知道你很心烦,这个情况真的很难,但这件事对你的影响为什么如此之大?我当时的情况对于晋升至关重要,但听你上个月对这个项目的描述,它似乎并不重要——不会真正影响你的事业。兰迪做的事的确不地道,但为什么你会这么沮丧?"

"我不确定,"利亚姆说,"我猜我就是不喜欢乱七八糟的人际问题。我做金融就是因为数字是客观的。你也许能够处理那些人际问题,但我受不了那些,我绝对做不了你的工作。我很讨厌这种办公室氛围,兰迪做的就是这种事。我就是讨厌有人靠这种方式取得成功。"

本的好奇心被激起来了。"是吗？再多说一点吧。"

利亚姆沉默了一分钟，轻轻地摇了摇头，然后抬头看了看电视屏幕，说："你看，白袜队现在 5 比 5 平了。我们再喝一杯，继续看比赛吧。"

话题的突然转变，让本再次感到惊讶，但当他们起身走向吧台时，他决定不去多想了。本注意到利亚姆已经有多次这样了，但就像以前一样，他决定不再多问。

鼓励表露

本的有些行为帮助利亚姆分享了更多信息，但还有些行为则不那么有效。

本对利亚姆的困境表达了关注，也对他的沮丧表达了共情，这些都是鼓励。**共情不仅表达了你理解对方的感受，也表达了你认同对方的感受。**用俗话说，就是你能与他们"感同身受"。重要的是要注意，要与他人共情，你不必与他们有一模一样的经历。例如，你可以与他人的悲伤感同身受，因为你以前也感受过悲伤，即使他们描述的情况不一定会让你感到悲伤。经常有学生会说："我不知道他为什么这么生气。"对此我们的回答是："那不是重点。重点在于你知道愤怒是什么感觉，所以你依然可以感同身受。"

虽然常常交替使用，但共情和同情是不一样的。同情是指承认某人的痛苦，并提供安慰和支持。这并不一定意味着认同他们的感受。同情也常常与怜悯联系在一起，这让很多人觉得自己更加渺小。同情与共情不一样，它并不鼓励对方更多地自我表露。事实上，同情有时会起到相反的作用，因为许多人不喜欢别人"为他们感到难过"。

虽然本一开始在共情方面做得很好，但他问了一系列没有帮助的问题，因为那些问题实际上是建议。当他问这些问题的时候，利亚姆就把自己封闭起来了。当本表达自己过去的无助感时，利亚姆才变得更加开放了。但随后本要求利亚姆分享更多信息，这导致利亚姆突然改变了话题。

毫无疑问，你肯定会有这样的互动经历：你想要了解更多，但对方却不愿多说。你表达关注和自我表露是很重要，但其作用也有限度。你还有其他的选择。在这种情况下，你首先要了解对方的情况，弄清如何与他们沟通。只有这样，你们才能把话题转移到其他领域，也许是更深的领域。

"了解对方的情况"包含四个维度。第一个维度是，你的话是他们想听的，还是你想说的？第二个维度是，你的回应是否与对方处在同一个情绪层面上？ 本在为兰迪的讨厌行为表达共情时就处理了这两个维度。（"真糟糕。你听起来很恼火。"）如果本做出了轻率的评论，或者说了一些太过深入而利亚姆不愿意讨论的话题（就像他之后那样），利亚姆就不会接着说下去。**第三个维度是，你看世界的角度与他们是否相同？** 本在这方面失败了，因为他没有考虑利亚姆的公司文化，提出了一些在沃尔玛可能有用，但在利亚姆的公司却没用的建议。**第四个维度是，你是不是没有对他人真正关心的事情做出回应？** 利亚姆想要就兰迪的事和他们公司的办公室氛围发泄情绪，而本却好奇到底是什么原因让利亚姆如此生气。

为了让对方听你说话，并且告诉你更多有关他们自己的事情，你需要让他们知道你在努力理解他们和他们的处境。一旦建立了这种联结，你们就有可能提出其他话题，并深入探索更多的问题。在他们对话结束，前往吧台的时候，本意识到了这一点。尽管他想继续讨论下去，但他意识到利亚姆并不想。寻找恰当的时机是"了解对方的情况"的另一个方面。本把这个问题放下了。不是所有事情都需要立即处理。

好奇、提问与建议

保持好奇比看起来要复杂得多。对于一件事，你可能一无所知；你也可能自认为无所不知，提问只是为了验证自己的假设。后一种情况会带来一个问题，那就是你可能并非真的感到好奇。你在很大程度上已经产生了先入为主的见解，并且正在引导对方以证明你的观点。这种态度不太可能鼓励对方更加开放和坦诚。

要确保你的好奇心是真诚的，最好的办法就是保持这样的心态：不管你认为自己多敏锐，多了解对方，实际上你并不真正了解对方面临的处境。这样能让你变得天真质朴。有了这种天真的好奇心，你就更可能问出一些鼓励自我表露的问题。

并非所有的问题都是一样的。询问正确的问题有助于鼓励别人分享。开放式问题能催生新选项、新视角，或者思考某种情况的新方法，进而扩大对话的范围。本在询问利亚姆在工作中发生了什么事，以及什么事让他如此心烦的时候，就是在询问开放式问题。

最有效的开放式问题，通常都不是以"为什么"开头的。"为什么"式的问题往往会驱使人们去思考，而不是去感受。这类问题隐含着要对方为自己辩护的要求。例如，如果本问"你为什么那么心烦"，利亚姆就会觉得他需要给出一个符合逻辑的解释。如果本继续追问"你为什么不干脆忘了兰迪的事"，利亚姆就不太可能透露他对办公室氛围的反感，以及对客观世界的向往了。在通常情况下，符合逻辑的解释往往不能涵盖事情的所有方面。

封闭式的问题通常能用"是"或"否"来回答。这种问题会缩小谈话的范围，更有可能给人被侵犯、被评判的感觉，例如本问利亚姆的这个问题——"你和同事聊过这些事吗"。还有些问题是"伪问题"，这些问题其实是伪装为疑问句的陈述。这些问题同样是无效的。如果本问"难道你不是因为嫉妒兰迪的说服力才生他的气吗"，这就是一个伪问题。封闭式问题和伪问题听起来都很像伪装成问题的建议或对假设的验证。本发现，即使对方寻求建议，建议也很少有用。我们帮助对方的渴望，会使我们得出草率的结论。这些结论往往源于我们自身的经验，通常根本不适用于对方的情况。我们很少能提出对方没有考虑过（很可能已经考虑并排除了）的选择。这些都是本落入的陷阱。

向他人提建议也会增加两人之间的权力差异。遇到问题的人可能在一开始就觉得低人一等，如果另一个人表现得好像自己知道答案，就可能会增加这种落差。提建议的另一个问题在于，我们很容易误解对方真正想要的东西。利亚姆也许说过他想要本的建议，可他真的想要吗？人们去找别人倾诉，可能有许多原因。也许他们想要一个把自己的想法说出来的机会。也许他们只想发泄情绪，寻找一双富有同情心的耳朵。有时他们只希望别人为他们遭受的不公正对待给予支持和共情，而不需要别人帮助他们想出解决方案。倾听者需要清楚对方想要什么，然后才能弄清怎样才能提供最好的帮助。

在不久之前，当同事吉姆走进大卫的办公室时，他就体会到了这一点。"大卫，我不知道该怎么处理这个问题，我想听听你的建议。"大卫热心地把全部的注意力都放在了吉姆身上，因为他真的想帮忙，而且他认为如果他的主意有用，那他们俩都会很高兴。吉姆继续说道："我面临着两个选项，但不知道该选哪一个。我可以选A，A有一些优点，但也有一些问题。然而，出于某些原因，B也很吸引人，但我有一些担忧。"

吉姆继续深入阐述这两个选项，同时也在聚精会神地试图找出正确的答案。吉姆越说，大卫越觉得A才是更好的选择。他想要分享他的思路，认为这样能帮助吉姆，但他还是耐住性子等待吉姆说完。然后吉姆站了起来，转身出门。"没错，显然B才是更好的选择！太感谢了！真是帮了我的大忙！"大卫感到有些失望，他想说"等等，你还没听我说我的想法呢"，但是，他不得不遗憾地承认，他的分析不会帮到吉姆。相反，吉姆只是需要一些空间，以便自己想出解决之道。

这个故事说明了提建议还有一个局限。大卫的解决方案可能对大卫而言是对的，但对吉姆来说可能是错的。每个人都有自己的目标和实现目标的方法。人们提建议的时候，他们是从"他们会怎么做"的角度来说的，但没有充分考虑对对方来说最好的做法。

提建议还有一个弊端：你会看不到对方的真实情况。对利亚姆来说，他如此生气，真的是因为兰迪抢了这个项目的功劳吗？还是因为他的办公环境有太多钩心斗角的事情？抑或是因为利亚姆希望世界是客观和理性的（也许这种希望并不现实）？我们想要帮助别人的愿望，会让我们在发现真正问题之前就过早地着手解决问题。有句格言说得很好："用错误的方法解决正确的问题，好过用正确的方法解决错误的问题。"这样一来，你会更快地发现这是错误的解决方案。

如果建议通常是没用的，那人们为什么还总是给人提建议？也许是因为解决别人的问题似乎比解决自己的问题容易得多。也许是因为我们希望有机会展示我们的分析能力。或者，也许是因为我们想成为力挽狂澜的英雄，收获他人的崇拜，留下锦囊妙计之后拂衣而去。不论是什么原因，请问问自己："我提建议是为了满足自己的需要，还是真的因为我想帮助对方？"

尽管可能有很多问题，但有时提建议也是有效的。但是，这需要一定的条件。如果你要给别人建议，你就必须充分了解情况，知道对方真正想要什么，并考虑对方的风格与做事方法。最重要的是，你必须把"我会怎么做"的想法放在一边。这些说起来容易，做起来难。此外，提建议不一定有助于了解对方，只能了解他们对于你的建议的反应。

在帮助别人得到了解的过程中，你可能需要寻找支持他们的机会，以便他们能够更充分地表达自己的情绪。你怎样才能知道，他们是否在谈及自己的感受时过于轻描淡写了？从某种程度上说，你不可能知道，但你可以通过捕捉对方的语气、非言语信息、发现情况的严重程度与他们表达的情绪不相符等方面来推测。本就注意到了利亚姆的焦躁。本强调说："你听起来很恼火。"这句话鼓励了利亚姆更充分地表达他的愤怒。

如果本能继续倾听并把利亚姆的感受用语言反映出来，倒有可能鼓励更多的自我表露，但不幸的是，本的做法恰恰相反。他问了一系列逻辑上的问题，让利亚姆脱离了感受，开始用理性做出反应，而利亚姆觉得这样毫无帮助。

用语言将未表达的，或表达不充分的情绪反映出来，与询问有引导性的问题之间存在着微妙的差别。举个恰当的例子："你说你有点儿烦恼，但听起来好像不是这样。你是不是其实很生气？"这句话可能属于上述任意一种类别。区别在于你做出的假设，以及你提问时的语气。如果你承认自己永远不可能知道对方身上发生了什么，那么你就知道自己是在猜测。你的假设就是合乎分寸的——只是假设而已。提问不仅比陈述更为合乎分寸，还比你用确定的语气（就好像"你知道"一样）表达同样的意思更不容易招致对方的抵触。你可以这样说，"听起来真让人沮丧"或者"如果这种事发生在我身上，我一定会生气的"。因为这些话反映了你心里的情绪，这些是你的的确确知道的。这些**共情的陈述更有可能鼓励对方充分表达自己的感受**。

共情的陈述
更有可能鼓励
对方充分表达
自己的感受。

本与利亚姆的故事（第 2 部分）

几周后，利亚姆和本一起吃晚餐。本想问问兰迪的事情怎么样了，但他还没来得及说话，利亚姆就开口了："我把兰迪的事放下了，多谢你的帮助。"他补充道："哦，还有一件事。我在考虑要不要申请金融部门的一个新工作机会。我会有不错的加薪，但还有些人事问题，我想听听你的看法，因为你更擅长这一类问题。"本问了一些探索性的问题，并且让利亚姆主导了谈话的走向，于是他们谈到了更多的细节。这个问题很复杂，本也越来越感兴趣。这场讨论似乎也让利亚姆受益了，但他却突然改变了话题——几乎是在一句话说到一半的时候。

不知道他为什么要这样做，本心里想。就好像这是他的习惯一样。"我要不要问他？"但是本决定不要这样做。

他们继续吃饭，话题转移到了今年是否还能滑雪的问题上，因为降雪减少了。本有些心不在焉，难以集中精神。他心里总是想着利亚姆突然改变话题的事情，决定回到刚才的话题上。

本小心翼翼地问："利亚姆，我想回到刚才我们聊的话题上，就是我们刚才谈的新工作的事情——你把话说到一半就改变话题了。我有些困惑。我发现你在对话中这样做过很多次，我想知道那是怎么回事。"

"我要说的已经说完了。"利亚姆的回答相当简短。

本感觉利亚姆不想谈这个话题，只好耸耸肩，说："好吧。"

他们把话题转到了白袜队新加盟的救援投手上，他们讨论了这名新援能否改变球队惨淡的赛季，以及他们周末要不要尝试一条新的骑行线路。

夜色渐深，本忍不住想："这些话题我跟谁聊都行，但是利亚姆想问题很周全，为人也有意思，我真希望能多了解他一点。"他决定再试一试。

"利亚姆，我有些不知道该怎么办。我希望我们不止能谈论运动和肤浅的工作事务，因为我想让我们的友谊更进一步。但是每次我尝试弄清你的感受时，你都会拒绝聊下去。几周前我们在聊兰迪的事情时你就是这样，你之前在谈你的新工作机会时也是这样。那到底是怎么回事？我觉得有点儿奇怪。"

利亚姆的回答让本吃了一惊。"每次我们谈到一些略显私密的话题时，你就会开始问问题，要求我说得更多，好像你有些得寸进尺。我不喜欢被强迫的感觉。"

"为什么要你分享就这么难？"本问道。然后，他意识到自己又开始问了，他马上说："该死，好像我又在问问题了！当我没说过！"

"没错，"利亚姆笑着说，"我不想说得太多。"

"没问题。我知道我有时可能过于认真了，有时太心急了，逼得太紧。我以前听别人说过，你不是唯一这么说的人。"

"谢谢，"利亚姆说，"我们还是讨论骑行线路吧。"

他们的对话变得更轻松愉快了，并持续了好一阵子。

就在他们根据自己的日程安排制订计划的时候，利亚姆说："我一直在想你刚才问我的问题。我不想无礼，但这不是一两句能说清的。我一直是个很注重隐私的人。我第一次真正敞开心扉，是我在大学谈恋爱的时候。当时和我约会的女孩一直想让我多分享一些，然后她把我告诉她的事情拿来对付我。那感觉很难受。"

"啊，"本说道，"听起来很糟糕。你这么说，真的帮我更理解你了。听着，我不会逼你分享你不想分享的事情。即使我想知道更多，我也尽量不会对你问个不停了。无论你想聊什么，都听你的。"

利亚姆感激地点了点头。

"但我也不想一个劲儿地怀疑自己是不是问得太多。如果你开始有这种感觉，就告诉我，我会管住自己的。"

"没问题。"利亚姆说道。然后他补充说："嘿，我也会试着更开放一些。"

在第二次对话中，这两个人都承担了一些风险，而且收获了回报，让他们的友谊变得更加亲密了。如果本没有提及利亚姆改变话题的事情，或者逐渐疏远利亚姆（这两者都是常见的反应），他们的关系就会停留在较为肤浅的水平上。本告诉了利亚姆更多有关他对于他们友谊的希望，将自己置于脆弱的境地。在承认自己总是过于心急、逼得太紧时，他也是脆弱的。他为利亚姆的回答铺平了道路，让他也能够表露心迹。本发现自己"犯错"，以及随后利亚姆答应帮助本看到他自己何时逼得太紧，也都是很好的现象。他们采取了一些重要的行动。他们依然需要重复并改进这个过程，轮流承担风险、袒露脆弱的一面，这样关系才会不断地向前发展。不过，他们已经学会如何向彼此表露心迹，并开始体验到自我表露的好处了。

好奇和唐突之间也有着十分细微的区别。如果你相信某个人真的想了解你，并且对方也告诉了你原因，你就可能觉得他的问题没有那么唐突。然而，如果你觉得对方把你当成了一个有意思的"标本"，把你放在"显微镜"下观察，你就远不会那么开放了。如果你不知道他会如何利用你告诉他的事情，那你就更不愿意分享了。

给予对方空间
很重要。

尽管本的初衷是好的，但利亚姆可能体会不到这一点。**给予对方空间很重要**，就像本在两次对话中所做的那样。他小心翼翼地表达了自己真诚的兴趣，而不强迫利亚姆，让利亚姆主导谈话。即使本并没有把每件事都做得十全十美，但他敏感地满足了利亚姆的需求，也没有完全忽视自己的需求，他很好地把握住了这两者之间的平衡，让利亚姆感到更加轻松。

谁先自我表露

相互性是自我表露的一个关键元素，但谁应该率先表露呢？虽说我们表露得越多，我们越能控制别人对我们的看法，但我们不得不考虑，一旦地位（或者对地位的感知）问题掺和进来，事情就会变得复杂得多。"地位"可能是组织中的层级、过去的成就，或者受教育水平。不幸的是，性别、种族和社会经济地位也会造成地位差异。要一个已经感到低人一等的人自我表露，这种要求实在太高了。此时自我表露会让人感觉风险更高，这是合乎逻辑的。对于边缘群体中的人来说尤其如此，比如在男性主导的领域里的女性，以及有色人种。[1]

然而，**地位较高的人往往不会意识到，他们的身份会让其他人难以向他们表露自我**。老板经常对直属下属说"我希望你们有话直说"，但他们却淡化了这样做的风险。**那些权力较大、地位较高的人不仅需要意识到这种关系动力，而且应该比与地位平等的人在一起时表露得更多。**

例如，当卡罗尔开始在斯坦福大学任教时，她与一位组织行为学系的资深教授建立了友好的关系。他们时常一起吃午饭，发现很喜欢与对方进行智力交流，也乐意讨论 MBA 教学的经验。虽然卡罗尔喜欢和这位教授在一起，但他不是通常那种会让卡罗尔愿意表露脆弱的人，这是因为他们之间的地位差距——他是正教授，而卡罗尔只是个讲师。

有一天，这位教授邀请卡罗尔共进午餐，并告诉她，他想要卡罗尔给他一些建议，因为大家都知道卡罗尔总是能深深地吸引她的学生。他能做些什么来取得类似的效果呢？考虑到这位教授在大学里的地位，"受宠若惊"简直不足以形容卡罗尔的心情。不过，比卡罗尔的荣幸更重要的是，这位教授在征求她的意见时，间接地表现出来的脆弱。教授很少会承认他们不知道所有问题的答案，也很少会承认他们需要帮助，所以这是一次意义重大的自我表露。卡罗尔自然知无不言、言无不尽，这位教授也采用了许多她的建议，并因此总是对她表示感谢。

这位教授的请求不但让卡罗尔深感荣幸，也改变了他们的关系。这位教授愿意表现出脆弱，这使得卡罗尔也更愿意对他袒露脆弱的一面。在随后的几年里，卡罗尔也向他征求了意见。卡罗尔还分享了自己在工作中遇到的挑战以及最深刻的失望。他们成了知己和密友。

尽管卡罗尔和她的教授朋友之间存在着巨大的地位差距，但她不是这位教授的下属。上司能对下属如此坦诚吗？我们在一位与我们共事过的高管身上看到了这样的事情。约翰是一家 500 强企业加拿大分公司的总裁，他在这家分公司里营造了一种文化，让人们可以相互开诚布公地交流。[2] 有一天，IT 副总裁达里尔走进他的办公室说："我只是想告诉你，我现在很难达到工作的标准。我现在正处在艰难的离婚过程中。"

约翰自己也离过婚，他感觉达里尔可能想聊聊，于是说："我们到办公室外面走走吧。我要买新音响了，需要你的专业知识。我们可以顺便吃午饭。"约翰利用这段时间，让达里尔谈论他婚姻中的问题，也分享了一些自己的经历。达里尔后来说，这次谈话对他意义重大，他感受到了理解和支持，并且开始感到约翰不只是他的上司。

许多管理者都做不到约翰为达里尔做的事，因为他们担心这样一来，他们就不得不原谅员工的糟糕表现，而组织的利益也会因此受到损害。这样的事情并没有发生在约翰的故事里。事实上，达里尔对约翰、对公司都产生了更强的责任感，当高管团队的其他成员得知约翰所做的事情时，他们对上司也更加忠诚了，并且纷纷向达里尔伸出援手，帮助他度过了这段过渡时期。如果约翰一开始没有建立这种开放的文化，他可能永远不知道为什么达里尔的表现会不尽如人意。

你真想深入了解他人吗

我们在此做了一个假设：人们想要更深入地了解他人。也许你对此感到有些矛盾。你真的想要他人把童年的创伤，或者他们与伴侣的关系问题一五一十地讲给你听吗？这样的了解又会让你背负什么样的义务呢？你是否需要答应他们的请求，或者承诺站在他们那一边？你能否始终给予他们想要的那种深度关系？

我们有一个好友，名叫安妮。她就与朋友宝拉遇到了这样的问题。她们两人是多年的朋友。

但有段时间，宝拉得了一种病，每周要去看两次医生。她的疾病让她很难开车，所以她请安妮开车带她去。一开始，安妮非常愿意，但时间一周周地过去，她开始感到有些不满——不仅对宝拉不满，也对宝拉的儿子、儿媳感到不满。虽然儿子、儿媳也和宝拉住在一起，但他们却不愿意开车带宝拉看病，总是推说工作和育儿过于繁忙。

安妮不知道该怎么做。她担心如果她直接向宝拉提出这个问题，她对宝拉的儿子、儿媳的怨气（以及对宝拉与日俱增的怨气，因为她允许他们推卸责任）会表现出来，损害她们之间的关系。她没有这样做，而是找了一个借口，减少开车的责任。这样做没有伤害她与宝拉的关系，但也没加深关系。

在安妮的这种处境下，人们不愿分享自己的感受可能还有其他的原因。也许安妮不想知道更多关于宝拉和她儿子、儿媳之间的事——万一他们之间有些真正的问题，而宝拉只是把搭车当作心理治疗呢？如果真是那样，安妮就更难告诉宝拉她不想扮演这个角色了。

在之前两章的大部分内容里，我们一直在告诉你增加自我表露的益处，但安妮的处境告诉我们，自我表露也可能导致棘手或尴尬的后果。随着关系的发展，人们对彼此的期望也越来越高。虽然帮助他人、回应他人的需求是建立稳固关系的重要部分，但设置边界也至关重要。在关系的发展过程中，不同的时期可能需要不同的边界。当边界问题产生时，你必须发现、提出并成功解决这些问题。别担心，我们会在后面的章节再次谈到这个问题。

深化学习

自我反思

1. <u>把自己放在本的位置上。</u>你想和利亚姆建立更亲密的私人关系。你喜欢他，也看重他的分析能力，但希望他能多分享一些有关自己的事情。你很容易自我表露，也希望利亚姆多一些自我表露。你可以做些什么来鼓励他这样做？

   - 请回忆一下本章描述的各种情况，你认为你可能会怎么做？你是否认为自己在某些方面的交流不够有效？

   - 这说明，你在帮助他人更多自我表露方面的能力（和风格）如何？

2. 选择一段你之前找出的重要关系。要更充分地了解对方，你会采用下面哪种方法？

   - 积极倾听，尝试充分理解对方。

   - 放下评判，不试图过快地弄清对方发生了什么事。

   - 对于对方所看重的事物保持好奇和探究精神。

   - 使用开放式问题来鼓励对方分享得更多。

   - 倾听对方的情绪，并帮助他们充分地表达（例如"你听起来不只是有点儿烦恼，你现在感觉如何"）。

   - 共情，尤其是对情绪表达共情（"听起来真让人沮丧"）。

   - 表达接纳（"我真的能理解你为什么会有那样的反应"）。

3. 反之，你是否倾向于做下面的事情？这些事情会让对方不愿意分享，也不利于你更充分地了解对方。

- 倾听时心不在焉，因为你已经在考虑（或者已经决定）如何做出回应了。
- 很快就改变话题，去谈论自己或自己感兴趣的话题。
- 认为你已经弄清对方真正的问题。
- 询问引导性的问题，让对方接受你的结论。
- 忽视对方的感受，用逻辑来证明你的观点。
- 评判对方的言行。
- 不能对他们的处境感同身受。

你为什么常会用这些方式回应对方？

应　　用

你在上一部分回答的问题反映了你对自己的看法。这段关系里的另一方也这么看你吗？去问问他们，你的哪些行为支持或者限制了他们的自我表露意愿。

提醒他们，你之所以提出这些问题，是因为你想让你们的关系变得更加开放。你在使用你的自我表露来鼓励他们的自我表露，并借此深化你们的关系。因此，这是为了增进私人关系，而不是学术探讨。

理　　解

如果你完成了"应用"里的练习，你就会了解到他人的看法在多大程度上与你一致。对你来说，倾听他人的看法是否容易，尤其是在他们的观点与你不同的情况下？

请想想你找出的其他重要关系。你现在能做些什么，来鼓励那些人更好地被你了解？

　　在这个过程中，有一个内在的困境。你在一边学习新的行为，一边建立关系，但你不希望关系中的对方觉得他们被利用了，或者在你的实验中充当了实验对象。关于如何做到这一点，你学到了什么？顺便问一句，你有没有问过他们对此的感受？

建立深度关系，
要考虑双方的需求，
使双方的需求以
相对平衡的方式
得到满足。

第 5 章

平衡双方的影响力

我们大多数人在高中都有过这样的人际关系（无论是友谊还是恋爱）：其中一方比另一方的影响力大得多。影响力大的那一方可以决定在任意时刻做什么，包括做事的方式、时机和条件。而对于缺乏影响力的一方来说，无论他们是否喜欢这样的安排，往往只有说"好啊！听起来很棒！"的份。在一段时间之内，这样可能就足够了，但这种关系迟早会变淡（如果是我们在说的高中生的关系，那么更有可能爆发冲突）。这是因为，**关系要想持久，影响力就必须达到平衡或匹配。**

自我表露、支持、信任以及进一步的表露——这种循环是平衡的基础。随着关系双方对彼此了解的增进，他们会利用对彼此的了解来推进了解的过程。我们认为，无论人与人之间的了解有多深，总有更深层的东西有待发现。比如说，我们两人各自结婚的时间加起来已有 90 年（大卫的婚姻长达 55 年，卡罗尔则已经结婚 35 年），而我们依然能对各自的伴侣产生新的了解，他们对我们也是一样。建立稳固而有意义的关系，其目的不在于一股脑地自我表露，或者为深化关系而深化关系，而在于考虑每个人的需求，这样一来，双方的需求就能以相对平衡的方式得到满足。

要让双方都感到满意，并不是一件容易的事。你会在这一章看到，这需要理解双方付出与获得，并使两个人的影响力对等。此外，关系可能在某一时刻是平衡的，但在其他的时候，这种平衡就会被打破，比如在一个人的成就是以另一个人的重大损失为代价的情况下。麦蒂和亚当的情况就是这样的。

麦蒂与亚当的故事（第 1 部分）

麦蒂和亚当已经结婚 11 年了，有一个 5 岁的女儿和一个 3 岁的儿子。在他们初次见面的时候，麦蒂是一名医药公司的销售代表，她的公司正在开发治疗癌症的药物。她热爱自己的工作，尤其喜欢出差（有时她会去夏威夷出差），并且为她卖出的产品所产生的社会效益而感到满足。

他们两人的全职工作都消耗了他们不少的精力，但在晚上和周末的时候，他们有许多事情可以一起做。他们喜欢一起做饭，一起娱乐。他们两人都觉得这样的关系很平等。他们的重大决定都是一起做的，例如在哪儿买第一栋房子，以及什么时候生孩子。其他的职责则由他们各自承担一部分：当他们终于存够钱的时候，麦蒂负责厨房的装修，而亚当负责他们旅游时的所有后勤安排。他们轮流与彼此的家人过寒假，第一年与麦蒂的家人一起在当地度假，第二年则去纽约拜访亚当的家人。尽管分工泾渭分明，他们两人依然觉得自己能够影响对方。

在女儿出生以后，麦蒂依然坚持上班，但在儿子出生之后，她辞去了工作。只有一个孩子的时候，她和亚当还可以兼顾工作和家庭，但要照顾两个年幼的孩子，还要操持家务，他们实在有些力不从心了。多亏邻居和麦蒂能够轮流照顾彼此的孩子，她才能每周去当地医院的儿童癌症中心做半天义工，接触一些成年人，暂时远离劳心劳力的育儿和家务。

亚当是一名软件工程师。他热爱自己的工作，这份工作能让他不断地学习新东西，并超越自己。他的薪资很高，但工作时间很长，常常需要晚上加班，在周末也经常需要拿出一部分的时间来工作。

如今他们俩的关系有些紧张。麦蒂感到很沮丧，因为即使他们有可观的收入，但亚当在金钱上还是很吝啬。麦蒂认为这是由亚当的成长经历导致的，他的父母过日子不得不精打细算，但麦蒂很恼火，因为她不得不为每一笔开销申辩一番。她不认为自己花钱奢侈，而是认为东西总会有损耗，有时购买只是为了让生活更轻松。

他们的生活总是安排得井井有条，但孩子总在他们身边，他们很少有时间单独在一起聊天。晚上特地安排的约会也很少奏效，在大多数晚餐后的夜里，他们都感到很疲惫，聊天也总是谈论孩子的事情以及日子过得如何。他们的亲密关系也受到了损害（既包括情感上的亲密，也包括身体上的亲密），因为他们常常还没来得及互相问候，就瘫倒在了床上。

麦蒂感到越来越不满意。她怀念以前工作带来的满足感，也怀念与成年人相处带来的智力上的刺激。她把自己的不满对母亲讲了，而母亲却说："这就是做母亲的责任。看看你养育的两个可爱的孩子，他们本身也是极大的回报啊。"麦蒂对这个回答不满意，但不知道该如何回应。即使社会如此看待育儿的牺牲与回报，她想，但我不这么看。

当麦蒂向亚当提起自己的不开心时，亚当显得很抗拒。"听着，在我们决定要孩子的时候，我们就已经说好了。"他说，"我压力也很大。这份工作压力很大。"麦蒂想：没错，但你拥有工作带来的满足感。但是她什么都没说。亚当继续说道："无论如何，等到孩子开始上学、参加课外兴趣小组之类的活动以后，一切都会好起来的。"

那都是好几年以后的事了，即便到了那时，麦蒂最多只能找到一份兼职工作。未来的情况会好起来——这样渺茫的希望并不能抵消当下的不满。我肯定做不了我以前的那种工作了，她想。等他们上大学的时候，我的职业技能早已跟不上时代了。她一言不发，不想再引起另一场争论，而是去洗衣服了。至于亚当，他心里想：她对孩子的影响更大，跟我比起来，孩子肯定会跟她更亲，她有什么可抱怨的？

这是一个没有简单答案的艰难处境。有些问题是麦蒂与亚当的人生阶段所带来的。研究表明，当夫妻有孩子之后，他们对婚姻的不满就会增加，这种不满只有在孩子离家后才会减少。[1]但是，这不意味着麦蒂和亚当束手无策。他们可以重新找回平衡。在我们讨论怎样做之前，我们需要弄清他们关系的基本问题。事实证明，我们大多数人都很熟悉这些挑战。

找到公平的感觉

所有的关系里都有权衡取舍，但要让一段关系维持下去，每个人的需求都要得到足够的满足，而且每个人都必须舍弃一些东西。 从长期来看，收获的益处必须超过付出的代价。随着关系的发展，双方都会让对方更充分地了解自己，这样两个人就能学着如何提高收益、减少代价。

我们在麦蒂和亚当身上就清楚地看到了这样的收益与代价的权衡。他们都重视彼此在智力上的陪伴，他们家境宽裕，彼此相爱，拥有两个可爱的孩子。在结婚的前几年里，收益远比代价更高。然而，新的代价与限制性因素产生了（对麦蒂的影响尤其严重），而代价也更高了。

健康关系的核心，是两人之间大致平等，这就产生了一种"公平"的感觉。 即使你得到的益处比代价多，如果你认为对方得到的好处更多，你最终也会感觉被利用了。你不必时时刻刻地做成本收益分析，也不必每时每刻都达到绝对的平衡。重要的是，随着时间的推移，两人都认为彼此的关系是大致平等的。

评估关系里的收益与代价，并不是一种理性的加减法，也不可能是。每个人所看重的东西都是非常主观的。例如，亚当非常看重工作的挑战，认为不能放松地与妻儿共进晚餐只是极小的代价。另一个人可能非常看重与家人吃晚餐的时间，愿意在 5∶30 下班，牺牲自己职业发展的机会。

社会价值观、成长背景和个人经历都会影响一个人如何看待关系中的代价与收益。例如，在亚当成长的家庭里，人们可能持有更为传统的性别期望。当麦蒂的母亲说，麦蒂应该满足于现状的时候，也传达了同样的社会期望，而亚当可能也会受到这种社会期望的影响。

健康关系的核心，
是两人之间大致平等，
这就产生了一种
"公平"的感觉。

与他人的比较也会影响我们。[2] 麦蒂有一个好友，这位好友离婚了，有两个孩子，并且经济拮据。相比之下，麦蒂可能觉得自己非常幸运。然而，如果她把自己与另外一个婚姻幸福、为人父母，又能保留全职工作的朋友比较，她的感受可能就会不一样了。

最重要的是，关系中的双方都要清楚自己想要什么，也要知道对方想要什么。当亚当用"等到孩子上学之后，一切都会好起来"来敷衍麦蒂的不满时，他没有与麦蒂共情，也有些漫不经心、不够体贴，因为他忽视了麦蒂当时付出的巨大代价。那么，你怎样才能知道对方想要什么呢？

找回平衡

与往常一样，情绪是极好的指示牌。只要我们相信，我们的感受指明了我们真正想要的东西，我们就有了一个很好的开始。麦蒂觉得自己越来越被母亲的角色束缚住了，而她与亚当在智力、情感上的互动也越来越少了。当亚当指出这是他们双方都同意的安排时（他说得倒也没错），麦蒂的沮丧并没有减轻。

不幸的是，我们往往会从自身的需求和价值观出发，来评判别人提出的需求和抱怨是否"合理"。这正是麦蒂的母亲和亚当对于麦蒂的问题所做出的反应。这种做法会增加隔阂、减少理解。麦蒂的需求本身是正当的，而且她想要得到倾听和理解。

这并不意味着亚当的需求无关紧要。事实上，他之所以不愿意深究麦蒂的不满，可能是因为他担心，如果他们对现状做出任何改变，他的需求就不能得到很好的满足。说出他想要什么也很重要。

可是，关系中的双方不仅有责任确保自身的收益与代价保持平衡，也需要确保对方的平衡。不幸的是，亚当似乎不关心麦蒂的收益与代价的失衡。

　　亚当怎么做才能让麦蒂的收益与代价恢复平衡呢？第一步是讨论彼此的需求和不满。他可以坦白自己害怕失去这种对于他很有利的安排，然后暂时把这个关注点放在一边，帮助麦蒂探索她的沮丧。亚当的好奇心会让他更好地了解麦蒂，让麦蒂更有可能感到被充分地理解。表现出你对对方感受的理解，是满足对方需求的一种形式。（表达理解是"满足情感需求"的组成部分，我们在第 9 章会详细解释这个话题。）但是，我们不认为亚当应为夫妻关系紧张负全部的责任。麦蒂也助长了这种紧张，我们会在稍后再讨论这一点。

　　当我们能够讨论自己的需求和不满时，我们就更有可能找到适合每个人的解决方案。但是，这并不总是很容易。卡罗尔曾经是一个带着一个婴儿和一个两岁孩子的全职妈妈，麦蒂的感觉对她来说再熟悉不过了。在一天结束的时候，她非常渴望能与成年人有些交流。在辛苦工作一整天之后，她的丈夫安迪回到家，会坐在沙发上看报纸，放松精神。卡罗尔则会一边在厨房的角落里忙个不停，一边发表一连串的长篇大论，抱怨新幼儿园里的空间不够，或者儿子的耳朵又感染之类的事情。安迪是一个内向的人，需要一些自己的空间和时间，他只会礼貌地回应："嗯，嗯。"安迪的回应让卡罗尔火冒三丈，因为她是个非常外向的人。卡罗尔想要安迪全神贯注地听她说话。

　　这样的互动让他们两人都很不愉快。直到卡罗尔告诉安迪，她感觉安迪没有听她讲话，让她觉得很受伤之后，情况才发生了改变。然后安迪也分享了他的感受：他感到很沮丧，也感到很有压力。因为这样的情况是他们俩都不愿意看到的，所以他们愿意讨论他们的问题。他们都意识到，卡罗尔需要给安迪一些放松的时间。安迪需要半个小时。"半个小时！"卡罗尔大叫起来，"你一回家我就等不及了。五分钟怎么样？"他们最后把时间定为 15 分钟。这样一来，他们有问题的互动模式就改变了。即使这样的解决方案没有让卡罗尔在安迪回家的时候，就立即得到他全部的关注，也没有让安迪在回家之后有尽可能多的时间来减压，但他们的需求都得到了足够的满足。最终，他们都觉得自己得到的东西比放弃的多。

第二步是重新找回平衡。在澄清了彼此的需求之后，就要重新评估过去做出的安排。曾经感觉合适的安排，不一定能一直合适。亚当和麦蒂在第二个孩子出生时做的决定，在当时是合适的，甚至在之后的几年里都是合适的。但是，最初让麦蒂感到满意的东西变得越来越不尽如人意，而缺失的东西变得越来越重要。

在所有的关系里，各种条件都会发生变化——会出现新的工作机会，家庭成员会生病，人的年龄也会增长。如果个人被过去的安排所束缚，他们自身和关系的成长就会面临停滞的风险。在最好的情况下，双方会发现自己的新需求，寻求更多其他的益处，并且学着处理并放下之前的限制，关系就会不断地向前发展。不过，如果双方成长的速度和方向不同，就会出现问题，给关系造成压力。糟糕的是一方或双方为了回避冲突而停止成长。我们在亚当和麦蒂身上已经看到，当关系出现不平衡的时候，唯一有效的前进方式是直面这些变化，理解变化的影响，并一同探索如何解决问题。

重新评估关系中的安排并不容易。这可能会导致改变，而改变通常会引起抗拒：这样会导致什么结果？会不会让我必须放弃一些对我很重要的东西，或者导致一些我没准备好付出的代价？这样做也会带来不可预测性（你要如何回应呢），也可能导致内疚或指责（我们以前为什么不这样做）。请做好心理准备，因为这不是一次讨论就能解决的问题，而且在问题得到解决之前，你们会感到难过和沮丧。重新评估关系是至关重要的，不要认为这是一件容易的事。

深入探索

为什么亚当和麦蒂会被过去的安排束缚住？难道只是因为亚当拒绝承认这种安排不再合适了吗？是因为麦蒂害怕导致冲突而不愿意态度再强硬一些吗？虽然所有这些因素都有影响，但还有一个更大、更基础的问题：在面临争议时，他们都难以影响对方。

请注意，麦蒂对于家庭分工安排的不满并不是他们唯一回避的问题。还有一个问题是，麦蒂认为亚当过度节俭。他们面临的困境在一定程度上是由地位差异导致的。如果一个人（通常是女性）辞去工作，成为全职父母，双方关系权力的平衡就会发生变化。全职父母往往会失去在金钱、开支方面做决定的地位，这样一来，关系就会更加紧张。

大多数关系中都存在影响力的差异。不过，小的差异很少会妨碍坦诚交流、有效解决问题。然而，过大的影响力差异往往会导致不良的循环（见图 5-1）。[3]

图 5-1　影响力差异过大的代价

可惜的是，这种关系动力会成为自我实现的预言。如果影响力大的人认为，影响力小的人不能为关系做出什么贡献，那他为什么要听后者的话呢？由于人们不愿意处在依赖他人的位置上（权力小的人所处的位置），他们就会倾向于退缩。当他们退缩的时候，他们为关系做的就更少了，从而强化了这种"没有贡献"的看法。

亚当和麦蒂（在无意识中）在他们之间共同制造了巨大的影响力差异。亚当没有认真对待麦蒂的担忧，只提出了敷衍了事的解决方案，让麦蒂感到被误解、不被重视、无力。不但如此，亚当还试图要求她遵守他们之前做出的安排，通过生硬的回应，以及不承认麦蒂所说的问题，亚当还表明了他不是很愿意受麦蒂的影响。

但是，麦蒂并没有充分表达她的不满，并且选择去洗衣服，也就是做出了让步，这进一步加剧了他们之间的影响力差异。她任由亚当的逻辑论证占据上风，掩盖她情绪的价值，并且认可了亚当的看法——他们过去已经做好了安排。这样一来，她也失去了自己的影响力。

这对夫妻需要深入地谈谈问题本身。我们的意思是，他们应该说"我们能谈谈我们不能沟通的问题吗"——他们需要暂时把分歧放在一边，讨论是什么影响了他们的沟通能力。打个比方，当你从家里开车去上班的时候，你的目标是按时到达办公室。但是，你也要注意汽车的性能状况。刹车运作良好吗？方向盘松了吗？引擎是否会时不时地发出噪声？忽视所有这些现象而勉强开车上路，是不会有好结果的，因为你可能根本无法把车开到公司去。但是，如果亚当对现状感到满意，而麦蒂感到无力，他们就不太可能进行这种对于问题本身的讨论。

这种审视我们如何沟通以及解决共同问题的能力，是建立深度关系所需的、最关键的能力之一。这种能力可以帮助我们解决眼前的具体问题，并且让未来的问题解决变得更容易。我们在前两章里已经看到了这样的审视能力。在第 3 章，埃琳娜感到无法与桑杰分享私人的话题，只有在分享了那些阻碍她的担忧之后，埃琳娜才克服了这个问题。同样地，第 4 章的利亚姆在讨论工作问题时会突然改变话题，只有他和本一起探索了这种反应背后的原因时，他们的关系才取得了突破。

在大卫和卡罗尔写作这本书的时候，他们有许多机会去践行他们所宣扬的理念。大卫会不断地提出他想讨论的、关于写作内容的新想法。卡罗尔的第一反应通常是，哦，不，他又来了——我们一直在努力删减书稿里的内容，而他却不停地往里加新东西！这时，她有三种选择。第一种选择是说"不，我们不要那样做"；第二种选择是说"好吧，我很累了，没耐心了，随便你吧"；第三种，也是她最常做出的选择，就是控制自己的焦躁，考虑大卫的新想法。选择考虑大卫的想法，并不意味着卡罗尔没有同时公开而直接地告诉大卫她的烦躁情绪，并说明她在选择这种回应方式时所做的权衡。

换言之，卡罗尔选择了更加重视大卫、这本书以及他们之间的关系。无论她对大卫没完没了地提建议有多烦恼（让她恼火的是，她不得不承认那些建议往往很好），始终都有一种信念促使她做出这样选择：她对写作本书的承诺，以及对于这段关系的承诺是最重要的。在卡罗尔做出这种选择的同时，大卫也更加重视卡罗尔、这本书以及这段关系了。

在产生冲突的时候，如果你们不愿意把对关系的承诺放在重要的位置上，你们就很难取得好的结果，这会使得你们更难以重视关系。突然间，你们就陷入负强化的循环里了。从另一个角度来说，表明对关系的承诺，可以开启一个重要的正强化循环。我们的承诺和投入的越多，结果就可能越好，也就更容易增强对于关系的承诺。

打破负循环

无论是在工作关系、手足关系、朋友关系，还是婚姻关系里，影响力的差异都是存在的（尤其是在婚姻关系里）。如果两个人被困在有问题的循环里，并不意味着他们要一直待在那里。无论是麦蒂还是亚当都可以打破这种循环。不过，影响力更大的人更容易带头做出改变。尽管让影响力小的人采取主动很难，但也是可能的。麦蒂要做的第一步，就是不要再放弃自己拥有的权力。人们经常放弃自己的影响力，往往还没有意识到自己在这样做。

放弃影响力的十种方式

- 假定自己的需求不如别人的重要。
- 不听从自己的感受。
- 允许自己说话被打断。
- 在有人不同意你的看法时让步。
- 回避冲突——不提出反对意见，维持表面的和谐。
- 不给予反馈，假定问题可能在于自己。
- 关心自己是否能得到别人的喜爱、认可，并将这一点视为最重要的事情。
- 认为自己说的话无关紧要。
- 不承认自己的成就。
- 除非自己有解决方法，否则不愿指出问题。

对于权力小的人来说，这些信念或行为会让他们难以提出困难的问题，并坚持为解决问题而努力。然而，最严重的限制性因素是对冲突的恐惧——认为冲突是关系有问题的表现，或者认为一旦发生冲突，分歧就会升级，并且对关系造成永久性的损害，或者会毁掉关系。

其中一些信念来自我们的成长过程与经历。对于那些因社会权力差异而被边缘化的人来说，这些信念的影响尤其严重。（例如，女孩受到的教育经常要她们"友善"，学会顺从，而黑人男性受到的教育往往是不要表现出愤怒或骄傲。）虽然我们的成长环境及我们所属的人口统计学群体都会影响我们，但我们可以选择在多大程度上受其影响。

虽然争执很少令人愉快，而且可能升级到危险的程度，但忽视问题同样很危险。问题不仅很少会自动消失，而且可能会恶化。比如，如果麦蒂保持沉默，她的怨恨可能会升级为更严重的消极想法："亚当关心自己胜过关心我。对他来说，唯一重要的事情是他的事业。他不关心我的成长和发展。他只想利用我做管家和保姆的活。他就像一个典型的、以自我为中心的男人。"这是一个例子，说明了如果消极情绪得不到表达，就会像这样滋长。麦蒂也知道这些想法有多大的破坏性（可能会损害他们的婚姻），她担心表达自己的不满会让自己产生这些想法，而这些想法可能会在她生气的时候脱口而出。

麦蒂的恐惧并非全无道理：如果处理不当，这样的讨论的确可能造成损害。然而回避并不是解决之道。要有效提出并解决分歧，你需要一系列重要的能力。这是下一章的主题，我们准备开始下面的学习吧！

深化学习

1. 把自己放在亚当或麦蒂的位置上。如果你是亚当：你和麦蒂在婚姻初期达成了一个协议，你认为你们可以按照这种安排做事。这种安排对你很有利，而麦蒂想要改变现状。如果你是麦蒂：多年前你们达成了一个协议，但当时的情况不同，而这种安排现状对你来说不再合适了。

   - 你会有什么感受？
   - 你认为你会怎样回应？你可能会怎么做？

2. 影响力的差异：请把亚当和麦蒂陷入的不良互动看作他们之间影响力差异的结果——麦蒂的影响力远比亚当小。如果你是麦蒂，你会怎样回应、怎么做？如果你是亚当呢？

3. 让双方满意：请从你在第 2 章里找出的重要关系里选出一段关系，并写下：

   - 在这段关系里，你的满足（收益）来自何处？
   - 这段关系有什么局限（代价）？
   - 在你看来，对方认为这段关系对他自己有哪些益处？
   - 你认为对方会遇到哪些局限（代价）？
   - 你觉得这段关系在多大程度上是平等、平衡的？你们在多大程度上以平衡的方式满足了彼此的需求？

      根据这项对你自己、对这段重要关系的评估，你们两人之间是否存在重大的影响力差异？如果有，你认为这种差异的根源是什么？

4. 相互影响：本章也强调了每个人影响对方的能力。对于上面讨论的关系：

- 你认为你对对方的影响力有多大？

    1   2   3   4   5

    很小   一些   很大

- 你有多愿意受到对方的影响？

    1   2   3   4   5

    很不愿意   一般   很愿意

- 总体而言，你们之间谁的影响力更大？

    1   2   3   4   5

    我的影响力远比对方大 大致相等 对方的影响力远比我大

    如果你在最后一个问题上选择了 1 或 2，请思考：你的行为或他的行为是如何导致你的影响力更大的？如果你选择了 4 或 5，请思考：你的行为或他的行为是如何导致他的影响力更大的？

    这种权力差异对你们的关系造成了什么影响（如果有影响的话）？

5. 放弃影响力：我们在前文列出了十种放弃影响力的方式。那些描述符合你的情况吗？如果是这样的话，请思考为什么会这样。如果不那样做，你担心会发生什么？

应　用

    在你选择的重要关系中，如果你发现你与对方之间存在满意度或影响力上的差异，请与对方讨论一下这个问题。他们是否也有同样的看法？讨论一下怎样才能减少这种差异。

    请注意，在这次讨论中，你会用上在前四章里学到的东西。

你需要表达自己的需求、感受，以及你希望这次谈话会对你们的关系产生什么影响。

请与对方分享你通常会以哪些方式放弃影响力。问问你生活中的一个重要的人，看看他们是否也有同样的看法。如果他们也这样认为，那他们可以怎样帮助你？

理　　解

这样的讨论带来了哪些影响？你对自己有了哪些了解？这些了解怎样影响了你的关系？这种讨论让你们以后进行类似的讨论变得更容易了，还是更难了？

你们不止是在讨论影响力，也是在讨论你们如何影响彼此。你们在多大程度上愿意受到对方的影响？根据你学到的东西，你会怎样改变自己的行为？

在任何关系里，
"刺痛"都是不可避免的。
但如果不加以处理，
"刺痛"就可能变成"剧痛"。
这意味着，
在问题演变成严重冲突之前
解决问题更容易。

第 6 章

避免刺痛变成剧痛

杰西卡与瑞安的故事

杰西卡和哥哥瑞安的关系很亲密。他们都是单身，并且住在同一个城市。他们各自有着繁忙而独立的生活，但他们始终喜欢彼此的陪伴。通常是杰西卡主动打电话来叙旧，提议在下班后一起喝一杯或者吃晚餐。但在过去的几个月里，杰西卡开始有了一些怨言，因为每次都是她提出聚会的建议。在过去，这样的关系让人感觉更平衡。她知道瑞安的新工作很忙，而且在他这个年龄，在周末常常要参加别人的婚前单身聚会或婚礼，所以她什么都没说。当杰西卡提出聚一聚的时候，瑞安总是乐于接受，所以她一直负责发起活动，也不想小题大做。然而，每次杰西卡给瑞安打电话的时候，她都有些不高兴，因为每次都是她主动发出邀请。渐渐地，她的不高兴变成了愤怒和受伤。

在一个星期五，杰西卡给瑞安打电话，提议他们在下班后去看一场电影，瑞安说他很抱歉，他有一份报告要写，实在是忙不过来。杰西卡的脾气爆发了："你从来不主动邀请我，这已经够糟糕了，现在可好，你甚至抽不出来几个小时的时间来陪我。显然你不再重视我们之间的关系了。"

"我不知道你为什么要这样小题大做，"瑞安惊讶地说，"你什么时候变得这么依赖别人了？我们的关系以前很轻松。当你让我感到内疚的时候，我就更不想出去玩了。"

杰西卡得出结论，她从一开始就不该提这个问题。然而，如果她在自己的不高兴变成愤怒之前提出这个问题，她也许就能避免发脾气了。她可以说类似这样的话："嘿，瑞安，我已经开始生气了，因为总是由我主动提出聚会。我想在问题变得严重之前说出来。我知道你很忙。我尊重这一点，而且我想跟你说，总是做那个主动发出邀请的人，感觉并不好。"

就像杰西卡那样，人们经常说，自己是出于善意，为了照顾对方的感受才不给予批评的反馈。但是，这真的是为了对方，还是为了我们自己呢？在杰西卡的情况下，她在一开始就比瑞安更不开心。不把实情告诉瑞安，对他或者对这段关系有什么帮助吗？如果缺乏你来我往的交往是瑞安的一种行为模式，那杰西卡不提出这个问题，对瑞安又有什么帮助呢？

杰西卡让自己陷入困境的一个原因，是她没有对自己日益增长的沮丧情绪给予足够的关注。相反，她没有重视自己的情绪，这是许多人一直在做的事情。然而，这句俗话说得很对——"掌控自己的情绪，否则情绪就会掌控你"。[1]

用人际动力学的语言来说，我们可以说杰西卡最初感觉到了"刺痛"——这是一种简略的说法，意思是"嘿，这不是什么严重的冒犯，但我感到有些困扰"。在任何关系里，"刺痛"都是不可避免的。举个例子，如果有人开了个玩笑，你认为这个玩笑稍稍有些冒犯你，你会提出异议，还是本着"大度"的心态，和其他人一起哈哈大笑呢？再举个例子，你为对方做了一件事，但你觉得他没有完全看到你的付出，你会说些什么吗？如果说了，他们会认为你这么做很小气吗？或者，也许你分享了一些私人的话题，但对方没有注意到，你感到有些失望。这些都不是严重的冲突。有些事情会过去，但还有些事情会让你耿耿于怀，如果不加以处理，就可能变成相当大的问题——我们称之为"剧痛"。

在一段关系最初建立的时候，双方都会把最好的一面表现出来。但随着彼此了解的加深，一方难免会做出让另一方不高兴的事。我们每个人都有自己理解问题、提出问题和解决问题的方式，在组织环境中，我们还都有着各自的工作方式。这些差异可能是可以共存的，也可能不行。这是个两难的问题：你想更充分地做真实的自己，但如果做自己会给别人带来问题，那该怎么办？

人际关系问题是不可避免的，是建立和维持关系中的正常组成部分。但是，本章会告诉你，在问题演变成严重冲突之前提出来是更容易的。比如说，我们正在做一个重大的项目，而大卫要抽时间去看望他的孙辈。对于要等待大卫回答她的一些问题（这样她才能在大卫不在的时候继续推进项目），卡罗尔表达了自己的沮丧。大卫感觉到了一些"刺痛"，因为在卡罗尔为自己初创的公司奔忙的时候，他曾多次耐心地等待卡罗尔为他们的项目腾出时间。对大卫来说，把烦恼隐藏起来会更轻松，但他知道这个问题可能会恶化。相反，大卫告诉了卡罗尔，她的话让自己感到有些"刺痛"。大卫的坦诚交流有助于以建设性的方式提出问题：卡罗尔承认了自己不够耐心，向大卫道了歉，并对大卫多次帮她收拾残局表达了感谢。大卫告诉卡罗尔，她是个很好的搭档，而卡罗尔也对大卫表示了赞赏。然后他们又回到工作中去了。

如果"刺痛"发现得早，双方都不太可能陷入消极的情绪里。但如果不加处理，令人烦恼的问题就会恶化。这样当问题最终被提出来的时候，往往已经发展到比最初的事件更加严重，还可能让好几个问题纠缠在一起。假设你的伴侣最近有些健忘，让你有些心烦。但是，每次的"刺痛"都很轻微，所以你什么也没说。有一天，伴侣回到家里，忘记了他说过要买的牛奶，你们大吵了一架。这次吵架表面上是关于牛奶的，但问题的根源不是牛奶——牛奶代表了长时间积攒起来的不满。

最近，大卫和他的妻子伊娃也遇到了相似的"代表"问题。大卫在厨房里泡咖啡，他刚要离开厨房，伊娃就（有些生气地）说："你为什么要把脏勺子放在柜台上？你能收起来吗？"大卫很可能会说："一个破勺子有什么大不了的。不管怎样，家里很多打扫卫生的活都是我干的。"

幸运的是，他没这样说，因为问题不在于脏勺子，而在于勺子代表了什么。伊娃刚刚把厨房打扫干净。大卫不但没有表示感谢，还漫不经心地把脏勺子放在柜台上。在伊娃看来，这代表了大卫把她当作洗碗的女佣人。只有他们面对真正的问题——双方对彼此表达了（或没表达）多少感谢，他们才能进行有成效的讨论。

埃琳娜与桑杰的故事（第 3 部分）

埃琳娜和桑杰继续一起吃午餐，几乎每周都会见面，他们对彼此的了解更深了。有时他们会讨论个人兴趣，但主要谈论的还是工作和公司的变化。这些谈话让埃琳娜得到了肯定和支持，而她也在工作中不断地取得成功，她也因此变得更加自信了。她不再为以前的公司里发生的事情而耿耿于怀了。

桑杰也越来越钦佩埃琳娜着眼大局的能力，并且非常欣赏她从来不会从狭隘的部门利益视角来看问题这一特点。所以，当桑杰晋升为拉丁美洲市场主管时，他邀请在墨西哥长大的埃琳娜到他的部门来工作。他不仅看重埃琳娜的背景和视角，也不希望下属希瑟是他们七人团队中唯一的女性。

埃琳娜觉得这个新工作很令人兴奋，而且参加团队会议通常也很有收获。会议上的问题对她来说很重要，她全心全意地投入了讨论。桑杰从一开始就强调，他希望所有团队成员能"从大局着眼"并且"督促彼此，以确保取得最好的结果"。埃琳娜觉得这种"从大局着眼"的工作方法很容易，但其他人却觉得不那么容易，他们经常从各自职能的视角来做出回应。

让埃琳娜感到困惑的是，桑杰没有指出他们的这种倾向。在多次观察到这种现象之后，她终于决定在一个团队成员过度维护他的工作领域的时候指出这个问题。"我们需要从更高的视角来看这个问题，考虑更大的目标，而不要太过狭隘。"她说。大家沉默了片刻，那个团队成员点了点头。没有人对此发表评论，会议继续进行了。尽管没有人在她的发言之后说话，但埃琳娜对自己直言不讳的感觉很好，并且注意到在随后的讨论里，有更多的团队成员开始站在更高的视角上思考问题了。

一周之后，在一次周四的午餐时，桑杰说："既然你到我手下工作了，我担心团队里的其他成员会因为我们俩一起吃午餐而感觉受到排斥，认为我们俩在讨论项目，甚至在做决策。让大家加入我们的午餐怎么样？"尽管埃琳娜感到有些失落，但她很赞赏桑杰对团队成员的感受的关心，所以她同意了。并不是所有成员都会在周四一起吃午餐，但大多数人都会来，他们的同事之情变得更深了。

与此同时，团队会议里还有一些其他的关系动力让埃琳娜感到困扰。尽管她喜欢那种非正式的语气和友好的玩笑，但有时这种幽默有些刺耳。我希望大家能更直接一点，她想，但她决定不去深究这种感觉。更让她烦恼的是，她经常遇到发表意见却无人回应的情况，但在五分钟后，一个男同事又提出了相同的观点，而其他人就会接着这个话题继续讨论下去，却没有人承认这个观点是她先提出的。这种情况在史蒂文身上尤其常见，他似乎很难听到埃琳娜的发言，却会很快提出同样的建议。尤其让埃琳娜恼火的是，即便是桑杰（她本以为，由于桑杰为人敏感，他会更注意这个问题）似乎也会在男性团队成员提出她刚刚提过的意见时显得更加专注。

一天，这种事情在会议上又发生了。走出会议室的时候，埃琳娜问希瑟是否注意到了这种现象。"当然。"希瑟答道，但耸了耸肩。她用一种听天由命的语气补充道："可你还能指望什么呢？那些男人打断我们发言的次数，比他们打断彼此的次数多得多。这个世界就是这样的。"

埃琳娜对这个结论不满意，她也不打算就这样接受现实。而且，桑杰的行为尤其让她烦恼：桑杰是他们的领导，她对桑杰的期待更高。她原以为桑杰了解性别议题，并期待他会在会议上指出这种不健康的模式。她不太愿意向大家提出自己的困扰，以免他们认为自己"太过敏感"。跟桑杰谈论这个问题也让她感到担心，可能他会认为她在利用他们的友谊来要求得到特殊的对待。好吧，她想，其实这没什么大不了的。就这样吧。

事情并没有那么简单。这种模式在后来的会议中反复出现，埃琳娜感到越来越困扰。后来，拉丁美洲团队向高管委员会提交了一份进度报告，一位副总裁对他们选择的一个工作方向特别赞赏。桑杰说："是的，我们觉得那个建议很好。"埃琳娜想，那主要是我的想法，而且当时因为我努力争取才让团队接受了这个想法。要是我能因此得到认可，那就谢天谢地了。当他们离开会议室的时候，埃琳娜走到桑杰身边，轻声地说明了自己的看法。"我们是一个团队，"他答道，"我需要每个人从团队的角度来看问题。"

我们为什么不愿说出"刺痛"

人们常常不愿意说出"刺痛"，是因为他们担心这样可能会显得自己过于敏感、心胸狭隘。你可能认识某些这样的人，哪怕是无伤大雅的评论也会让他们备受冒犯，你不想像他们一样。或者，你可能会想，这根本不重要。有时的确如此，但有时如果你深入探索一下，你就会发现，这件事对你来说，比你之前意识到的更重要。你可以试试这个方法：把第一个代词换成"我"或"你"，比如我根本不重要，或者，你根本不重要。你还认为这个问题不值一提吗？有时你可能的确这么认为，但你往往会发现，你有一些之前没有意识到的感受。

还有一个原因让许多人不愿意说出"刺痛"，那就是他们担心说出来会让事情变得更糟糕。你的抱怨是否会招致对方的报复？是否会导致一系列其他问题？或者，你不愿开口，是因为你认为这段关系（或者对方）很脆弱？每当这类问题在课堂上出现的时候，我们就会问那个学生："如果你有一个朋友因为你的话而感到'刺痛'，你希望他告诉你吗？"几乎所有的学生都会给出肯定的回答。我们接着说道："所以，如果你希望如此，那么将心比心，当你感到'刺痛'时，你不想让他们知道吗？"

我们不愿在出现问题的早期提出"刺痛"，还有最后一个原因，那就是我们假定对方并没有恶意。我们会想：如果他们不是故意让我不舒服，那我为什么要不舒服？当史蒂文第一次重复埃琳娜未被承认的观点时，这样的合理化想法可能是有效的，但这依然是一种合理化。我们会在下一章谈到，他人的意图与他们行为的结果之间是有区别的。埃琳娜的烦恼本身是真实的——她不需要证明自己感受的存在是合理的。

史蒂文的行为可能真的没有恶意，这种可能性实际上让说出"刺痛"更容易了。假设史蒂文在一次会议上两次重复了埃琳娜的观点，却没有承认这些想法最初是埃琳娜的。在会后，埃琳娜是否可以在走出会议室时轻声地对他说："谢谢你重申我被忽视的观点，史蒂文，但我希望你能提到这些观点是我先提出的。"史蒂文可能会这样回答："抱歉，我没意识到我这样做了。"埃琳娜可以继续说："我猜可能是这样的。"这样一来，"刺痛"就得到了注意、承认和解决。

如果埃琳娜只感到些许"刺痛"，她可以用轻松的语气说出这个问题。如果她等到自己更加生气的时候，咬牙切齿地表达同样的意思，史蒂文就更有可能认为这是一种攻击。但是，由于埃琳娜及早地把问题说出来了，她的感觉可能会更好，而史蒂文也更有可能意识到他的行为给埃琳娜造成了困扰。如果他继续重复埃琳娜的发言，却不承认这是埃琳娜的观点，埃琳娜就更有理由用更强烈的语气再次指出问题。

许多"刺痛"会自行消失，但你可以问问自己，这次的"刺痛"会持续存在吗？这种"刺痛"与其他问题有关系吗？会不会让你们因为忘买牛奶而大吵一架，却忽视了真正的问题？

一旦"刺痛"这样发展下去，就有可能变成"剧痛"。"剧痛"比"刺痛"更严重，因为在这种情况下，不但你的情绪更强烈，你也更有可能对对方产生消极的印象。埃琳娜的问题还没有到那一步，但已经快了，所以当他们离开会议室时，她向桑杰提出这个问题是明智的，即使桑杰没有给予她希望的回应。

当"刺痛"变成"剧痛"时，我们会对问题的来龙去脉产生一些内心叙事，其中可能会包括对对方的消极假设。以埃琳娜与史蒂文的"刺痛"为例。她与史蒂文不熟，但史蒂文经常"偷走"她的想法（在埃琳娜看来是这样的），这可能会让她质疑史蒂文的动机和品格。对于埃琳娜来说，是很容易构建这样的叙事的。他不喜欢女强人。他喜欢成为关注的焦点。他总是需要权威的认可。即使没说出口，这些假设也不可能帮助她与这位同事建立积极的关系。

此外，一旦心里有了一个消极的叙事，人们就会产生选择性收集信息的倾向。或者，用我们的话说，人们会"构建支持我们观点的事例"。实际上，无论你认为自己有多客观，每个人都很容易受到证实偏差的影响。[2] 当你产生一种信念（甚至直觉）的时候，你就会产生一种倾向，更留意支持这种信念的事例，不关注任何与之不符的例子。埃琳娜可能会特别注意以后自己的想法遭到忽视，而又被其他人重复的情况，尤其是被史蒂文重复的情况。同样地，当她认为桑杰在忽视或淡化她对团队做出的贡献时，她也会记在心上。她也会变得不太容易注意到别人对她的倾听、承认或欣赏。

如何在提出"刺痛"时运用幽默

假设埃琳娜没有在会后去和史蒂文谈话，而是在会议中就受不了史蒂文"偷窃"她想法的行为了。她说："说得好，史蒂文，跟我在五分钟前说的一模一样。大概你得有一副低沉的男性嗓音，这儿的人才能听到你说话。"即使埃琳娜是带着微笑、用轻快的语气说出来的，这一席话会带来什么结果？可能会带来好的结果。每个人（包括史蒂文）都笑了，史蒂文也承认了她说得对。史蒂文（和其他人）停止了那种行为，而埃琳娜的发言也能得到其他人的倾听了。

幽默之所以能在这种情况下发挥作用，正是因为它能帮助人们建立联结。幽默的丹麦钢琴家维托·埔柱（Victor Borge）曾经说过："**笑声让两个人之间的距离最短。**"分享一个笑话或者有趣的评论，可以拉近我们彼此的距离。幽默可以放松心态、振奋精神。当我们嬉戏和玩笑时，不仅能更好地了解彼此，也能体验到一种特殊的自由。我们的同事珍妮弗·阿科尔（Jennifer Aaker）和娜奥米·巴格多纳斯（Naomi Bagdonas）的研究表明："笑声让我们的身体更能承受紧张与压力……促进社会联结、增进信任。当人们在工作中一起欢笑时，同事关系会变得更好，人们也会感觉自己更有价值、更受信任。"[3]在最理想的情况下，埃琳娜的玩笑会提高她在同事中的地位，增加团队的凝聚力。

然而，如果以冒犯某人为代价，或者间接地表达了一些根本不好笑的事情，那幽默就很难起到积极的作用。埃琳娜不知道她尖锐的语言会如何影响史蒂文。如果史蒂文感觉自己在同事面前受到了羞辱，因而感觉尴尬，那对他来说，这可就不仅仅是一种"刺痛"了。即使史蒂文没有生气，也许他和其他人一样，只把这句话当作笑话，这也会导致重要信息的丢失。即使史蒂文把埃琳娜的话听进去了，这也会增加两人之间的隔阂，因为史蒂文以后会提防埃琳娜的讽刺，而埃琳娜也会提防史蒂文可能的报复。这样不太可能让史蒂文祖露脆弱的一面。而且，这种幽默的评论会传递出这样的信息：埃琳娜和其他人一样希望用间接的方式表达自己的不满——而事实上，这种倾向正是埃琳娜对团队感到沮丧的地方。

如果其他人受到了冒犯，你也可以用幽默作为挡箭牌。如果史蒂文这样回答："那是一句讽刺。到底发生了什么事？"这就可能是进行真诚对话的切入点，埃琳娜就能借此直接表达自己的感受了。但是，如果埃琳娜说："哦，你开不起玩笑吗？"她就贬低了史蒂文两次。这样一来，不仅问题没有得到解决，他们之间原有的些许信任也会荡然无存。此外，这样可能有损于埃琳娜的声誉，因为其他同事原本将她看作一个直接的、值得信赖的人。

笑声让两个人之间的
距离最短。

用幽默传达信息有一个问题，因为幽默具有内在的模糊性。在那次幽默的反击中，埃琳娜对于史蒂文重复她的观点有多生气，其实并不清楚。她是真的很不满意，还是只有一些轻微的"刺痛"？史蒂文听到的信息和他对此的反应都是模糊的。如果你担心同事关系，那就最好进行直接的对话，就像埃琳娜原本可以做的那样，在离开会议室的时候向史蒂文提出自己的困扰。

这并不是说幽默在任何情况下都没有作用。但是，你必须对当时的情况保持敏感。你的"刺痛"有多严重？（请记住，你的反应可能包含你没有意识到的信息。）对方的幽默感怎么样？有些人喜欢诙谐的回应，即使这样的回应让他们有些难堪，而有些人可能会往心里去。你还必须考虑你们之间的关系如何。如果对方知道你是接纳他的，开个玩笑可能会起到很好的效果。最后，你还要考虑场合。如果你考虑了所有这些因素，幽默就能起到积极的作用。

例如，大卫的朋友简·安妮喜欢主持小型聚餐。尽管她是一名出色的厨师，但她过去却常常花很多时间道歉，说她的饭菜做得不好。要么火候太老，要么佐料不够，她还能挑出许多其他的毛病。她做的饭菜很棒，客人不同意她对自己的批评，可她还是坚持道歉。然而，这些不同意见似乎对简·安妮没有什么作用，她还是一个劲地批评自己。后来，在一次聚餐时，按照惯例，简又道歉了，而她的朋友佩吉说道："菜做得很棒，简·安妮，能告诉我你的菜谱吗？但请给我不加自我批评的菜谱。"宾客们哄堂大笑，而这笑声似乎也让简·安妮理解了大家的意思，因为自从那天晚上以后，简·安妮批评自己的次数显著减少了。

在这个例子里，简·安妮和佩吉是好朋友，简·安妮知道佩吉喜欢她、尊重她。她更有可能感到佩吉并不是想贬低她，而是想让她不要再贬低自己。其他的客人也都是朋友，所以大家都很理解当时的情况。在这种情况下，幽默的反馈是有效的。这也是一个很好的例子，说明了如何恰当地运用幽默。

埃琳娜可能不应该对史蒂文或桑杰使用幽默。在高管委员会会议后，她试图提出自己的困扰（只是"刺痛"），但收效甚微，这导致她的不满进一步加剧了。这时，她的问题开始超过"刺痛"的程度了，所以她认为她需要与桑杰进行直接的对话。这样做的挑战在于，如何让对话既解决问题，又增进他们之间的关系。这就需要针对行为给予反馈了，我们在下一章会讲到这种关键的能力。

深化学习

自我反思

1. 想象自己是埃琳娜。如果你在团队会议上遇到了她那样的情况，也就是你的观点常常被忽视，但之后又被他人重述，你会如何回应？你会听之任之，还是会说些什么？在高管委员会会议之后，当桑杰不理会你的担忧时，你会做什么？请详细地思考一下你会做什么、说什么。

2. 处理"刺痛"：请回想一些你在过去感受过的"刺痛"。
   - 你倾向于如何回应？你倾向于忍受、忽视、找机会回敬对方，还是生气？

3. 重要的关系：在重要的关系里，现在有没有让你"刺痛"的事？是什么原因导致你不把这个问题说出来？

4. 运用幽默：你倾向于怎样运用幽默？当你运用幽默的时候会发生什么？你有没有一些使用幽默的不良方式？你有善于运用幽默的朋友吗？他们是怎么让幽默发挥作用的？

应　　用

在上面的问题 3 中，如果你在一段重要的关系中发现了一个挥之不去的"刺痛"，请把这个问题说出来。

在接下来的几周里，请留意你感觉"刺痛"的时刻。你能分清哪些"刺痛"不必放在心上，哪些"刺痛"应该提出来吗？从你做的选择中，你能看出什么模式吗？认识到这些模式之后，你打算采取什么行动？

你是否认识这样的人，当你向他们表达"刺痛"的时候，他们的态度不是很好？例如，他们是不是会不予理会，指责你太敏感，或者变得咄咄逼人？如果这些反应让你不愿意分享"刺痛"，那你该怎样提出这个问题，从而改善你们的关系？

如果你经常使用幽默，那就去找几个了解你的人，问问你说的话是否总能取得你想要的效果。你可以问一些详细的问题，问问什么时候有效，什么时候没有效果。

你是否认识这样的人，他们使用幽默的方式让你不舒服？可能是他们的幽默里有一些贬低人的成分，或者他们可能用幽默来间接地传达信息。这不是一个大问题，但越来越严重的"刺痛"会让你有一些不确定的感觉，让你们无法像你想要的那样亲密。请想办法提出这个问题，以改善你们的关系，并按计划坚持到底。

理　　解

通过这些讨论，你已经开始为建立更深刻的关系扫清障碍了。事情进展如何？关于自己以及建立人际关系，你学到了什么？

注意：你在尝试运用所学的时候，可能最初效果不尽如人意。最重要的是你从这样的尝试中（以及从对方身上）能学到什么，包括你在解决问题的过程中培养出来的技能。

针对行为给予反馈是
一种非常重要的能力，
它既能让你直接提出问题，
又尽可能不让
对方产生防御的心态。

第 7 章

针对行为给予反馈

在埃琳娜与桑杰的故事中，埃琳娜决定，她要去找桑杰，给他一些反馈。问题是该怎么做，才能让桑杰更认真地对待她的问题，而不是像他们在那次委员会会议之后那样。她不想让桑杰感觉受到了攻击或贬低，也不想让桑杰认为她是在要求特殊的待遇，或者在利用他们的友谊。

埃琳娜会针对行为给予反馈，因此她能把话说得很直接，又不会让人觉得刺耳。这是一种非常重要的能力，能让你直接提出问题，但又尽可能不让对方产生防御的心态。这种能力不仅能让你解决人际关系问题，也是个人学习与建立有意义的关系的关键。

当你觉得自己难以提出反馈的时候，这种能力尤其重要。我们不但认为你能够给予反馈，并且坚定地相信，如果你真诚地表达自己眼中的现实，你就可以对（差不多）任何人说（差不多）任何事情。我们之所以在那句话里加入"差不多",是因为在学术界,我们习惯于在使用笼统的表达时保持谨慎。但只要两杯酒下肚,我们就把"差不多"丢到一边了。我们赞同我们在斯坦福大学的同事,捷蓝航空公司董事会主席乔尔·彼得森(Joel Peterson)的观点,他说:"反馈就像最棒的早餐。"

坚持表达自己眼中的现实,比你想象的更复杂。因为,在两个人的交流中,其实存在着三个不同的理解领域,也就是三层不同的现实。以桑杰和埃琳娜离开会议室时的谈话为例,埃琳娜表达了自己的困扰,因为桑杰没有承认她对小组报告的贡献。第一层现实就是桑杰的意图,也就是他希望每个人"从团队的角度来看问题"。第一个理解领域只有桑杰知道。这个领域包括他的需求、动机、情绪和意图。第二层现实是他的行为,这个领域是他们两人都能看见的。其中包括了桑杰说的话、语气、手势、面部表情等。第三层现实是他的行为对埃琳娜的影响,而这是埃琳娜才知道的领域。其中包含了埃琳娜的反应(情绪与回应)。请注意,最初,双方都只知道这三层现实中的两层。桑杰不知道他的行为对埃琳娜的影响,埃琳娜也不知道桑杰的动机或意图。

如果埃琳娜真实地表达自己看到的现实,她就可以用直接的、不指责的方式提出问题,真正地帮助他们两人理解到底发生了什么。她可以指出有问题的行为,并分享她对此的反应。她不需要推测桑杰的意图。如果她越过了自己看到的现实,评论桑杰的动机,她的反馈就会变成指责。为了讲解这个理论模型,我们会让学生想象第一层和第二层"现实"之间(也就是意图和行为之间)有一张网球网(见图 7-1)。在打网球的时候,你不能到对方的半场上打球，做反馈的时候也是如此。你必须待在你的半场。

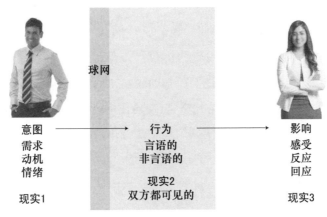

图 7-1 人际循环：三层现实

为什么大多数反馈没有用

一般而言，人们不会使用这种反馈模型。他们不会表达他们眼中的现实，而是会跨过球网，找对方身上的原因。人们会说"你就是不肯合作""你只想让我听你说话""我觉得你只考虑自己"或者"我觉得你根本就不关心"。（你现在已经知道我们对表达情绪的看法了，但是得提醒你一下，这些表述里没有表达情绪和感受的词汇！）难怪有这么多反馈会导致伤害和防御，因为对方可能会感到被误解，或者更糟，感到被攻击。

讽刺的是，年幼的孩子往往比成年人更善于待在自己的半场。在卡罗尔的两个孩子分别是五岁和七岁的时候，她曾听到小孩子对大孩子说："尼克，这是你第三次选这个游戏了，我不喜欢。下一局我来选游戏，不然我就不玩了。"小孩子还不懂揣测动机（"你就是想控制一切"），也不会贴标签（"你是个恶霸"）。相反，她很清楚她不喜欢尼克的哪种行为，并且告诉了他。就这么简单。然后，他们就开始轮流选择接下来玩什么游戏，而且也不再吵架了。（真棒！）

成年人经常落入一种陷阱，也就是他们认为自己知道别人的动机和意图。但是，除非对方明确地告诉我们，否则我们的猜测仅仅是我们的直觉而已。他们的意图是他们所知的现实，而我们不知道。此外，意图本身很少是问题。请记住这句格言："通往地狱的路是由善意铺就的。"相反，问题是人的行为。即使一个人心怀善意，也可能有许多原因导致他做出让另一个人觉得有问题的行为。

如果人们以为自己在描述对方的行为（第二层现实），但实际上不是，反馈也会出现问题。行为是你可以指出来的东西——语言、手势，甚至沉默都是行为。有一个有用的测试，就是问这个问题：如果你给别人看这段互动的视频，他们会认为他们看见的行为和你看到的一样吗？相反，"你只想让我听你说话"不是一种可观察的行为，而是根据一系列行为做出的一种评判。对方到底做了什么，才让你得出这个结论？他们是否会打断对方，并且大声说话以盖过别人的发言，好让别人闭嘴？他们是不是看不见对方贡献的价值？他们是否会固执己见，直到其他人让步为止？这三者才是行为。

这看起来可能有些吹毛求疵。但是，如果对方不愿意听你的反馈，那么你提供的反馈越具体，他们就越难以对你的反馈视而不见。当你指出他们有四次不让他人把话说完的时候，他们就更难以不理会你的反馈了。正是那些行为让你觉得他们只想让别人听他们说话，但那是你的结论。

关于反馈，还有另一个常见的问题，那就是你并非总能意识到别人的行为对你的影响。这一点很重要，因为弄清自己的反应和情绪（尤其是情绪）是你的"专长"，而你的反应是你的影响力的基础。当桑杰不承认埃琳娜的贡献时，她有什么感受？她是有些不满还是非常生气？反过来，她的情绪又如何影响了她对桑杰的态度？她对桑杰的信任是否减少了？最后，她的感受是否影响了她提出新观点的意愿，减少了她对工作的投入？桑杰很有可能对这些反应最为关注，因为这些反应与他的工作成效挂钩。与桑杰分享这些反应会让埃琳娜的反馈更有力。

针对行为给予反馈的力量

针对行为给予反馈是一种强大的工具，其原因有好几个。如果埃琳娜坚持表达自己看到的现实，也就是桑杰的、可观察到的行为以及她对这些行为的反应，那么她的反馈就是无可辩驳的。如果埃琳娜说"你没有提到我在促成那个决定中的作用，我感觉没有得到认可"，桑杰就不可能说"不，你没有这种感觉"，因为这样一来，桑杰就越界了。但是，如果埃琳娜没有坚持谈论自己眼中的现实，而是猜测桑杰的意图，说一些这样的话："你没有提到我，是因为即便某些成绩本应归功于他人，你也觉得认可他人是无关紧要的事情。"而桑杰可能回答："不，我不这样认为。"这样一来，他们就会陷入僵局。

埃琳娜根据自己所知的现实给予反馈，还有另一个好处：桑杰会更愿意解释他为什么这样做。在高管委员会会后，当埃琳娜表达她的不满时，桑杰解释道："我希望我们能以一个团队的形式合作。"

这样一来，埃琳娜就知道他的意图了。这就是反馈者不需要猜测对方意图的原因之一：对方迟早会告诉你。

在放弃桑杰的友谊之前，埃琳娜提出了自己的问题，实际上她给予了桑杰一份礼物。请记住，桑杰只知道三层现实中的两层，他不知道自己的行为对埃琳娜的影响——那只有她自己知道。为了做一个有成效的领导，他需要知道自己的语言和行为的影响。正如俗话所说，如果你在黑暗中开枪，就难以命中目标。埃琳娜对桑杰表达自己的"刺痛"，就是对桑杰的一个提示：他的行为可能造成了不良的后果。桑杰的第一反应是不予理会，但如果埃琳娜分享了自己所知的现实，他就不太可能这样做了。在这种情况下，埃琳娜面临的问题就是应该说多少。

我们之所以强调针对行为给予反馈，是因为太多的反馈是没有针对性的，因此要么没用，要么是有害的。如果乔的经理对他说"乔，你的态度不好，影响了你的工作绩效"，这必然会让乔想要维护自己，并且感到困惑。这句话并没有给他什么确切的信息，没告诉他他做了什么，或者应该如何改进。到底哪些态度不好——所有的态度都不好吗？哪些工作没达到标准——乔做的每件事都是如此吗？难怪人们不太愿意给予反馈，他们以为需要用一些陈词滥调来安慰对方，给对方以"缓冲"。

关注行为可以避免这些问题。经理可以说："乔，在今天的会议上，我发现你主要在讨论你的工作范畴，不回应其他人的担忧。如果你想要别人认真对待你的问题，你也需要认真对待别人的问题。"这种具体的反馈就不太容易让乔担心是不是他的整个人，或者他做的所有事都有问题。

很多人都不太愿意给予消极的反馈，因为他们担心这样可能会造成伤害，打击别人的积极性。这种问题出在了"消极反馈"上。我们两人都不喜欢这个词，因为我们认为所有的行为反馈都是积极的。即使是对问题行为的反馈也是积极的，因为行为是可以改变的，而对行为的反馈则是改变的机会。那些针对你欣赏的行为的反馈，我们喜欢称之为"赞许性反馈"，这种反馈表示那种行为是一个人的优势；而那些针对你觉得有问题的行为的反馈，我们则喜欢称之为"发展性反馈"。

所有的反馈都是信息。这些信息可能是关于反馈者的，也可能是关于接受者的（通常两者都有）。那只是信息，而信息总是多多益善的。简而言之，知道总比不知道好。几年前，一个学生在课后找到卡罗尔，说卡罗尔在他回答问题的时候看了手表，让他觉得不被尊重（教室里没有时钟，而卡罗尔还有一些授课内容要讲）。不管卡罗尔有什么原因，学生的反馈里都包含了重要的信息，如果没有这些信息，卡罗尔就无法解决学生的问题，也不会注意其他人可能在以后会有同样的感觉。提供帮助的反馈总是积极的。

在给予赞许性反馈时，遵守下面这些指导原则也是很重要的。如果你对我说"干得好"，可能让我在当时感到既温暖又困惑，而且有些没有意义。我到底做了什么让你欣赏的事？这件事对你有什么影响？我能从中学到什么，以便在未来更好地发挥自己的优势？

在后面的章节里，我们会时常回顾行为反馈模型，因为它能有效地提出和解决问题，让各方都更能做真实的自己。这样一来，行为反馈不仅能使关系保持在正轨上，还能改善和深化这种关系——我们在后面的章节会说明这一点。

埃琳娜与桑杰的故事（第 4 部分）

埃琳娜联系了桑杰，说想要"讨论一下与拉美团队有关的问题"。他欣然接受了，告诉她在下午的时候到自己的办公室来。

打过招呼之后，埃琳娜开口说道："桑杰，我需要谈谈，因为我对团队里发生的事情越来越沮丧了。有些事情是在我和同事之间的，有些事和你有关，我真的很想解决这些问题。"

桑杰看上去有些意外。

"别担心，"埃琳娜说，"不是什么特别严重的问题，但我觉得不舒服，而且已经开始影响我享受工作了。"

"出什么事了？"桑杰关切地问。

"我认为你已经看到了，我在这个团队中工作得很投入，并且努力提出建议，为讨论做出贡献。但是，有许多次我提出了一个观点，却没人有反应，而在五分钟后，又有一个男同事说同样的事情，而大家却对他的话有反应。在那种时候，我觉得没有人听我说话。"

"没错，我注意到了几次。"桑杰答道，"我感到很抱歉。"

"你注意到了，却什么都不说？这让我更加失望了。"

"这不是在学校里，我也不是负责监督大家言行的老师。"他的话听起来有些防御的成分。

"桑杰，你是领导，你应该树立榜样。如果你什么都不说，你就在表明这是正常的现象。但是，这只是问题的一部分。"

"还有？"

"是的。我能处理同事的问题。但是，更难办也更让我失望的是，当我发言的时候，你往往很少说话，但是一个男同事在几分钟之后发表同样的看法时，你就会接过话头。"

"不，我是不会这样做的。"

"然而，在我们上次开会的时候，有两次这样的现象。"埃琳娜说，并且指出了具体的事情和细节。

桑杰回想了片刻。"好吧，我想起来了。很抱歉，我以后会注意的。但你知道，我很重视你的贡献。正是因为你提出的观点，我们提交给高管委员会的报告才更加有说服力。"

"没错，桑杰，我知道你重视我的意见，我也一点儿都不认为你是有意忽视我的发言的。你可能没有意识到自己的行为——这也是我提出来的原因。"她停顿了一下，然后继续说，"既然我们已经消除了误会，还有一件让我觉得泄气的事。"

"什么事？"

"昨天的高管委员会会议，他们最喜欢的那个想法，是我尽全力才让团队认可的，我却没有得到你的认可。"

"但我已经说过了，团队合作是很重要的。我们是一个团队。"

"我同意。在我看来，做好团队合作并不意味着我们要失去自己的身份认同，或者不承认人们做出的不同贡献。我如此投入工作，有很多原因；如果我的贡献能得到认可，将对我更有帮助。"

桑杰想了想，说："我不想厚此薄彼。我希望每个人都能感到被重视。"

"桑杰，我也希望那样，但可能我们每个人感到重视的方式不一样。这不是一场零和游戏。我得到认可，不意味着别人不能得到认可。我想我们所有人都喜欢被重视。你在主持会议、让我们保持正轨、专注于目标这些方面都做得很好。但是，作为领导，我认为你也需要关注我们每个人做的贡献。就我个人而言，我需要有人能认可我付出的额外努力。我不能代表团队中的其他人，但如果我是唯一有这种感觉的人，我会很惊讶。这是我决定把这些话告诉你的一个原因。"

桑杰沉默了一会儿，然后平静地说："我想我知道这一点，但是……我认为我不在高管委员会上提出这点，是因为我害怕别人认为我厚此薄彼，因为我们是朋友。"

"我理解。"埃琳娜点了点头，"我也不是要你偏向我。我想要的只是你对我们每个人的贡献给予肯定。肯定我所做的事，并不妨碍你给予希瑟、史蒂文或者其他团队成员肯定。我想澄清的是，我给你这些反馈的目的，是指出你的行为对我的负面影响，及早提出这一点，好让这个问题不至于变得太严重。这正是因为我非常在意我们的关系，所以我觉得有必要进行这次谈话。"

桑杰点了点头，表示同意。

请注意，从他们在桑杰的办公室见面时起，埃琳娜就一直只说自己所知的现实，不去指责，也不对桑杰的动机或意图做消极的归因。（她在做积极归因的时候的确越界了，她说："我知道你重视我的意见。"当我们推测他人的积极意图时，人们很少会防御，她这样说的目的是把意图与行为结果区分开来。）

埃琳娜谈了自己的感受，以及发生在自己身上的事。她也从客观的角度看待了这件事，她说"不是什么特别严重的问题"并承认了低强度的情绪：烦恼，而不是生气。然后她谈到了桑杰的行为对她参与这个项目的影响，这不仅是与她有关的问题，也是桑杰可能关心的事情。她还阐明了自己之所以提出这个问题，是因为她重视他们的关系，这也是有效反馈的另一个重要元素。此外，埃琳娜没有站在对立的立场上，而是表达了共同的关注点。她把让她感到烦恼的具体行为告诉了桑杰，并且能够指出两个近期的事例。关于后面这一点，重要的是这些行为最近才出现过。与问题事件在时间上接近的反馈是特别有影响力的，因为这件事在双方脑海中的印象都是鲜活的。讨论某人几个月前的行为是没有用的，因为这件事已经成了模糊的记忆，可能还有些失真。

因为埃琳娜谈到了桑杰关心的问题，所以她可以表达得很直接。许多人，尤其是在和权威人士打交道的时候，认为他们必须拐弯抹角。埃琳娜没有这么做，因为她传达的信息，是桑杰提高自身领导有效性所需要的。

明确有问题的行为是出发点。但是，两个人可能会对同一行为得出不同的结论。埃琳娜认为桑杰没有让团队成员负起责任来（可观察的行为），这种行为产生了负面的影响，削弱了他的权威，但桑杰可能得出另一个结论，即这样能给其他人提供承担责任的空间，而不是依赖于他。这又该怎么办？他们两人都不知道桑杰的克制如何影响了其他团队成员，但他们既然发现了有争议的行为，就可以一起弄清这种行为的全部影响。

埃琳娜没有对桑杰的意图做任何推断。事实上，桑杰告诉了埃琳娜他为什么要这样做。这是因为埃琳娜赞同桑杰的目标，她可以做桑杰的盟友，而不是对手，而且她让桑杰知道了他的行为是如何妨碍他自己实现目标的。埃琳娜进行了一次双赢的交流。我们在很多情况下都提到过，一个人的目标并不是问题，问题在于他们如何实现这些目标。这就是为什么反馈是一份礼物。

埃琳娜说的话（讨论她自己、她的感受，以及她的需求）是无可辩驳的，因为这些话反映的是她所知的现实。此外，通过坚持陈述自己所知的现实，而不攻击桑杰，埃琳娜创造了条件，使桑杰更容易谈论他所知的现实——他的需求和担忧。请注意，埃琳娜的自我表露导致了桑杰的自我表露，然而如果她问一些指责的问题，桑杰就可能会封闭自己的内心。

当心"反馈三明治"

人们经常使用"反馈三明治"的方法，认为这样能使难以接纳的反馈变得更好接受。我们所说的"反馈三明治"，是指先说一些积极的事情（为对方做缓冲），然后再说一些消极的事情，最后以积极的事情结尾，这样对方就会感觉较好。"乔，你干得真不错，但是有个问题我们得谈谈。尽管如此，你真是个有价值的员工。"

不幸的是，这种方法很少奏效，一旦你从积极的事情开始说起，对方的防御心态就会越来越强，等待你说出"但是"。他们会忽视你的好话，不会听进心里去。

你之所以经常使用"反馈三明治"，是因为你担心如果不加入一些积极的内容作为正强化，对方就会彻底拒绝接受。然而，这是对问题的误解。困难之处不在于反馈是尖锐的还是消极的，而是对于具体行为的针对性不够强，因此没有效果。这样做也会让赞许性反馈受到污染，使人将其看作某种不真诚的伎俩——不是用来提供学习机会，而是用来操纵他人的。

但是，当埃琳娜告诉桑杰他在领导团队做得好的方面时，她不是在用"反馈三明治"吗？我们认为她没有，真的。她走进桑杰办公室后做的第一件事，就是告诉他自己的问题所在，当她在谈到自己欣赏桑杰的地方时，早已在反馈的过程之中了。她想做的，是扩大桑杰的责任范围，将适当承认每个团队成员的独特贡献包含在内。

打开潘多拉的魔盒

桑杰和埃琳娜的对话可能会给人一种简洁明了的感觉，但世界并不总是那么简单。假设桑杰是这样回应埃琳娜最初的反馈的："我很高兴你能提起这件事，埃琳娜，因为我也感到很困扰。我希望整个团队能和谐相处，但你很喜欢评判他人。"

埃琳娜的一个反应可能是，我为什么要提这件事？最好不要惹是生非。但这样真的更好吗？许多人害怕给予反馈，是因为担心对方会转而指责自己。然而，如果你正在做某件让别人烦恼的事，让你知道不是更好吗？如果你知道，至少你还有选择。不知道，则会让你被彻底蒙在鼓里。我们认为桑杰最好知道埃琳娜的"刺痛"，埃琳娜最好也知道她是否也让桑杰感到了"刺痛"。根据她的不同反应，这可能会是一个机会，而不是问题。

埃琳娜的另一个反应可能是防御，因为她不认为自己在评判别人。请注意，桑杰在这里越界了：他在给埃琳娜贴标签，而不是在描述她的行为。这就让埃琳娜面临了一个重要的选择。她可以争论（"不，我没有！"），也可以控制自己的防御心态，使用反馈模型来更充分地理解桑杰的抱怨。如果埃琳娜选择后者，就可能会说这样的话：

"桑杰，我现在尽量不为自己辩解，但我不认为自己是一个喜欢评判的人。很明显，我做的某些事让你有了这样的印象。是什么事？"

"你说其他人不从大局出发去思考问题，你对他们真的很严厉。"

"好吧，我知道你为什么会有这种印象，但这也引出了一些问题。你曾说过，你希望团队成员相互督促。你真的想要这样吗？如果你想这样，有没有什么方法能让我的行为显得不那么喜欢评判？"

这可能会让他们进行一场有意义的讨论。桑杰可能会承认，他希望团队成员在偏离正确路线的时候指出彼此的问题，但不知道埃琳娜还能用哪些其他的方式来做到这一点。如果桑杰能够提出一种更有效的做法，让埃琳娜更好地提出问题，就会带来双赢的结果。埃琳娜能提高自己工作的成效，而桑杰也会少一些烦恼。每个人都有收获。

埃琳娜现在面临着另外一个选择。她已经阐明了自己的观点，可以结束谈话了。然而，她认为这是深化互动、重申自己初衷的机会，于是她问："我不知道我的想法对不对，但我感到有些惊讶，因为当同事只强调自己的工作领域时，你似乎不愿意指出他们的问题。我好奇你对于冲突的看法。我还想说，这样问是有些冒险，但我只是想对你有所帮助。"

"没错，那是我的一个问题，"桑杰承认道，"我更喜欢相安无事，大家和睦相处。"

"桑杰，这让我有些困惑。在开会的时候，我们有过一些非常激烈的辩论，但你似乎对此没有感到不舒服。还是我弄错了？"

"没有，你说得对。但我们现在说的是两回事。我不希望大家相互攻击。"

"我也不希望这样。"埃琳娜说，"但我指出那些同事不从大局着眼的时候，我没有说他们是傻瓜，或者说他们不称职。我说的是他们的行为。如果我们可以在工作任务上有不同意见，那我们为什么不能对别人的行为有不同意见？桑杰，在这次讨论中，你觉得被我攻击了吗？我之所以问这个问题，是因为坦率地说，我对于你可能会有什么感觉而有些紧张。我是不是应该什么都不说，或者不那么直接？"

"不，不，"桑杰向她保证，"虽然这样的对话不是很舒服，但我不觉得被攻击了，而且我很欣赏你的坦率。事实上，我能看出这件事的讽刺意味。这可能是团队成员互相督促的一个很好的例子。"

"嗯，我希望别人看见我坦率的一面，这很重要。所以，如果你能接受这一点，那么我希望你也能坦率地对我，当你觉得我在评判他人或者对人严厉的时候指出来。我真的很高兴我们能有这次谈话。这次谈话不仅为我消除了隔阂，也让我觉得我们的友谊更加深厚了。"

"没错，我也有同感。"

在这个场景里，埃琳娜展现了一些关键的能力，这些能力让她能够处理原本可能很有挑战性的情况：

- 她能够控制自己最初的防御心态。这并不是说埃琳娜没有感到抵触，而是说她没有被这种反应控制；她能够承认这种反应，并继续沟通。

- 埃琳娜运用了反馈模型。她①描述了自己所知的现实（"我不认为自己是那样的"），而没有为自己解释或辩护；②承认了桑杰的反应是他自己的；③询问是哪种行为给了他那些印象。

埃琳娜说"我好奇你对于冲突的看法"的时候，可能有些越界。她说的难道不是桑杰才知道的现实吗？其实不是，因为她提出的只是一种直觉，而不是对事实的陈述，并且鼓励共同探索。此外，除了她说的话以外，她的态度也很重要。如果她真的认为自己不知道，她的语气和肢体语言会表达出这一点。同样的话，用不同的语气说出来，就可能变成一个有引导性的问题，暗示她知道这个问题的答案。那样就会越界了。其中的差别很微妙，但也很重要。这与你用词是否恰当关系不大，更多地与你是否坚守这样的基本信念有关：你不知道对方的真实情况。这是一个有效运用直觉的好例子。埃琳娜不确定，她只是在猜测。对桑杰的情况保持好奇，使她不会越界。

桑杰也表现出了多种能力。随着他更多地分享自己所知的现实（对分歧的害怕，或者担心督促他人会导致人身攻击），埃琳娜也更了解了什么对他来说是重要的。桑杰也在倾听埃琳娜的话。他听到了埃琳娜的反馈，并赞同对彼此坦率是有价值的。这无疑让埃琳娜更加感到被倾听了，她的反馈被重视了。最后，在这个过程中，他们都更加了解彼此了，这让他们在未来可以进行更加深入的讨论。这个结果不错！

"嘿，你越界了"

如果别人的反馈在推定你的内在现实，就像桑杰指责埃琳娜喜欢评判他人一样，那么你很难不感到抵触。你的第一反应是反驳：
"不，我不是这样的。"第二个反应是反击："我之所以那样做，是因
为你做了某事。"

当我们感到被攻击、被误解，或者被置于低人一等的位置上时，
这是很正常的反应。但是防御可能导致事态升级，并阻止双方的学
习。请接纳自己防御的感受，但不要将其付诸行动。相反，请用反
馈模型促使对方回到他们的半场。埃琳娜就是这么做的，她说：

"桑杰，我现在尽量不为自己辩解，但我不认为自己是一个喜欢
评判的人（现实 1）。很明显，我做的某些事（现实 2）让你有了这
样的印象（现实 3）。是什么事？"

她把指责变成了共同学习的经历。尽管这在理念上很简单，但
做起来并不总是很容易。在斯坦福商学院里，发生的最有趣也最引
人注目的事情之一，就是随着越来越多的学生学习"人际互动"课
程，球网模型在他们的日常对话中变得越来越普遍了。这种理念也
伴随了校友好几十年，这也让我们感到备受鼓舞。"越界"已经成了
一种代表斯坦福商学院文化的词语。

有一个很好的例子说明了这些概念的实用性。有一个我们认识
的年轻女生，她从一位年长的朋友那里得知了球网模型。她高中的
网球教练对她很生气，说："你的问题是不够投入。"她冷静地问教
练："你能再多说说你是什么意思吗？我从没有错过一次训练、一场
比赛，而且无论你如何安排比赛阵容，我都很服从安排。在我看来，
这就是投入。但很明显，我做的某些事情让你觉得我不够投入。那
是什么事？"

教练稍稍提高了嗓音，说道："你来参加训练的时候不穿队服！"对此，她回应道："哦……好吧，很高兴我问了，否则我绝不会知道你是那样定义投入的。如果你说我缺乏条理、粗心忘事，我再同意不过了。我现在明白了。我明天会再来训练的……而且会穿上队服。"当这个女生弄清教练为什么不高兴，并且能够做出回应的时候，他们之间的关系就发生了显著的变化。请记住，有时我们得到的反馈就像包装丑陋的包裹——但这并不意味着包裹里面装的不是一份礼物。

你自己只能知道三层现实中的两层，因此反馈对于个人的成效而言是至关重要的——你需要知道第三层现实，即你的行为造成的影响。我们常说："需要两个人才能了解一个人。"由于埃琳娜的反馈，桑杰现在更了解自己是一个怎样的领导了。但是，对于埃琳娜有效的做法，可能不一定适用于其他的团队成员，因为我们的行为对他人的影响是不一样的。

比如，大卫常在别人还没说完的时候打断他们。他对卡罗尔也是这样，卡罗尔也会打断他，但我们两个人都不会因此生气。事实上，我们觉得这样能让我们充满能量。但有一天，大卫在和另一位同事唐纳德讲话的时候，注意到唐纳德皱起了眉头。大卫问："怎么了？"

"你打断我说话了。"唐纳德回答道。

大卫感到很困惑："有问题吗？"

"这样很不照顾别人的感受。"唐纳德说。

　　大卫打断别人说话，是好还是坏？这其实是个没有意义的问题。和卡罗尔在一起的时候，打断讲话是有用的，因为她把这种行为看作投入的表现，但与唐纳德在一起时，这种行为就是有问题的，因为他将其看作不礼貌的行为。唐纳德的反馈让大卫更加注意与不同的人打交道时的差异，这使得他能够改进这个问题。在随后的谈话中，大卫告诉唐纳德，没礼貌并不是他的本意，他也明白了这种行为对唐纳德的影响。大卫说，他会尽量不去打断别人，但他请求唐纳德在他忘记的时候多给他一些谅解。在此基础上，他们建立起了积极的同事关系。

　　最后，我们要考虑的关键点是，反馈不仅能体现出很多有关接受者的信息，也能说明很多有关反馈者的信息。如果某人的反馈是关于对方的动机或意图的（"问题在于你每次争论都必须要赢"），言下之意是问题全是对方的。然而，如果反馈者坚持陈述自己所知的现实，待在自己的半场里（"我感觉每次对话之后，我们都得听你的，这让我感到有些沮丧"），就表明可能双方都有些问题。

　　在"人际互动"课程里，我们反复强调反馈能开启一段对话，而不会让对话中断。一旦你分享了自己的感受，这个过程就开始了。你必须阐明全部的问题，并且也要问问，这些问题有多少是与你有关的。请想想看：当埃琳娜督促她的团队成员时，桑杰感到不高兴，但这在一定程度上是因为他自己不善于处理冲突。**如果你能在分歧里承担起自己的责任，对方也会更容易承担起他的责任。**这样一来，你们就可以一起寻找解决方案，更好地满足彼此的需求。

　　建立一段让双方都能自由地给予反馈、寻求反馈的关系，是防止"刺痛"变成"剧痛"的关键因素，也是帮助双方养成新的、更

有成效的习惯的重要方式。确实，如果人们关心彼此，而他们也希望表达这种关心，反馈就是一份礼物。为了和学生分享这种理念，我们常常借用老式贺卡里的话，对他们说："有时我说最不中听的话，是因为我十分关心你。"即使你的反馈让人暂时感到惊愕，但如果你真诚地关心他们，并且是为了你们的关系好，反馈就始终是一份值得感谢的礼物。

深化学习

自我反思

1. <u>把自己放在埃琳娜的位置上。</u>请想象随后会发生的事。你和桑杰的关系很好，但他依然是你的上司。对你来说，要做到埃琳娜所做的事有多容易？你会如此坚持吗？对你来说，做哪些事情会很容易，哪些事情会更有挑战性？你会如何提出哪些问题？

2. 下面是你可能难以给予反馈的原因。（请注意，有的原因与我们放弃影响力的方式有些重合。）哪些原因符合你的情况？

   - 不待在自己的半场，喜欢推断他人的动机和意图。

   - 不确定自己的感受（尤其是脆弱的情绪，如受伤、被排斥和悲伤）。

   - 不表达自己给予反馈的目的。

   - 给出的反馈太笼统。例如，太拐弯抹角，不能具体描述真实的行为，或者用更好接受的措辞来掩饰事情的影响，导致听者误解你的意思。

   - 为了给对方留下好印象，或者让对方尊重自己而有所保留，或者轻描淡写。需要被别人喜欢、被看作"好人"。想要取悦他人。

   - 担心出错，或者担心对方会否认。心里有这样的想法：这是我的问题，把我的问题归咎于别人，实在是太自私了。

   - 担心关系可能受到损害或破裂，认为关系的和谐取决于没有冲突。

   - 害怕冲突，不确定自己是否有能力应对。

- 挑战和对质的场景让你感到不舒服，尤其是在面对权威人士的时候。
- 担心对方会报复或不给你反馈。

3. 即使反馈是针对具体行为的，要你接受反馈有多难？你是否会……

- 产生抵触心理，予以否认，找借口，为自己的行为辩解？
- 转而谈论对方做了什么才导致问题的产生，或者通过指出对方的错误来报复他们？
- 变得十分沮丧，以至于听不进去反馈的内容，导致对方退缩，或者对提出这个问题感到内疚？
- 远离那个提出反馈的人，与他保持距离？
- 口头上接受反馈，但心里并不接受？

应　　用

对于你之前找出的那些重要人物，你有没有难以给予或接受反馈的情况？如果没有，请另外找一个你觉得难以与之谈论反馈的人。在为这种讨论做准备的时候，请先明确问题所在。请思考：

你认为问题到底出在哪里？

你该如何提出问题，才能让他们知道，讨论这个问题对你们双方都是有好处的？

对方有哪些让你困扰的行为？这些行为对你有什么影响？

由于你不知道对方所知的现实（例如，他们的真实情况，他们看待这个问题的态度，以及他们为什么有这样的行为），你打算怎样弄清他们的现实？

既然你已经做出了自己的判断，那就请和对方见见面，提高彼此给予和接受反馈的能力。

理　　解

从这次有关给予和接受反馈的讨论中，你学到了什么？你对自己有了哪些了解？对于你发现的、给予和接受反馈方面的困难，你是否有了进一步的了解？根据你所学到的东西，你接下来想做些什么？

我们曾多次表明，成功地处理问题能加深人际关系。在这次和之前的应用过程中，你觉得是这样的吗？如果不是，你对那些例外的情况有了哪些认识？

如果带着防御、否认、
抵触、报复的情绪，
解决分歧的过程
就会变得十分混乱。
在问题解决过程的
不同阶段，
学会感受和表达情绪，
可以帮助我们
有效应对挑战。

第 8 章

有效反馈的挑战

如果每个人对于反馈的反应都像桑杰那样就好了。当然，有些人能顺利地解决问题，但生活并不总是那么容易。如果人们带着防御、否认、抵触、报复的情绪做出反应，解决分歧的过程就会变得十分混乱。即使问题最终得到了解决，解决的过程也会很困难、很痛苦。

也许，这就是为什么许多人不喜欢采用反馈模型这样直接的方式，而是往往会偏离正轨，采用回避或者激烈冲突的方式来解决问题。我们常常没有认识到自己的强烈情绪，而是忽视情绪，诉诸逻辑论证。即使最有见地、初衷善良的人也会忘记自身所知的现实，对对方横加指责。在这一章里，我们会探讨为什么会这样，以及我们能做些什么来处理这些困境。在这个过程中，我们会把问题解决过程分成不同的阶段，看看你会在哪个阶段陷入困境。

尽管可能很不舒服，但我们依然鼓励你去反思阻碍你有效运用反馈的因素。当然，关系是由双方共同决定的，责任不在于你一个人，但我们现在希望你更关注你自己。这并不是说你是坏人，而是要强调，归根结底，你的行动和反应是你唯一能够控制的。

首先，我们要声明：反馈模型不是万能的灵药。无论给予反馈的方式有多巧妙，一次反馈很少能解决问题。比如说，有一个家人让你很是头疼，因为他对任何事都很挑剔。仅仅说出你的不高兴，不太可能解决这个问题。可能还有更多的问题（以前的和现在的）在影响他们的行为以及你对他们行为的反应。大多数人际关系问题都很复杂，而且有很多层面。请记住，你只知道你的感受和你的需求。你只知道事实的一部分。反馈可以开启对话，但这只是一个开始。

情绪受阻

当反馈谈话进行得不顺利时，我们会得出结论，我们认为反馈是危险的，这一点儿都没错。我们没看到的是，问题不在于我们说了什么，而在于我们没说什么。通常情况下，我们遗漏的部分是情绪。情绪是反馈模型的核心，所以，重要的是我们不仅要能感受情绪，还要能够将其表达出来，而不使用下面的理由来保持沉默。

"我不应该感到（某种情绪）"

你是否认为，无论在哪种情况下，有些感受都是你不应该有的？"我不应该感到嫉妒或妒忌""生别人的气不好""我其实没有受伤"——其中一些想法可能是父母传达给你的信息、你持有的价值观，或者你想要塑造的自我形象。或者，也许你担心如果允许自己感受这些情绪，它们就会让你不堪重负，或者让你做出某些行为。

再次强调，你的感受和你采取的行动之间有着重要的区别。对于前者，你几乎没有选择的余地，因为不管你想不想要，感受都会出现。但对于后者，你有着更多的选择。如果你因为朋友莎伦的指手画脚而生气，那么你就是在生莎伦的气。认识到这一点，可以给你许多选择。你可以思考你为什么会生气，理解了这一点，可能就足以让你的情绪大大减弱了。或者，你可以告诉莎伦你生气了——仅仅是说出情绪可能也会让情绪减轻。或者，你也可能非常生气，在她下次对你指手画脚的时候，你需要充分说明你的愤怒（但不要攻击她）。

感受永远都不是"错"的。不合适的可能是你表达感受的方式，或者是你对感受的归因。

"我觉得自己的感受在这个情况下是不合理的"

假设你正在和某位同事做一个项目，而他今天的态度似乎特别生硬，很难听进你的意见。你心里想，我应该让让他，因为我知道他刚被上司骂了一顿，但你依然感觉不太高兴——并且你现在开始生自己的气了，因为你不能放下自己的情绪。

无论你是否理解某人为什么会有这样的行为，能否从逻辑的角度解释这个问题，这些都与你的情绪是否合理无关，但有可能影响情绪的强度。你可以选择忍受这样的烦恼，也可以说："我知道你和上司起了争执，但我对你现在的反应感到不舒服。我们能对此做些什么？"这就是为什么反馈通常只是对话的开始。

"我相信这种感受会过去的"

有些感受的确会消失，但有些感受会持续存在。即使你选择不提自己的烦恼，而且那种感受在接下来的一个小时之内消散了，这并不意味着这些感受会完全消失。也许这些情绪"停留"在了某些地方，而下次莎伦再对你指手画脚的时候，它们就会变本加厉、卷土重来。过去有一则汽车修理的电视广告说过，"要么现在付款，要么之后付款"，而之后付款的维修则更加昂贵。难道你不想趁事情没有变得更糟之前回应莎伦吗？

"我的感受互相矛盾"，或者（+5）+（-5）=0

当涉及情绪的时候，这种等式就不成立了！我们在特定的情境下，常常会有多种感受，而这些感受看起来可能是矛盾的。（请记住，这也是阻碍我们分享感受的因素，我们在第 3 章已经谈到过了。）一方面，你对同事感到不满，因为他的控制欲很强，但另一方面，你又很欣赏他，因为即使他面临着极大的压力，依然能够全身心地投入工作。这种情绪冲突可能造成一些不良的后果：如果让积极情绪"抵消"消极情绪，就会让两种情绪都受到抑制，导致你什么都不说，或者淡化自己给予的反馈。

然而，两种感受都是真实的，所以情绪上的数学法则认为，+5与 -5 的和并不等于 0；它们只是 +5 和 -5 而已。不要压抑自己的感受，要把这两者都表达出来。这样会让对方更了解你——这两种情绪本身，以及它们的强度都有这样的作用，因为它们都反映了关于你的一些重要的东西。也可能有这样的情况：如果你不把两种情绪充分地表达出来，它们就会在你心中挥之不去。

情绪的数学法则

$$（+5）+（-5）\neq 0$$

"我太生气了，我不知道自己能不能好好讲话"

如果别人做了让你怒不可遏的事情，那会发生什么？你气昏了头，已经全然顾不上为对方考虑了。你会想，我很生气，我根本不在乎他为什么会那么做。我也不知道自己会说些什么。你能不能只把后面那句话说出来，让大家冷静 20 分钟再谈谈这件事？这样可以让对方知道你有什么感受。也许说出这句话就足以让你的情绪缓和下来——如果不行，20 分钟的时间能让你冷静下来。你希望自己的情绪是可控的——你不希望情绪完全消失或者进一步恶化。这种情绪调节和情绪的适当表达，是情绪智力的重要组成部分。[1]丹尼尔·戈尔曼指出，情绪智力始于自我觉察，始于在情绪出现时识别情绪的能力。管理（而非压抑）情绪的能力是在此基础上形成的。

尤其难以处理好的一种情绪是愤怒。大多数人没有意识到，愤怒是一种次级情绪。如果一个人觉得表达某些情绪（如受伤、排斥或嫉妒）会让他过度暴露自己的脆弱，他往往会觉得表达愤怒会更加安全。对于男人来说尤其如此，因为他们所受的社会化教育告诉他们，不要表达自己的脆弱。较为基础的、脆弱的情绪转变成愤怒的过程可能是高度自动化的，以至于生气的人都没有意识到表面之下的情绪。但是，表达愤怒可能会使双方都陷入僵化和防御的态度。

我们并不是说不该表达愤怒。我们确实认为让自己感受愤怒是很重要的。事实上，如果你能忍住指责他人的冲动，探索愤怒背后的东西，那么感受愤怒就是非常有益的。你的情绪就是你的情绪，如果你感到生气，那种感受就是真实的。你如何处理愤怒才是问题所在。

编故事

我们发现，人们有一种倾向，会编造一些故事来解释某人为什么会有这样的行为。作为人类，我们对于理解自身经历有着强烈的需求。但说到反馈的时候，没有什么比编故事更能给我们带来麻烦的了，尤其是在我们甚至没有意识到自己在做什么的情况下。

当一个猜测变成强烈的预感，再变成"确信"的时候，你就编造了一个故事，好让自己的好奇心得到满足。无论是你编造了一个典型的"越界"的故事（"他就是想要自己说了算"），还是你选择性地收集符合某种消极陈述的信息（"他不尊重我，他总是在我对他讲话时看手机"），都会产生这样的现象。在这个时候，即便你开口提问，也很可能会问出伪问题，比如："这不就是你想要自己说了算的原因吗？"这种问题不会鼓励开诚布公的讨论。

一旦我们编了故事，就很容易做出归因。"他就是想要自己说了算"很快就会变成"他缺乏安全感""她只喜欢谈论她自己"，也会变成"她以自我为中心"。一旦我们做出归因（正如前面所说，我们会收集证实这种归因的信息[2]），我们往往就会草率地给对方贴上标签。"自我中心"就会变成"自恋"。归因和贴标签把问题过度简化了，而且会犯下极端还原主义的错误，因为这些做法创造了一种非常明确的有色眼镜，而我们则会透过这副有色眼镜来看待他人。

那么，我们该如何对待这种近乎自动化的倾向呢？一种方法是，反思你朋友苏茜喜欢谈论自己的倾向以及她最近做事为什么会让你感到困扰。是不是因为你嫉妒她做了某些对你来说有困难的事情？或者，你是不是在等她询问你生活中发生了什么而她一直没问？留意你的思维过程是一个重要的起点（这也是一个提醒，要想更善于人际交往，就需要正念的能力）。

另一种方法是利用我们讲故事的倾向来找出一个积极的解释。例如，对于苏茜为什么喜欢谈论自己，你最初的故事里包含了一个消极的动机，那么你可以想出另一个故事，让她的意图变成积极的——她真正想做的是与你建立更好的关系，让你们两人都能自在地分享并庆祝你们的成就。创造一个不同的故事可能会带来足够的不确定性，让你重新充满好奇。

第三种方法是直接说出你正在做的事情。"苏茜，我注意到你经常谈论自己做的事，以及这些事情有多顺利。这让我感到有些困扰，很抱歉地说，这让我编造了一个关于你的故事，也就是你在自吹自擂，因为你缺乏安全感。我不想这样编故事。这是我的故事，对于你来说并不公平。当你告诉我你的成就时，你的初衷是什么？"你承认了这些是你的故事，而不是确定的事实。但是，只有在你的故事可能有误的情况下，这种方法才有效。

问题解决的阶段

假设你没有落入上面所述的陷阱，但你想要解决一个棘手、复杂、有着许多层次的问题。你之前曾提过一次这个问题，但似乎没有什么影响，对方的问题行为依然存在。这个问题现在开始与其他问题牵扯到一起了，你担心着手解决这个问题会引发严重的冲突。但你已经决定勇敢面对困难，彻底解决这个问题。如何在不让沟通失控的情况下做到这一点呢？

在处理复杂问题的时候，有四个关键阶段。第一个阶段是，让对方认真对待这个问题。第二个阶段是，必须让对方愿意充分地分享他们面临的情况。第三个阶段是，你们要找到一个双方都满意的解决方案，而不是满足于勉强的解决方法（这样会让讨论戛然而止）。最后，在第四个阶段中，你需要判断这段关系是否需要修复，因为这种讨论中是有纷争的，双方都很容易感到受伤，让关系受到损害。

在每个阶段里，遵循反馈模型都能有所帮助，而如果违背反馈模型，每个阶段的努力都可能会遭到破坏。幸运的是，我们不需要做到十全十美。如果你能及时发现问题，即使暂时偏离正轨也不会铸成大错。请记住，**唯一的错误就是不愿意从自己的错误中学习。**

阶段 1：让对方严肃对待反馈

如果人们看到你这么做是为了他们好，他们就通常会考虑你提出的问题。有几种方法可以做到这一点，而且这些方法不是互相排斥的：

- "这就是你的行为对我的影响"——如果对方关心你，这种基本的方法就会起作用。例如："在开会的时候，你有三次在我讲话的时候转移话题，我感到很烦恼。"然而，如果对方不关心你的感受，这种方法就没么有效了。他们可能会不理睬你，或者更糟的是这样回答："是吗，我想这是你的问题！"
- "你的行为无助于你达成目标"——这种方法的前提是对方已经说明了他们的目标。"汉斯，你说你想要别人直言不讳，但你又不让西蒙说话，这让我在表达反对意见时犹豫不决，也可能会让大家

唯一的错误就是
不愿意从自己的
错误中学习。

有所保留。"对方的目标也可能是不言自明的："当我觉得你不愿意考虑我的提议时，我就不会对你那么开放了，也不太愿意听你的意见了。"即使你们之间关系平平，你也可以通过指出对方的行为与目标的相悖之处来引起他们的注意。

- "你可能达到了你的目标，但你付出了一些不必要的代价"——如果对方让你感到困扰，就问问自己"他们是否也付出了代价"。你可以说"莉亚，我也想要提高会议的效率，但如果我们赶时间，提出的想法就不那么好了"。你支持了莉亚的主要目标，但通过指出不良后果引起了她的注意。

- "是不是我做了什么事，才导致你有这样的行为？"大多数人际关系问题都有着人际间的起因。承认自己的责任可以让对方更容易接纳他们的责任。"凯尔，我有些草率下结论的倾向，这是不是影响了你的主动性？"

注意：反馈模型的这四种变式适用于所有关系，第 12 章麦蒂与丈夫的关系就会说明这一点。

阶段 2：分享所有的问题

假设你们俩都准备好开诚布公地谈话了。现在的任务就是探讨各种问题。之所以说"各种"问题，是因为第一个提出来的问题并不是唯一的，也不一定是最重要的分歧。在上一章里，埃琳娜在一开始分享了一个问题：她为自己在团队会议上的发言无人理会而感到沮丧。随着讨论的继续，这个问题延伸了，还包括桑杰不仅自己也参与了这种行为，而且在高管委员会会议上也没有承认埃琳娜的贡献。

不仅提出反馈的人有多个问题，提出这些问题也可能会引出对方的问题。在桑杰回答埃琳娜的最初反馈时，就发生了这样的事情。桑杰说："我很高兴你能提起这件事，埃琳娜，因为我也感到很困扰。我希望整个团队能和谐相处，但你很喜欢评判他人。"这个问题在埃琳娜的心中原本是比较简单的，但在此时变得更加复杂了。

他们的谈话可能会变得一团糟。不仅提出的问题更多了，而且桑杰的指责可能让埃琳娜感到抵触，想要反驳："我之所以要指出问题，是因为你没做好你的工作。"然后桑杰也可能产生防御的反应，反过来指责埃琳娜，他们就会深陷互相指责的局面里。他们俩都不会保持好奇，因为他们的目标会变成赢得这场争论。他们会完全忘记行为反馈。

当问题变得错综复杂的时候，事情就会变得很混乱。你可以想象一片泥泞的沼泽，而你需要穿过沼泽才能到达对面的高地。起初，你仔细地寻找可以落脚的石头，以免让鞋子沾上泥巴。在半路上，你找不到石头了。你面临着一个选择：应该继续前进，蹚过沼泽，还是应该回头？回头就意味着结束讨论——一方默默地离开房间，或者说出同样不解决问题的话——"我们求同存异吧"。当涉及政治或者巨大的意识形态差异时，后面这种说法可能是有意义的，但如果要建立稳固的人际关系，这样做就行不通了。

这种情况很棘手，但在双方都心怀抵触、陷入僵局的时候，我们是可以继续前进的。此时的情况可能依然让你感到很混乱，但你可以阻止事态升级，以便把纠缠在一起的问题分离开来。如果这样行不通，你们可以暂时搁置争论，询问这个问题："到底发生了什么——我们为什么会陷入僵局？"这样能让你们思考，你们最初是如何进入这片沼泽的，以及你们可以如何采取建设性的措施，继续前进，找到坚实的土地。当然，如果你们在讨论这个问题的时候依然在相互指责，这种方法就行不通了。相反，双方都需要审视导致讨论偏离正轨的具体行为，然后分享各自产生的感受。这也是一个重申你的意图的好时机：你给予反馈是为了帮助对方，也是为了维护你们的关系。然后你们就可以继续解决问题了。

阶段 3：解决方案

比起寻找"一种答案"，更重要的是要认识到想要达成哪些目标。第一个目标，你要确保讨论解决了最初的问题，让双方都感到满意。这类问题通常不止有一种可行的解决方案。人们会面临一种诱惑：为了摆脱困境，结束这场艰难的对话，他们常常忍不住草率地采取他们想出的第一个解决方案。然而，你们应该继续探索各种选项，直到找到满足双方需求的解决方案。这可能需要一些时间，也需要多次的对话。

第二个目标，你要通过这次讨论提高自己的问题解决能力。这可能包括弄清你们最初是如何遇到这个问题的，还要审视你们是如何解决问题的。你们是否在某些方面陷入了困境，或者是否遇到了不必要的困难？你们的目标是增加，而不是降低彼此在未来提出困难问题的意愿。

第三和第四个目标涉及关系本身的各个方面。由于你们在讨论中分享了与问题相关的自我部分，你们是否加深了对彼此的了解？埃琳娜和桑杰就是这样做的。埃琳娜谈到了她的互动风格，桑杰也承认了自己在处理冲突方面的困难。最后的一个目标是，通过这次沟通，你们的关系是否变得更好了？在桑杰和埃琳娜的故事里，他们达成了共识：他们都想在以后尽量坦诚地对待彼此。

阶段 4：修复关系

假设你已经达成了那些目标。干得好。现在请反思：你们可能需要对关系做哪些修复。这个问题解决的过程可能并不容易，你们可能说过一些造成伤害或让自己后悔的话。在这个过程中，你们是否一度忘记了这段关系对你们有多重要？你们中的一方或双方是否感觉自己被贬低了？

说"对不起"通常是修复的关键部分，但许多人都说不出口。有些人认为这样说很"丢脸"，还有些人担心被误解。比如，即使你的意思是，你为你们陷入这种局面而感到遗憾，但在别人听来，这句话可能意味着你为造成的任何伤害承担全部的责任。然而，说"对不起"是很有力量的。这句话向对方抛出了橄榄枝，可以终止对立的交流，帮助人们在产生分歧之后重建联结，而且这句话是一种自我表露的形式，会让你袒露出脆弱的一面，也让对方更可能做出同样的回应。一句好的道歉传达了你真诚的歉意（例如，不要说"我很抱歉你有那种感觉"，这句话可能让人觉得是敷衍）。真诚的道歉需要你真正感到抱歉，因为大多数人都能很容易地看出你是不是真心的。

除了道歉以外，对对方、对关系表示肯定也很重要——"尽管我们遇到了这种问题，但我想让你知道我有多重视你，有多重视我们的关系"。真诚地表达共情也对修复关系很重要——"我听到你说这次谈话对你来说很困难，我真的很感谢你能坚持下来"。

最后，第二天再检查一下，看看是否需要再次回到前面的某些阶段。经过一段时间的沉淀，问题是否像你当时想的那样，得到了彻底的解决？在你们急于寻求解决方案的时候，有没有什么遗留的问题被忽视了？即使没有别的原因，这样的检查也能传达对对方和对关系的关心，而这本身就是一种修复关系的形式。

处理防御心态

反馈模型带来的最大好处之一，就是它能最大限度地减少防御的感受。如果对方能待在他们的半场里，他们就会分享他们对你的行为的反应。这不是一种对你品格的评判。你仍然会有一些想要防御的感觉，但你不会把这种分享看作对你自身的全然否定。

这就说明，产生防御的心态与不得不为自己辩解之间是有区别的。如果别人指责了你，而你觉得这种指责是不准确的，那么纠正他们是不是在防御？如果有人误解了你，更准确地解释自己的意思算是防御吗？如果你遭到了攻击，维护自己是不是合理的行为？

问题可能不在于防御，而在于防御的副作用。防御可能会阻碍你听取反馈；或者你听到了对方的反馈，但防御心态会让你轻率地用解释来反驳对方。如果你认为对方的反馈有些夸大其词，防御心态则会阻止你去探索其中说得对的部分。如果你认为对方反馈是完全错误的，因此拒绝接受对方的反馈，这样就会导致防御，让你不愿意去探索对方为什么会有这样的感觉。那么，你如何才能接纳自己防御的感受，而不受这些限制因素的影响呢？

请将防御想象成一个连续体。在最极端的情况下，你会被情绪压垮，以至于你无法听到对方说的任何话。（我们所有人不都有过那样的经历吗？）在这种被情绪淹没的状态下，最好的做法是暂停反馈。"抱歉，我太难受了，我一点儿都听不进去。我需要一些时间来消化，然后我们才能继续讨论。"

但是，在大多数情况下，当你有防御的感觉时，并没有那么极端。你依然可以听到并面对别人告诉你的事情。请承认这样的感觉，但要控制自己反驳的倾向。相反，你应该去试着理解对方在说什么。先把对"正确"的需要放在一边。这时最重要的是对方给予的反馈——而不是维护你的身份和自尊心。

如果你给予了反馈，而对方显得很抵触，那该怎么办？上面所说的依然适用。如果你看到对方完全被情绪淹没了，你可以说："我很担心。如果我是你，我可能会有些受不了。你是不是有这样的感觉？我们先休息一下，然后再来讨论这个问题，好吗？"之后，请确保你们会再次回到这个问题的讨论中来。如果这种谈话对对方有这么大的影响，那一定很重要。

更常见的情况是，人们对反馈的反应听起来有些防御的成分。他们会说"等等，我不是每次都那样"或者"我之所以那样做是因为 X 和 Y"。在这种时候，反馈者通常会退缩（"哦，其实没什么大不了的"），因为他们认为对方不愿意改进了。不但退缩不能解决任何问题，而且这种假设可能也是错误的。为什么不假设对方的话表明他们在试图理解你传递的信息呢？他们可能在努力调和你的反馈与他们对自己的看法之间的差异，但他们听到你的话了。

想想看，如果他们根本不表示反对，那会发生什么。假设你给了一位同事一个很重要的反馈，而他用非常冷静和理智的语气答道："非常感谢。我从没听人这么说过。我会记在心里，立刻做出改变。"你真的会相信他吗？你的反馈不会从他的左耳朵进，再从右耳朵出吗？

请尽量看到对方的抵制是有价值的，同时不要退缩，要参与他们的思维过程。如果他们说"等等，我不是每次都那样"，你可以这样回答："没错，你不是，但你在这次和那次（说出具体的行为、事件）这样做了，这让我很困扰／无助于你达成目标／让你付出了不必要的代价。"如果你们俩的关系很重要，而对方的行为不利于你们的关系，那就重申这一点，然后为了你们两个人，继续坚持反馈！

无论你是在给予反馈还是接受反馈，防御往往是一个信号：表明反馈中有些真实的成分，因此值得探索。我们的一位心理治疗师朋友曾说过："只有在有东西可沾的情况下，才会耿耿于怀。"我们发现这句话通常说得很对。如果一个人攻击了你（即使语气很严厉），但他的说辞没有引起你内心的共鸣，那么你的防御通常不会持续太久。但如果防御的感受挥之不去，通常是因为有一部分的指责正中要害。这可能是你不愿意承认的事情，或者你可能担心这件事被夸大了，但不管怎样，这件事的确存在。认识到这一点，就让你可以选择如何回应。你能承认那些让你觉得至少有些道理的部分吗？如果你能做到这一点，你就放松了自己的抵触，能够听到更多的反馈，也更有可能从反馈中学到东西。

学习的能力

本书在开头已经提到，我们大量的教学、教练和咨询工作经验表明，关系发展和个人成长的关键决定因素是学习能力。学习能力也有助于工作的成功，不论你的职位大小。我们一次又一次地看到，不愿意学习会阻碍成功，处理人际交往能力的不足（而不是缺乏专业技能）会限制职业的发展。

桑杰和埃琳娜发现，个人学习和人际关系的学习常常是交织在一起的。当埃琳娜给予桑杰反馈，表示自己对团队的贡献需要得到认可的时候，桑杰也知道了自己的一些行为造成的负面影响。不但如此，他们也讨论了他们希望如何与彼此相处。埃琳娜问桑杰，她给予桑杰反馈的方式是否像是攻击，她是否应该不要这样直接。桑杰说并非如此，这让他们的交流更加自由了。

像桑杰这样接受他人的反馈能促进你的发展，因为你会知道自己擅长什么，以及你在哪些方面有待改进。那为什么会有些人拒绝倾听反馈呢？在有些情况下，这是因为有些心理模式在作祟，比如你认为反馈者的目的不是帮助你，而是贬低你（从而抬高他们自己）。也许对方的确用了否定的方式给予反馈，这让反馈听起来很刺耳。也许对方的反馈"越界"了，或者带有评判。你依然可能从中学到东西，但这可能不会让你在未来渴望从他们那里得到反馈。

请再思考一下，你身上是否有某些因素在阻碍你的学习。你是否需要维持某种形象，接受反馈是否会对这种形象造成威胁？接受反馈是否意味着承认失败或不足？我们有时会听人这样说："我热爱学习，但我就是不想让别人知道我在学习。"我们知道，人们的确很喜欢保持一贯正确的形象，但这样可能会付出相当大的代价。

承认别人反馈是正确的，并不意味着你必须付诸行动。反馈是一种信息，能让你决定如何行事。这种信息可以扩大你的选择范围。我们有一位同事说过："这就像衣服一样，你可以穿上试试，看是否合适。"可能有些人会建议你改变一些重要的假设和行为，比如你回避冲突的倾向。但是，你害怕如果你真的听从这样的建议，你就会说出一些后来让自己后悔的话。

你可以采用的一种选择是从小事做起，并考虑在那些让你感到相对安全的人身上、场景中尝试。比如，如果你在努力变得更加直接，减少回避冲突的倾向，你可以在一位亲密的朋友身上尝试。假设你的朋友有一种在最后一刻取消计划的倾向，这让你感到很烦恼。当你向他提出这个问题时，你可以同时告诉他你在努力变得更直接。这样做可能在你舒适区之外的 15% 之内，因此是一个很好的开始。与此形成鲜明对比的是去找你的上司，告诉她，她总是不断地改变工作重点，让你简直无法忍受——这样做对你来说更加困难。

我们曾反复说过，反馈是一份礼物——但是仅仅因为别人给了你一份礼物，并不意味着你必须使用它。也许现在并不是采取行动的最佳时机。将反馈视为信息（而不是在要求我们做出改变），可以拓展我们的选择范围，让我们更容易倾听和考虑这些反馈。

深化学习

自我反思

1. 忽视感受：你有没有用下面的某种方式忽视自己情绪的倾向？

   - "我不应该感到某种情绪。"
   - "我觉得自己的感受在这个情况下是不合理的。"
   - "我相信这种感受会过去的。"
   - "我的感受互相矛盾。"[（+5）+（–5）=0]
   - "我太生气了，我不知道自己能不能好好讲话。"

   你还会用其他方式来阻止自己识别或表达情绪吗？如果会的话，这些倾向是从哪儿来的？

2. 编故事：你有没有编故事、推测他人所知的现实的倾向？你的"我猜"会不会变成"确信"？在什么情况下更有可能发生这样的情况？

3. 问题解决的四个阶段：

   - 让对方严肃对待反馈
   - 分享所有的问题
   - 找到解决方案
   - 修复关系

   在这四个阶段里，你可能会做哪些阻碍有效解决问题的事情？

4. 防御：

   - 你的防御：你产生防御心态的频率有多高？什么情况通常会触

发防御的感觉？当你有这样的感觉时，你是如何处理的？

- 他人的防御：当他人产生防御心态时，你会如何回应？

应　　用

在自我反思的部分，你发现了你如何看待自己的行为。可是，其他人会怎么看你呢？去找你的重要人物，与他们核实一下你的一些看法。

在理想的情况下，自我反思部分或与他人的讨论给你带来了一些可以探索的发展领域。例如，"我想用更开放的心态面对反馈，少一些防御"。

选择一两个你想要改善的领域，并设定一些改变的目标。如果有人支持你，改变会变得更容易，更有可能成功。去找一个朋友，让他来帮助你实现学习目标。

理　　解

根据你读到的内容、反思的结果，以及尝试的经历，你对有效运用反馈的挑战有了哪些认识？你对自己有了哪些了解？

根据你现在所学的内容，你接下来想做些什么？请注意，你现在有了一个工具箱。在任何时间、任何关系里，这个工具箱都能派上用场，而不只适用于你一开始找出的那些重要关系。你和别人练习得越多，从"做"中得到的收获越多，你学到的东西也就越多。

你可能告诉过某些人，
他们有些行为让你很困扰，
但他们却一遍又一遍地
重复这种行为，
似乎并没有任何改变。
旁观者可能会耸耸肩，
说："他就是这样，
这就是他的性格。"
但事实并非如此，
性格和行为之间
有着很大的差别。

第 9 章

人真的能改变吗

在前面的几章里，我们看到书中的人物直面了一些有问题的行为，并且学会了不同的处事方式。埃琳娜学到了袒露脆弱是需要力量的。桑杰学到了回避冲突是会付出代价的。利亚姆学到了突然改变话题会疏远对方。这些都是非常重要的经验，但是那些更基本的、经过多年时间强化的行为该如何改变呢？即使直截了当、表达得体，反馈真的能改变这些长期存在的模式吗？

我们相信人是可以改变的。改变可能很困难，需要坚持不懈。如果我们不曾反复目睹人们的改变，我们就不会在这一行干上好几十年了。人们可能会觉得改变很困难，可能在特定的时刻不愿意做出改变，但这不等于人不能改变。

著名的组织理论学家、麻省理工学院教授理查德·贝克哈德（Richard Beckhard）曾用一个很有趣的公式解释了人们在哪些条件下更愿意做出改变：R＜D×V×F。R是指"对改变的抵触"。为了发生改变，另外三个变量的乘积要大于抵触情绪。D代表"不满"，意思是你需要意识到你为当前行为付出的代价。V代表"展望"，意思是你需要看到新行为的益处，相信改变的结果是值得为之努力的。而F代表"第一步"，意思是你相信你能学会新技能，让改变变得更容易。

菲尔和蕾切尔的故事说明了这个公式（以及改变长期的模式）有多复杂。

菲尔与蕾切尔的故事（第1部分）

菲尔和女儿蕾切尔是同一家医院的医生，蕾切尔自己也开办了一家小型私人诊所。他们的关系一直很亲密，因为他们都打篮球（他们在大学时都是校队的球员），也都是医生。

蕾切尔发现，他们的关系与她十几岁的时候相比，并没有发生太大的变化。她父亲总是希望她能成功——他是蕾切尔最大的支持者、最热情的啦啦队长，也是她最重要的职业顾问。在蕾切尔的小女儿埃玛表示对篮球感兴趣后，菲尔重新燃起了担任业余篮球教练的热情。不幸的是，无论是对埃玛还是蕾切尔，菲尔给予的大部分都是建议。当蕾切尔在大学里打球和她在医学院读书期间，菲尔的建议很有用，但随着时间的推移，蕾切尔发现这些用处越来越小了。

除了体育和医学之外，他们没有什么可聊的。蕾切尔希望她能更多地了解父亲的内心世界。当母亲在世的时候，蕾切尔能从母亲那里了解到父亲的感受，但从来不会直接从父亲那里了解到。当蕾切尔和父亲谈自己的生活时，他倾向于从父亲的角度给予建议，而不做自我表露。

蕾切尔的母亲在一年前去世了，蕾切尔至少每隔一周都会邀请菲尔到家里来，与她的丈夫和孩子一起吃晚饭，或者在周末一起去郊游。在彼此时间安排允许的情况下，她在医院里也会与父亲一起吃早饭或午饭。

有一天，在医院的餐厅里，菲尔和蕾切尔像往常一样嘲笑着糟糕的午餐，谈论医院的政策，以及他们遇到的一些有趣的病例。然后菲尔开始了他惯常的提问。

"关于扩大诊所，邀请朋友做合伙人的事情，你是怎么决定的？"

蕾切尔感到胃里有一阵熟悉的翻腾。又来了，她想。几个月来，她一直在考虑是否要扩大自己的私人诊所，并邀请老朋友兼同事娜佳加入。

"我还在考虑，"她说，"我已经说过了，这事有许多好处，也有一些弊端，我还在权衡。"

"是吗，"菲尔说，"我觉得，如果你不抓住机会拉娜佳入伙，你简直是疯了。她是个很优秀的医生，你们自从医学院以来就一直是朋友，很明显你们合得来。你知道，像她这样的人可不会从天上掉下来。"

"问题不在于她是不是个好医生，也不在于我们合不合得来，爸爸。事情比这更复杂。"

"有什么复杂的？"

蕾切尔考虑了一下，是否要再次解释这个决定涉及各种财务和后勤方面的复杂问题，但她决定不说了。菲尔继续喝着可乐，默默地吃着午餐，等待她的回答。

一分钟之后，蕾切尔终于说道："爸爸，我们以前谈过这个问题，谈过很多次，我真的不想再从头解释一遍。"

"这不是什么费脑筋的事。你应该去做，不要想太多。"

蕾切尔感到了一阵怒火。父亲的建议让她恼火，她觉得自己的担忧被忽视了。她也对自己感到沮丧：她再次让话题转移到了工作生活里，菲尔对这种话题总是有他的看法——看法还挺坚定。考虑到他们有过多次类似的互动，蕾切尔感到的不仅仅是"刺痛"，而是被气坏了。

同样让蕾切尔感到恼火的是，菲尔没有意识到，她并不想要他的建议。尽管她之前委婉地谈过几次这个问题，但菲尔依然我行我素。我不想把话说得太重，因为他总会往心里去，她想，但不能再继续这样下去了。看在上帝的分上，我都已经43岁了。这种对话和我在18岁的时候一模一样。一定有办法改变的。他总是把我遇到的问题看得太简单了，总是随随便便地告诉我该怎么做，我不知道我还能忍多久。

午餐时间快结束了，他们都还有患者要看，所以蕾切尔决定不再谈这个话题了。"爸，聊这个对我没什么用，还是算了吧。"

菲尔看上去有些受伤，说道："哎呀，我只是想帮帮忙。"

"好吧，可是这样帮不上我。"蕾切尔恼火地说道。然后，她稍稍控制住了自己的情绪，说道："埃玛这周六下午要跟球队和新教练一起练习。你要不要过来吃午饭，然后我们去看他们练习？"

菲尔松了一口气，点了点头："那太好了。周六中午见。"

他们端起自己的盘子，回到了各自的门诊。

尽管蕾切尔整个下午都有患者要看，但她发现自己的思绪又回到了午餐时的谈话上。他不明白，这真是太烦人了，她想，他一辈子都是这个样子。

她还想起了最近和朋友登美子的一次谈话。登美子说："我和我爸爸也有同样的问题。你看，菲尔已经 68 岁了。你还指望什么呢？他总是有些听不进去别人的话。一旦我开始接纳我爸是那个样子，我们俩之间的关系就好多了。我个人认为，你最好不提这个问题，忍忍他这种提建议的行为。"蕾切尔不知道登美子是不是对的，她是不是应该放弃让菲尔认真对待这个问题的想法。但是，她并没有完全释怀。

在周六吃午餐的时候，埃玛兴致勃勃地谈起了她中学的球队和新教练。

"这位教练先生怎么样？"菲尔问道。

"教练是女的，爷爷。"埃玛说，"我觉得她很好。但很多其他女孩不认真训练，教练很难管理她们，所以我们练得还不多。"

菲尔皱起了眉头。"这个赛季很快就结束了。你真的需要努力训练了，埃玛。"

蕾切尔又感到一阵肠胃的紧绷。"她练得已经很刻苦了，爸爸！埃玛，抓紧时间，穿好运动服，我们几分钟后就要出发了。"

当埃玛离开房间时，菲尔转身对蕾切尔说："你应该到球场去，跟教练好好说说，如果她不能解决问题，球队就完了。"

"爸，我的天哪。她才刚刚开始接手。"

"记住我的话，"菲尔说，"你越早解决这个问题越好。我看了你这么多年比赛，我清楚这种问题。这样下去会影响埃玛对打球的兴趣。"

"够了！你让我觉得自己是个不称职的母亲。这周早些时候，你让我觉得自己不够专业，无法正确选择合作伙伴。我越来越心烦了。"

菲尔吃了一惊。他低头看向地板，一开始并没有说话。然后，他用防御的语气答道："听着，我只是想帮忙而已。我只是为你好。我肯定不想让你沮丧或者心烦。如果你愿意，我就不再掺和你的事了。"

"爸，这不能解决问题。不，我不想让你完全不管我的事。但是，我们在讨论我的事的时候，有些方式已经不再适合我了。我们应该出发去训练了，但我们需要另外找些时间来再谈谈这个问题。现在这样对我们两人都没有帮助。"

上车后，埃玛兴奋地聊着天，而蕾切尔和菲尔都沉默不语。蕾切尔想：我该怎么做他才能有不一样的反应？他真的能改变吗？

蕾切尔的困境并不少见。你可能告诉过某些人，他们有些行为让你很困扰，但他们却一遍又一遍地重复这种行为，似乎并没有任何改变。旁观者可能会耸耸肩，说："他就是这样，这就是他的性格。"但是，我们会说并非如此。性格和行为之间有着很大的差别。性格是很难改变的——如果你是外向的人，无论你有多努力，都不太可能变得内向。但这并不意味着你不能试着给予别人更多说话的空间，而这是一种行为。没有人天生就有不为他人考虑或以自我为中心的基因。菲尔经常不假思索地提建议，他真的天性如此吗？嗯，我们不这样认为。

这并不是在说改变长期行为很容易。但值得探究的是，为什么某种行为对某人来说如此根深蒂固，以至于他们无法改变？在菲尔的例子里，他给人提建议的习惯已经存在几十年了，这种行为在过去对蕾切尔很有用，从而强化了这种行为的价值。此外，他是一名医生，提建议不仅是职业惯例，而且是人们长久以来对医生的期待。医学的工作场合也强调理性，要求控制情绪。所以，他不向女儿表露自己的许多感受，这也就不足为奇了。

如果有人像菲尔这样做出习惯性的行为，其他人就会学着适应他们，从而强化这些行为。无论是患者、护士，或是实习医生，可能都不会向菲尔抱怨他这种提建议的习惯，也不会要他在互动的时候做出更多的自我表露。此外，可能是出于好心，菲尔的妻子一直在他和孩子之间充当传声筒，也让他不对孩子表露情绪的习惯变得更加根深蒂固了。尽管善于提建议作为医生来说是优势，但如果过了头，在和蕾切尔相处时，这就变成一种缺点了。考虑到这是一种习得的行为，为什么不能改变它呢？

卡罗尔自己的家庭也有类似的情况。她父亲是个沉默寡言的人，是他那一代人的典型，既坚强又沉默。在很多方面，她父亲把卡罗尔当作自己从未拥有过的儿子，他们俩也有着许多共同之处——都很好胜、务实、有目标。卡罗尔一直与父亲很亲近，并能深情地回忆起在很多次与父亲的对话中，父亲都展现出了相当脆弱的一面，尤其是谈到他的战争经历的时候。尽管卡罗尔觉得，关于父亲还有很多东西有待了解，但她从不强迫父亲多说。因此，当卡罗尔的继母（父亲晚年丧偶后才娶的她）最近告诉她，她父亲最大的遗憾之一是没能更多地参与抚养卡罗尔与她的妹妹时，她感到有些悲伤。卡罗尔从没想过父亲会有这样的想法，因为她从没问过。现在她想知道，如果她督促自己走出舒适区，寻求与父亲建立更亲密的关系会发生什么。她对父亲还能有多少了解？她还能得到多少来自父亲的理解？他们的关系能深入到什么程度？

对于一些特定的行为，如果你过早地断定"这个人就是这样，将来也会一直是这样"，你就可能会误解他人。反过来，我们应该试着去理解让这种行为模式固化的所有因素。要求菲尔表露更多的情绪，可不是一个很小的要求（他的习惯模式已经根深蒂固了，改变是很困难的），但这不意味着蕾切尔不应该提出这样的要求，或者应该认定他不可能改变。菲尔的行为可能只是受到了过去经历的深刻影响。

请想象一项运动，你在其中养成了一些"错误的习惯"。例如，假设你在开始打网球的时候，反手击球乏力，于是你用换手来做补偿，这样你就能始终正手击球。在教练刚开始要求你反手击球的时候，你打出来的球可能很糟糕。我本来打得还不错，为什么要换手？菲尔可能也有类似的感受。

即使蕾切尔理解父亲有一些根深蒂固的习惯，但她还是很容易将所有责任都推到父亲身上。为什么他就不理解呢？他听不懂我说话吗？她会这样想。但是，难道她对于他们陷入的僵局没有责任吗？是的，她（通过语言、语气和非言语信号）表达了自己的感受，并指出了问题行为，但她是通过斥责来指出问题的，而没有表达共情、提供详细反馈、充分说明情况。她言辞简略，可能是因为时间不够（在医院的午餐，以及在篮球训练之前都是如此），但也可能反映了她内心的冲突。

一方面，蕾切尔对于菲尔一再提出建议感到越来越沮丧，但另一方面，她最不愿意做的事就是伤害他的感情。她很体贴地意识到，母亲已经去世了，父亲现在的生活肯定很艰难，她不想让父亲的情况雪上加霜。我很爱他，她常常这样想，但他把我气得要死。由于她内心的感受受到了阻碍，表达出来的情绪也是模糊不清的。

　　另一个问题是，在菲尔听来，蕾切尔对于他提建议的要求，好像是在说他应该完全停止这种行为。一般而言，当你想让别人改变某种行为时，你并不想要那么极端。我们有一位同事常说，我们可以把这种情况想象成可以调整的仪表盘，而不是一个只能开关的按钮。有时提建议是不是也是有用的？此外，认识到菲尔真正的需求和愿望，并让他看到满足需求的其他方式会不会有所帮助？重点在于，蕾切尔可以让菲尔更容易做出改变。

菲尔与蕾切尔的故事（第 2 部分）

　　在篮球训练结束后，蕾切尔回忆了她最近在午餐时和菲尔的不愉快的对话，意识到如果不开诚布公地把问题讨论清楚，就可能会威胁他们以后的关系。她也看到了，自己并没有像应该的那样保持开放的态度，于是决定加倍努力，让菲尔清楚地知道他的行为如何影响了自己，以及他们的关系。

　　蕾切尔提议，他们下周末去徒步旅行，好好谈谈，虽然菲尔不清楚问题到底出在哪里，他还是同意了。那个周六，他们在徒步路线的起点见了面。他们出发之后，蕾切尔说："谢谢你答应来散步和聊天，爸爸。我知道你向来不喜欢这些事情，所以我很感谢。"菲尔只是耸了耸肩，于是蕾切尔补充说："这对我来说真的很难。"

　　"有什么困难的？说来听听。"

　　"我怕我想说的话会伤害你的感情，而我不想伤害你。"她说，"我也害怕如果我对你说这些话，会伤害我们的关系。"

"你什么时候变得这么多愁善感了？你想说什么？"

蕾切尔决定不去理会第一句评论。"我想说的是，你在给我提建议的时候，我觉得我越来越烦躁了。无论我告诉你多少次，这样做我很恼火，你却一直改不了。我有些不知道该怎么办，担心如果不解决这个问题，问题就会变得更严重。"

"什么问题？"菲尔停下脚步，问道。

蕾切尔看上去几乎不敢相信。"你是认真的吗？不敢相信你会这样说！问题就是，每次我们的交流最终都会以你给我提建议而告终，这让我很烦。如果我告诉你提建议没用，你就会忽略我，继续不管不顾地说下去。更大的问题是，不管我说了多少次，你似乎都不认为这是个问题！"

菲尔看上去非常受伤。"你是说，我不应该再提建议了？你要我做一个我不可能成为的人。除非我成为那个人，否则我们的关系就会变得很糟糕。我猜我是个糟糕的父亲。"

他们继续走着，蕾切尔感到眼睛里含满了泪水。菲尔没有再说别的话。也许登美子是对的，她想。然后她停下了脚步，菲尔也停下了。她决定再试一次。

"不，爸爸，你不是一个糟糕的父亲。但是每当你像刚才那样回应我的时候，我就很难过。这种自我抨击的模式会让我们无法解决真正的问题。这种模式变得比提建议的行为更糟糕了。"

他们在尴尬的沉默中继续向前走了一阵子，直到蕾切尔最终打破了沉默。"听着，爸爸，我们必须谈谈怎么解决这个问题。先说清楚，我不是要你改变自己的性格。有问题的是你的行为、做法。这些是你能控制的。"

当反馈碰壁时

蕾切尔有两个目标。第一个目标是不退缩。第二个目标是更好地给予菲尔反馈，好好谈谈他提建议的行为以及他在蕾切尔试图谈论这种行为时的回应。这并不像听起来那么容易。尽管蕾切尔在徒步旅行时的话比以前更直接，但似乎没有真正起作用，菲尔的反应只增加了她的挫败感。她很可能会放弃或大发脾气。

对于本和利亚姆，以及埃琳娜和桑杰而言，反馈是有效的，因为给予者和接受者都意识到自己负有责任，愿意进入解决问题的对话。虽然蕾切尔给予的反馈依然停留在自己的半场，但菲尔却不愿意合作。相反，他的行为让蕾切尔难以继续交流下去。

菲尔表现出了受伤的感受，引起了对方的内疚。他封闭了自我，很少说话，并且把谈话的重点转移到了提建议上，从而偏离了他们无法把事情说清楚这一问题。菲尔制造的障碍并不少见。还有一些其他的障碍，虽然菲尔没有使用，但我们却经常见到。（在上一章里，我们讨论了如何处理防御的心态，当时也提到了一些这样的障碍。）

- 否认

    "不，我不会那么做。我觉得这是你的想象。"

- 防御

    "我不会经常那样做。这次是个例外。不管怎样，其他人也会这样做的。"

- 解释 / 找借口

    "我之所以这样做，是因为……""因为你做了……，我才这样做的。"

- 报复

  "是吗，你做的事情才是问题。这就是你做的事情。"

- 指责

  "你提出问题的方式不对。""这是因为你没有把事情处理好。"

- 贬低对方

  "我对你很失望。""我希望你能做得更好。"

- 质疑动机

  "你提这个问题不就是为了让我听你的吗?"

当有人制造障碍的时候，他们就没有真正听到你传达的信息。反馈者往往会退缩（就像蕾切尔考虑的那样），或者未来不愿再给予反馈。

在有些情况下，抵触是合理的。但如果反馈的接受者总是依赖这种反应方式，以至于他们听不进任何反馈，那就有问题了。

与其放弃反馈，或者加重语气，还不如暂时转换反馈的焦点。假设你想要给一位员工（我们姑且叫他山姆）反馈，谈谈他的某种行为：他总是说要做某事，但又不能说到做到。每次你提起这个问题时，他总有借口。这种模式让山姆听不进去别人的话，也让你不愿再给反馈。

现在，反馈的重点可以转移到他找借口的模式上："山姆，你有一种倾向。每次我提出你不能说到做到的问题时，你都会找借口，这让我很困扰。"可是，万一你这样说的时候，他又找了一个借口怎么办？这看起来像是一个让人恼火的循环，但实际上是一个机会：你可以在问题出现的时候立即指出来。"山姆，这就是我说的问题。"

　　这和蕾切尔面临的情况很相似。菲尔没有听到有关他提建议的信息，这种事发生不止一次了。蕾切尔一次又一次地提出这个问题，而菲尔却置之不理。在他们共同解决问题的能力中，存在着一个基本的问题，而这就是蕾切尔需要解决的问题。

菲尔和蕾切尔的故事（第 3 部分）

　　"爸爸，"蕾切尔恳求道，"你说句话呀。"

　　"我没什么可说的。"

　　蕾切尔轻轻地哭了起来："爸爸，这不可能。你一定有很多感受，我想听听——因为我想自由地分享我的感受。"

　　菲尔沉默了很长一段时间，似乎听进去了蕾切尔的话，但他还是什么都没说。

　　蕾切尔继续说道："我再试一次。我非常希望你能听到我说的话。如果我不是这么爱你，这么关心我们的关系，我就不会这样做。我们能不能坐到那块平坦的石头上，再试着谈一谈？"

　　菲尔停住了脚步，看着蕾切尔。他点了点头，跟着蕾切尔走到了一块山谷上方的平坦的大石头旁。午后的阳光透过树木的枝叶照射下来。

　　"求你了，爸爸。这对我来说很重要，而且，我真的相信，对我们俩来说也很重要。"

　　"好吧，再跟我说说，我提建议为什么这么烦人。"

　　"爸爸，你提建议不是最大的问题。"

　　"我真的搞不懂。我愿意谈谈我给你提建议的习惯，而你又不想谈这个了。老天啊，你到底想要我怎样？"

蕾切尔犹豫了一下，不知道该不该继续下去。在通常的情况下，她会说一句"没什么"，然后他们就会继续上路了。但是，她意识到这是问题的一部分。如果我现在不说，我就永远都不会说了，她想。

"更大、更深层次的问题是，当我给你反馈或者跟你谈论我遇到的问题时，我常常觉得你没有听到，或者你不承认那是问题。"

菲尔沉默地看着下方的山谷。

"爸爸，这对我来说真的很难，你这种不回应的态度让事情变得更难了。"

"我已经尽力了。当你有问题的时候，我提供解决方法。你说你不喜欢那样，我听到了，尽管我不知道那种做法什么时候变成错事了。"

"爸爸，这个问题又出现了，就在现在，在我们俩之间。"

菲尔有些恼火地说道："你到底在说什么呢？"

"我很感谢你愿意和我谈你提建议的习惯，真的。这当然也是我想多谈谈的话题。但是我刚告诉过你，对我来说还有一件更重要的事，而你却没有承认这个问题。我们现在的谈话正是我想要说的交流模式。我再次没有感到被倾听，而且还有一种被忽视的感觉。"蕾切尔用胳膊搂住他，继续说下去，"求你了，爸爸。我爱你，这件事对我非常重要。"

菲尔的态度缓和了，但很明显他感到不舒服。"好吧，我感觉你希望我多倾听你的话。不过我觉得我正在倾听你呀。"

"没错，爸爸，但问题不在于你有没有倾听我，在于我有没有感觉被倾听。这两者其实是不同的。"

"嗯，我从没有想到过那一点。所以，我是不是应该告诉你我听到你说的话了？我能做到这个。"

"这会有帮助，但我想说的不止这些。我说有没有'被倾听'的意思是，你有没有真的在尝试理解我。上周有好几次我说我很心烦。你不仅没有承认你听到了，而且在我听来，你也不怎么关心这个问题，也不想弄清楚我到底是怎么了。如果我们不尝试相互理解，就无法解决问题。"

"可那就是我提供解决方案的原因啊。这是我向你表示理解和关心的方式。"

"爸爸，我不需要你的解决方案。如果你努力去理解我，我也会努力去理解你，那么问题就会迎刃而解。"

"这对我来说挺难的，"菲尔说，"我习惯于给出答案，而不是问问题。提问是你妈妈擅长的事情。"他们沉默了很长一段时间，然后菲尔继续说道："不过我想，我可能开始明白你所说的了。"

蕾切尔笑了："这是我很久以来第一次感觉你在倾听我。"

他们一边继续往前走，一边又谈起了提建议的问题。蕾切尔能够感觉到菲尔在努力克制自己给予答案的冲动了。相反，他似乎真的在试图理解为什么蕾切尔之前为他们交流感到那么困扰。

回顾一下贝克哈德的公式——R（抵触）< D × V × F，蕾切尔让父亲更加理解了他让蕾切尔不高兴而付出的代价（即代表不满的D），帮助他明白怎样做才更好（让他认识到了理想的情况是怎样的，也就是V），并且告诉了他更多有关如何做到的方法（即代表"第一步"的F）。

当人们感受到
情感上的满足时，
他们会觉得得到了
充分的倾听、
理解、接纳，
而不是受到评判。

满足他人的情感需求

蕾切尔希望菲尔看到他提建议的行为有哪些问题，也希望他在她谈论那些重要的事情时用不同的方式做出回应——她不希望他封闭自己。我们称她想要的东西为"感受到情感上的满足"（feeling emotionally met）。当你与另一个人陷入僵局的时候，用这样的方式建立联结是尤其重要的。因为在那种情况下，针锋相对、情绪高涨，双方都很难理解对方。

思考两个问题，可以帮助你满足他人的情感需求。一个问题是他们需要感受什么，另一个问题是你需要做什么。

当人们感受到情感上的满足时，他们会觉得得到了充分的倾听、理解、接纳，而不是受到评判。这需要我们听到话外之音，倾听话语背后的含义。菲尔大部分的回应都没有让蕾切尔产生这样的感受，直到最后才有所转变。菲尔不一定要赞同蕾切尔的看法，也不一定要认为她的要求是"合理的"或"正确的"。他需要做的是（最后他也的确做到了），表达他理解了蕾切尔的感受，明白了从她的角度来看，她为什么会有这种感受。

有很多行为可以帮助别人感受到情感上的满足（这是做的部分）。这些行为包括：

- 积极倾听能让说话的人相信你理解他们。有时积极倾听可以通过眼神交流和点头等非言语的方式来表达。倾听能让对话慢下来，这种慢是很重要的。关键在于，要给予别人足够的空间去感受他们的情绪，而不是要让他们忽视情绪，也不是用你的情绪来回应他们。

- 转述、承认感受。重复你听别人说过的话，是表达你在倾听他们的有效方式，还能很好地弄清你当时所听到的东西是否准确。

- 积极共情——例如，说一些"那听起来真的很糟糕"这样的话，或者在对方沉浸在情绪中的时候与对方待在一起，积极地倾听他们所说的话。这时，如果你有不同的感受，可能需要你暂时把自己的感受放在一边。

- 表达关心。再次强调，你可以用语言来表达关心，也可以用非言语的方式来表达，就像蕾切尔用胳膊搂住自己的父亲那样。

- 搁置评判，保持好奇，继续探究。这意味着问一些开放式的问题，并真正尝试理解对方的情况。

显然，我们很少会同时采用上面所有的做法。然而，满足某人的情感需求可能需要做到上述的许多方面。当你全身心地与对方待在一起时，你通常能感觉到怎么做是合适的。有时，只需要带着感情说"太可怕了"就足够了。当蕾切尔的父亲停下来思索她所说的话，并简单地回答"不过我想，我可能开始明白你所说的了"时，蕾切尔感觉到了情感的满足。

在我们情绪激烈的时候，要把自己的情绪暂时放在一边，充分倾听对方，这样的要求可能实在是太高了。作为作者，我可能必须首先承认，在这种时候，我也很难全心全意地倾听别人的感受。如果我遇到了这样的情况，重要的是在我的情绪不那么激烈的时候再回到那个话题上，重新开始沟通。我们并没有说满足某人的情感需求是一种回避分歧或冲突的方式。这只是在他人情绪激烈的时候回应他们的一种方式。而且，这是一种私密层面建立联结的方式。

一次只聊一个话题

虽然这需要很大的毅力，但蕾切尔还是在和父亲的沟通中取得了重大的进步。对她来说，放弃与父亲沟通，断定父亲根本不能以她想要的方式倾听她是很容易的。也许父亲承认"这对我来说挺难的"让蕾切尔意识到，她在要求父亲做出巨大的行为改变。然而，即使这次对话看起来很成功，一次对话也很难完全改变这种根深蒂固的习惯行为。但这至少是一个开始。菲尔现在明白了蕾切尔的情况，并学会了一些新的互动方式。几乎可以肯定的是，菲尔会有退步，会回到熟悉的行为模式中去。最关键的是蕾切尔不应放弃。这是一个"前进两步，后退一步"的过程，重要的是她继续认可父亲的进步，就像她告诉父亲，她终于感觉被倾听了一样。我们常常只关注一个人做错了什么，而忘记了正强化的影响有多大。

记住，有时直线是两点之间最长的距离。讨论往往会从一个话题开始，但很明显还有其他更重要的问题需要处理。当这种情况发生时，就停下来，后退一步。有没有需要面对的障碍？蕾切尔在和父亲徒步旅行的时候就是这样做的，把开始时的话题放在一边，看看你们是如何交流的。注意自己有什么感受。聊聊感受！解决这种深层的问题不仅有助于解决当前的问题，也有助于解决未来的问题，从而让你们的关系更深刻、更稳固。

深化学习

自我反思

1. <u>首先把自己放在蕾切尔的位置上。</u>即使你对父亲感到失望，但你也不愿意伤害他。你认为你会如何处理这种情况？你会放弃吗？你愿意尝试她用的哪些方法？哪些方法是你不愿意尝试的？

   现在再把自己放在菲尔的位置上。你十分珍惜与女儿的关系，不想失去你们之间的亲密感。但是，你习惯于目前的互动方式，觉得很难做到蕾切尔想要的行为。你会如何处理这种情况？你会说什么，做什么？

2. <u>不再合适的习惯。</u>你是否有一段很重视的关系（重要关系或其他关系），而其中有一些沟通方式似乎停留在了过去？

3. <u>你的责任。</u>你是否就像蕾切尔一样，正在做一些让这段关系不太容易发生改变的事情？例如：

   - 假定"他们就是这样的，这是他们的性格"
   - 反馈不够清晰（针对具体的行为，以及该行为对你、对你的需求的影响）
   - 以为改变比实际上更容易
   - 缺乏毅力和耐心
   - 忘记运用公式 $D \times V \times F$（不满 × 展望 × 第一步）
   - 想要改变只是为了自己，而不考虑对方的需求

应　　用

　　根据上面的反思，与对方聊一聊，看看你们能否对关系做出

一些改变，让你们两人都能受益。

理　　解

　　聊得如何？你学到了什么（关于自己，以及关于如何影响他人）？

　　回想起来，你会不会改变自己某些做事、说话的方式？

大多数人都会先动用
自己的头脑，
试图从逻辑的角度
理解发生了什么，
然后才会注意到
自己或他人的感受。
有时，我们需要先停下来
问问自己：
"我到底有什么感受？"

第 10 章

觉察并掌控情绪

这 听起来是否有些耳熟：你们正在享受一顿看似完美的晚餐（和父母、伴侣、朋友或者孩子一起），而谈话却突然无缘无故地陷入了僵局。一些无伤大雅的评论招致了反驳，而反驳又引来了责备，之后事情就变得更糟糕了。突然之间，你们开始相互指责，揭开彼此的旧伤疤，至于为什么会这样，你们百思不得其解。好像在不知不觉间，紧张的气氛就已经在逐渐累积，现在已经超出了掌控，而最终某件事引爆了冲突。

虽然没有适用于所有情况的诊断，但情绪管理失当很可能在其中起了推波助澜的作用。"管理失当"可能有很多含义。这可能意味着被压抑的感受已经累积到了爆发的程度；也可能意味着你一直在麻痹自己的情绪——你几乎没有觉察到这些情绪一直都在。

前几章谈到了许多你可能会屏蔽情绪的原因。本章将向你展示你为此付出的代价，并说明这种做法不仅会为关系埋下导火索，还会让大家都陷入僵化的状态。你越了解你的情绪，就越不容易被情绪控制，而且在如何有效表达情绪方面，你也会有更多的选择。

米娅与阿尼娅的故事（第 1 部分）

阿尼娅和米娅是大学的室友，她们从那时起就一直是朋友，并且在谈恋爱、职业选择，以及进入成年生活等话题上无话不谈。在毕业之后，尽管她们住得很远，但她们一直保持着这种亲密无间、相互信任的关系。她们常常互通电话，在条件允许的情况下还会相互拜访。她们参加了彼此的婚礼，并且分享过孩子出生之后的起起伏伏。

后来，米娅和丈夫杰克搬家到了费城，阿尼娅和丈夫克里斯托弗就住在那里。米娅和阿尼娅希望这样能让他们四个人聚在一起，而她们的丈夫一直关系不太融洽。于是两位女士尝试定期见面聚餐，但由于照顾孩子和全职工作，聚餐的次数比她们希望的要少。

她们喜欢见面，但她们发现以前的亲密感已经减少了。虽然她们不提这个话题，但她们彼此之间的交流也比以前更少了。也许是因为我有杰克和其他朋友，米娅想。这种亲密可能是我早年需要的东西，但现在不那么需要了。更别提孩子还占据了我所有的时间。也可能是因为杰克和我过得比阿尼娅和克里斯托弗好，他们觉得太尴尬了。她决定把这些想法放在一边，期待着与阿尼娅的下一次相见。

她们在一家她们最喜欢的法式餐厅见了面。在晚餐的前半部分时间里，她们像往常一样聊着彼此的生活。在晚餐快结束的时候，阿尼娅叹了一口气，说："我一直都很累。无论削减多少睡眠和锻炼的时间，我似乎还是在每一件事情上落下进度。我似乎很难取得太大的进展。"

米娅点了点头。"我懂你的意思。我也要应付很多事情，比如升职、育儿，以及修建新房子。要是每天能多出五小时，我做什么都愿意！"

阿尼娅有些不高兴，但她知道米娅是好意。于是她答道："是啊，我知道你也有不少要忙的，但至少你是为好事忙碌。我在工作上总是原地踏步，我经常觉得自己是个糟糕的母亲，因为我觉得自己没时间陪孩子。"

"你在说什么呢？你是个很棒的妈妈！"

"谢谢你这么说，但我不这么认为。上周我应该陪埃文去参加校外活动，但不得不取消。我上司临时要求我修改一下我们正在写的报告。埃文很失望。"阿尼娅的眼睛里开始泛起泪光，"对不起，我不知道我为什么这么难过。我想我只是累了。或者，我没有意识到这一切对我的影响有多大。"

"也许你该找一份新工作了。"

"你这是什么意思？"阿尼娅问。

"只是我听你抱怨了很长时间了，"米娅说，"所以似乎是时候找找其他的机会了。"

阿尼娅感到既失望又恼火。"你说得倒轻巧，米娅。你生活中的一切都很顺利。此外，我们需要我的收入，而我的工作薪资不错。"

她们两人都陷入了沉默。直到服务员上前提供甜点，而她们表示拒绝的时候，她们才终于开口讲话。

"我只是想帮你，阿尼娅，可我觉得无论我说什么都会让你生气。你怎么这么敏感？"

"有时候，对别人的情况保持敏感是一件好事。"阿尼娅答道。

"这是什么意思？"

阿尼娅深深地叹了一口气，说："听着，我真的很累。我分享了一些私人的事情，我从你那里得到的唯一的反应，就是叫我找份新工作。我知道你是好意，米娅，但我觉得你好像没有听明白这一切对我来说有多难。"阿尼娅想起了许多次她们聊完天以后，她都觉得自己越来越没有安全感。米娅似乎总是无所不知。米娅就没遇到过什么挫折吗？她想。

"你怎么能这么说？我当然知道你有多难！"米娅反驳道，"你怎么可能认为我不懂？"

"我就是这么想的。"阿尼娅答道，"此外，听说你升职了，又要盖新房子，只会让我感觉更糟糕。我知道我不应该这么说，因为我只希望你一切都好。"

"所以我不应该分享自己的生活，而只应该倾听你的问题？天哪，跟你聊天可真得小心翼翼。我不知道怎么说才不会让事情变得更糟。"阿尼娅总是这样，米娅心想，她太敏感了。和她聊天真是如履薄冰。"也许今晚应该到此为止。"

阿尼娅付了她那一半的饭钱，用一种听天由命的语气说："好吧。"

"这可真是一个不跟杰克和孩子待在一起的美好夜晚。"米娅讽刺地说，她们朝着自己的车走去。

"现在已经很晚了，"阿尼娅说，"我比刚来的时候更累了。我只想回家。对不起。"

"我也有同感。"米娅说。

她们上了各自的车，对彼此感到愤怒和不满。

释放压力：到底发生了什么

简而言之，米娅和阿尼娅违反了前几章谈到的所有原则：

1. 她们让"刺痛"越积越多：她们双方各有一些问题。米娅很少提到自己遇到的问题，这让阿尼娅很烦恼。当阿尼娅分享自己的困境时，她觉得米娅没有给她太多共情。相反，米娅给了建议，而阿尼娅把这种行为看作米娅不理解她的表现。米娅的工作满意度更高，薪资也更好，这也让阿尼娅感到嫉妒。

米娅也有一些被压抑的"刺痛"。她厌倦了阿尼娅不断地抱怨她的工作，而且不愿意对此采取行动（这是米娅的感觉），总是像个受害者一样。她想帮助阿尼娅，但她觉得阿尼娅过于敏感，因此感到沮丧。米娅想分享更多有关自己工作和新房子的事情，但她又觉得有些不妥，因为她感觉到了阿尼娅的嫉妒。

这些都不是什么大问题，这可能也是米娅和阿尼娅之前没有提起这些事情的原因——尽管如此，如果早点说出来，这些问题可能会更容易解决。然而，随着时间的推移，这些累积的问题的破坏性会越来越强。

2. 她们没有说出自己的感受：尽管她们说了一些"我觉得"这样的话，但这些话是以"我觉得你好像……"开头的。这种句子表达的是想法，而不是情绪。与此同时，她们的语气和措辞表达了一些强烈的、未得到表达的感受。

3. 她们陷入了指责的循环：如果阿尼娅和米娅回到家里，她们丈夫问"怎么样"，她们都会说起自己试图想表达的好意，以及对方有多么不讲理。当阿尼娅对米娅说"我觉得你好像没有听明白这一切对我来说有多难"以及"你生活中的一切都很顺利"的时候,一些未被表达的情绪变成了对米娅的攻击。这使得她们都觉得自己占理,并开始指责对方。当米娅问"你怎么这么敏感"时,她其实不是在问问题,而是在指责。

指责的循环很少是建设性的。指责不会促进自我反思,还会抑制人的开放性,不利于发现潜在的问题,更不要说解决问题了。指责会让对方封闭自我,产生防御心态,这通常会导致相互指责。

4. 她们没有试着相互理解:因为她们都认为自己是对的,而对方做得不好,并且都认为自己知道对方的动机,所以她们没有向对方提问的动力。最可能有收获的提问时机,就是在阿尼娅谈到错过儿子的校外活动、开始哭泣的时候。如果米娅带着共情的态度,从感受的层面回应:"阿尼娅,我很担心。出什么事了?"可能整个对话就会变得不一样了。

相反,米娅选择给出了符合逻辑的建议("也许你该找一份新工作了"),让阿尼娅封闭了自己的内心,觉得自己更加脆弱。对于米娅来说,她错失了一个建立情感联结的机会,她心中被压抑的不满妨碍了她的共情——在正常情况下,她对一个最好的朋友会怀有这样的感受。

随着谈话的进行,她们两人都变得越来越自以为是,防御心态也越来越重,也更难以对对方的情况保持好奇。在谈话中,阿尼娅曾问道:"你这是什么意思?"而米娅后来也问过:"这是什么意思?"然而,在这两句话里,她们的语气都是防御、攻击性的,而不是在表达真正的好奇。

　　那天晚上就这样结束是幸运的。这两位朋友当时都不能很好地管理自己的情绪，她们的情绪很容易升级，造成伤害，让她们可能永远都不能和好如初。这就是为什么我们坚信，你必须掌控自己的情绪，否则情绪就会掌控你。我们所说的"掌控"，并不是指压抑——这正是米娅和阿尼娅的做法。相反，掌控和管理情绪需要表达情绪，但要以建设性的方式表达。

觉察和掌控情绪

　　大约五十年前，大卫刚开始在斯坦福带领 T 小组，当学生被问及有什么感受的时候，他们常常答道"我不知道"。后来，对情绪智力和其他因素的研究让社会更加接纳情绪表达，这种对情绪毫无觉察的情况已经不多见了。但是，大多数人都有一种倾向，即首先动用自己的头脑，试图从逻辑的角度理解发生了什么，然后才会注意到自己或他人的感受。这是个很难改的习惯。我们俩已经在这个领域工作多年，即便是我们有时也需要停下来问问自己："我到底有什么感受？"

　　以卡罗尔为例，她很早就有压抑（麻痹）情绪的习惯。她的妈妈脾气很坏，卡罗尔最早的记忆就是母亲在咆哮、尖叫、摔门，而她蜷缩在房子里的某个角落，躲开母亲的怒火。卡罗尔逐渐对愤怒产生了很深的恐惧，将其视为一种不好的情绪，认为最好不要有这种感受。她必须非常努力才能意识到自己生气了，并努力学会用恰当的方式表达愤怒。正如布琳·布朗（Brené Brown）所说，**我们无法选择性地麻痹自己的情绪，因为"如果我们不去感受愤怒、悲伤和恐惧，我们也感受不到感恩、爱和快乐"**。[1]

我们无法选择性地
麻痹自己的情绪。
如果我们不去感受愤怒、
悲伤和恐惧，
我们也感受不到感恩、
爱和快乐。

工作场所并不是特别接纳情绪表达的地方。数十年来，很多公司都强调让情绪远离工作场所的重要性。1975 年，卡罗尔曾受雇于一家 500 强企业，她是该企业的第一名非文职的女性员工。她学到的第一课是，如果她要在商界取得成功，尤其是作为那个时代的女性，她就必须表现得像一个男人一样——也就是要强势、坚强、大胆，最重要的是要冷静、理性、不表露情绪。那里容不下感受。她逐渐精于此道，而这也对她很有帮助。然而，随着她职位越做越高，然后跳槽到另一家公司，成为高级经理的时候，她的理性模式变成了一种局限。

彼时，她正在负责一个价值 5000 万美元的销售和营销项目。在一次外出会议上，在她慷慨激昂地讲到如果他们齐心协力就能取得什么样的成就时，她突然哽咽了。面对她的是同事惊愕的沉默。她的一位经理（顺便提一句，这是个男人，她的团队里全是男人）说："哇，看样子你还是个有感情的人。"然后，卡罗尔真的哭了起来："你以为我没有感情？"

她撕掉了当天的议事日程，说没有比这件事更值得讨论的事了。接下来发生的，是她职业生涯中最真诚、最坦率、最有意义的一次商务交流。在这次交流中，她谈论了她到底是谁，她最关心什么，然后每位经理都分享了真实的自我，以及对他们来说最重要的是什么。希望、悲伤、骄傲、失望、沮丧和关心的情绪，从每个人身上倾泻而出。他们都意识到，过去他们把自己的一半（也许是最重要的那一半）留在了公司的停车场里。他们谈得越多，对彼此的了解就越深。

在那次外出会议后，他们成了一支势不可挡的团队。直到今天，卡罗尔依然知道那七个人会跟着她去任何地方。如果这种事情发生在她工作的第一年（当时她还没有那么深的资历，也没有那么自信），结果可能就不会这么好。

在工作场所之外，情绪也常常得不到认可。我们的教育系统大多强调逻辑和理性，早年的社会化经历也是如此。"你不应该生气。""你不应该被负面反馈伤害，因为对方说他只是想帮忙。""你不应该生你弟弟的气。"（尽管他现在夺走了你曾经拥有的关注！）我们的"不应该"往往会妨碍我们觉察自己的感受。

即使是出于善意，父母也会发出否定情绪的信号。在大卫的儿子杰弗里四岁的时候，大卫曾带他到社区的公园里玩。在滑滑梯的时候，杰弗里的后脑勺磕到了滑梯下端的边缘，于是大哭起来。大卫赶忙跑过去，抱起杰弗里，说："杰弗里，没事，不疼。"但他却遭到了杰弗里的反驳。杰弗里的脸上挂着泪珠，辩驳道："你怎么知道我有什么感觉？只有我才知道我有什么感觉。"

大卫并非故意否认杰弗里的感受。他只是没有坦诚面对自己的感受。更准确（也更能支持孩子）的说法是："看到你摔疼了，我很难过。"

即使人们表达了自己的感受，他们也常常淡化感受的强度。我们可以用一个10分的量表来理解情绪，这个评分代表了情绪从轻微到极端的不同强度。通常情况下，只有当情绪强度超过阈值7时，人们才会注意到或把它说出来。低强度的情绪可能不值得表达，那中等强度的情绪呢？在 T 小组中，有的学员会说："这句话让我有一点儿恼火。"此时，我们会伸出手，在拇指和食指间留出 1/4 英寸[○]的距离，打趣地问："只有一点儿吗？"学员常常会笑着说："其实不是。"然后他们就能展开更真切、更有成效的对话。

躯体反应（例如胃部的抽动、心跳的轻微变化、脖子上的刺痛、喉咙的紧绷或手掌的汗）也为我们提供了有关情绪的重要线索。这些反应可以让我们从麻木中清醒过来，帮助我们认识到事情的严重性。然而，我们却常常忽视这些反应。而研究却表明，这样做对我们健康、幸福和关系质量有着不良的影响。[2]我们也会通过尖锐的语气或轻蔑的表情把情绪"泄露"出来，从而让交流障碍变得更严重，就像米娅和阿尼娅一样。但是，在激烈争论的时候，她们两人可能都没有意识到自己的感受。

米娅和阿尼娅可以怎么做

这两位朋友陷入了困境。她们身在公共场合，感到筋疲力尽，都压抑着自己的感受。也许她们当时做得最好的事情就是结束那天晚上的聚餐，把损害降到最低。尽管如此，正如前面所说，如果她们在之前换一种说话的方式，可能就会有更多的选择。

让我们回到故事中去。米娅说："我只是想帮你，阿尼娅，可我觉得无论我说什么都会让你生气。你怎么这么敏感？"此时至少有三种不错的选择。这些选择的核心就是第 7 章所说的"三层现实"，以及坚守自己所知的现实、待在自己的半场的理念。

○　1 英寸 =2.54 厘米。

选项 1：坚持表达感受

假设阿尼娅使用自我表露的方式回应："米娅，我真的很难过，既是因为你的这句话，也是因为我们这次交流。"尽管我们认为，愿意袒露脆弱的一面可以打破隔阂，但要阿尼娅表露自己的脆弱可能要求太高了，因为她已经感到自己不如米娅了，而且刚刚受到了"过于敏感"的指责。但是，如果她能表达自己的痛苦，米娅可能也会表达自己的痛苦，做出共情的回应并道歉："对不起。我不想伤害你。我能为你做些什么？"

也许米娅可以成为那个坚持表达自己感受，从而打破僵局的人。她可能会发现自己的失言，说类似这样的话"哦，刚才我说的话实在是太糟糕了，我很抱歉"，或者"我为我今晚对待你的态度感到很抱歉。听到你不开心，我真的很难过。我的生活也不是一帆风顺的"。

如果是这样就太好了，但我们再看看这是否可能吧。在指责对方之后，米娅的态度有多大的可能性会发生 180 度的转变，尤其是在她对阿尼娅的抱怨越来越不满的情况下？在这种情况下，期待米娅表露上述的那些感受是否合理？大概不太合理。

然而，有一种方法可以让米娅和阿尼娅都分享自己的感受，而不必让自己的感受突然从愤怒转变为关怀。我们之前还提到过，愤怒是一种次级情绪，通常在愤怒之下还有更脆弱的情绪。如果米娅或阿尼娅能意识到这一点，她们也许会停下来问自己："我为什么这么难过？是什么让我这么难过？"然后，她们可能接下来会说："我意识到，我之所以如此难过和生气，是因为我也感到了受伤（被忽视、无助等）。"

双方在情绪上保持这样的开放性，可能是阻止事态不断升级的最快方法。但是，在争执之中很难做到这一点，所以尽管选项 1 是存在的，但这种做法是很难的。

选项 2：发现并克服自负的陷阱

在争论的时候，米娅和阿尼娅原本可以避开好几个自负的陷阱。例如：除非对方先道歉，否则不愿意道歉；认为承认受伤是软弱的表现；以及为了让自己感觉更好，需要把对方当成坏人。

妄自尊大会让你陷入僵化的态度，常常让你放弃对于事情发展的控制。在通常情况下，只要意识到这是你的自负在作怪就足够了。承认妄自尊大在作怪，比第一个选项更容易。她们能发现这些陷阱或者其他自以为是的行为，并大方地承认吗？

选项 3：思考当下发生的事情，聚焦未来

我们之前讨论过，当两人陷入僵局的时候，有时后退一步，问自己这些问题是很重要的："到底发生了什么？我们怎样才能摆脱困境？"只要注意不要让对话陷入相互指责的循环，无论是米娅还是阿尼娅都可以问自己这个问题。

要避免没完没了的相互指责，她们可以采用的一种方法是谈谈她们想从这段关系中得到什么。米娅和阿尼娅不像过去那么亲密了。她们都怀念更亲密、更关心彼此的互动，以及过去的那种紧密联系。她们两人都可以说："今晚的谈话不像以前那样了。在过去，我能感到真正的关怀和亲密，我很怀念那种感觉。我还想要那种感觉。你呢？"

如果她们双方中有一人能开放地接纳这样的提议，如果她们都能避免指责对方破坏先前的亲密，她们就有可能发现各自想要的东西。这样一来，她们就可以处理一些积攒起来的"刺痛"了。

请注意，这三个选项并不是互相排斥的。在最理想的情况下，这三者还能相互促进。后退一步看看发生了什么，提醒自己想要的、怀念的关系，可能会促使她们询问对方的感受，表达自己的感受。这样做的最好结果是，当你意识到自己此刻的感受时，你就有了更多的选择，可以更好地继续沟通。

这三个选项都需要袒露自身的脆弱，当你感到受伤、被误解的时候，这是一种挑战。但俗话说得好，没有风险就没有回报。

很明显，阿尼娅和米娅在晚餐的争执中并没有做出这些选择。这不意味着对她们来说一切都已经不可挽回了。她们的关系陷入了瓶颈、僵局，而僵局是可以打破的。我们在下一章会探讨该怎么做。

深化学习

自我反思

1. 先把自己放在阿尼娅的位置上。在这次交流中的几个不同时刻，你可能会如何回应？然后把自己放在米娅的位置上，回答同样的问题。不要回答你认为你应该怎么说，而是回答你可能会怎么说。

2. 陷入困境：请回想你在与他人的争执中陷入"困境"的时刻。你是否发现了一种规律，即你的自负在其中起到了阻碍的作用？思考一下，下面哪种陈述符合你的情况：

   - 除非对方先道歉，否则我很难道歉。
   - 我很难说"对不起"。
   - 我很难承认自己的错误。
   - 我通常认为自己的立场是对的，我很难理解对方的立场。
   - 我需要证明对方比我更应该为这个问题负责。
   - 我会努力寻找理由证明对方有错。
   - 我觉得我很难说出"我感到很受伤"。
   - 当他人伤害我的时候，我觉得我很难放下怨恨。
   - 我倾向于把任何负面反馈或批评看作人身攻击，并且感到很抵触。
   - 当我认为对方错了的时候，我很自以为是。

   这些往往是我们保护自己的方法。对于那些你选中的陈述，请思考一下，如果你不这样做，你担心会发生什么？

3. 僵局：米娅和阿尼娅之所以陷入僵局，有四个主要的原因。在上述的那些困境里，是否存在这些原因？

- 任由"刺痛"越积越多。
- 不表达自己的感受（而是陷入逻辑上的争论或指责他人）。
- 陷入相互责备的循环。
- 不试图理解对方。

应　用

请以你的一段重要关系为例——在这段关系中，你们曾经陷入了困境。请根据第二个"自我反思"问题下面的列表，思考哪些问题常常会发生在你或对方身上。请与对方讨论这个话题，看看你们能否设法防止这种情况再次发生。

你有没有尚未解决的分歧（无论是在重要关系中，还是与其他人的关系中）？请思考你会如何打破僵局，并尝试一下。

理　解

你的谈话进行得如何？对于自己，对于这种类型的讨论，你有了哪些新的了解？当你下次在谈话中陷入困境的时候，你打算怎么做？根据你所学到的东西，你特别想做的是什么？

在关系中，
人们倾向于将争执过度简化为
孰对孰错的问题，
认为错全在对方，
而自己完全没有任何责任。
这种过度简化会减少和解的机会，
让双方都不愿采取行动。
如果我们想要建立深度关系，
就需要为自己的行为承担责任，
这样才能打破僵局。

第 11 章

为自己的行为承担责任

我们先迅速回顾一下第 2 章关于攀爬华盛顿山的比喻。米娅和阿尼娅以为爬上前方的峭壁很容易。可是天气突然变了，下了一场暴风雨，她们被淋得全身都湿透了。现在，她们面临着最难爬的一段山路。她们应该继续向上爬吗？这段路很艰难，岩石也很湿滑。她们应该回头吗？如果继续前进，她们可能会受伤，但如果成功到达草地，她们经受的艰难困苦就会让她们的成就变得更有意义，让眼前的风景变得更让人流连忘返。

尽管如此，可能也不值得冒这个险。可能她们应该回头。她们面临着一个关键的选择，她们决定如何前行，完全取决于她们对彼此的承诺有多坚定，处理这种艰难情况的能力有多强，以及她们的关系是否值得让她们冒险（可能会产生更多的冲突）。

尽管阿尼娅可能感到进退两难，但她其实有许多选择。她可以放弃这段长期的关系。她可以等待，看看米娅是否会先行动；然而，这就意味着放弃对接下来发生的事情的控制权。她可以主动联系米娅。但是，如果这样的话，她应该说什么？如果她分享自己的感受，米娅会不会又说她太敏感？如果阿尼娅表达了自己的看法，说那次争吵全是米娅的错，那又会发生什么？这样会不会让事情变得更糟？她有很多种选择，但每种选择都有潜在的代价。

米娅与阿尼娅的故事（第 2 部分）

那天晚上，阿尼娅开车回家，回想着晚餐时的谈话，她越来越难过。等她把车开进家里的车道上时，她已经泪流满面了。她的丈夫克里斯托弗在门口迎接她。她说起了发生的事情，越说感觉越糟糕。她最后说："也许是时候放弃这段友谊了。太麻烦了，不值得。"

"你真的想放弃一段超过 25 年的友谊吗？"克里斯托弗问道，"你们俩一起经历了很多事情。"

"可是，如果这段关系对她很重要，她就应该先有所表示，因为今晚变得一团糟主要是她的错。"阿尼娅说。

克里斯托弗沉默了一会儿，说："你真的想放弃这么多控制权，把结果完全交给她来掌控吗？"

"我不知道。"阿尼娅答道，"我只知道我很累了，我急需上床睡觉，好好休息一下。"

第二天，在开车上班的路上，阿尼娅回想了克里斯托弗的话。她和米娅曾经一起经历了许多，她怀念她们之前的亲密。事实上，失去这段友谊才是最让她难过的。她感到既悲伤又空虚。她不知道米娅是否也有同样的感觉。有些关系的确会结束，她想。这是米娅想要的吗？

她考虑过联系米娅，但不知道如何将对话进行下去。她依然为"你怎么这么敏感"这句话而感到难过，不想因为提出这个问题而加深米娅对她的这种看法。她考虑过打电话，但最后决定不打。我不知道能否控制自己说的话，她想，尤其是如果她再贬低我的话。于是，她决定给米娅发一封电子邮件，这样她能考虑得更周全一些。

那天晚上，阿尼娅在给米娅的邮件中写道："我不知道你是怎么想的，但我依然为昨晚的晚餐感到难过。我们已经是老朋友了，多年来我们对彼此都很重要。我不知道你有什么感觉，但我希望再见见面，看看我们能做些什么。我们还是不要聚餐了。我觉得我们需要一个更私密的地方，需要更多时间，而不是匆匆忙忙地吃顿饭。"

第二天，米娅在回信中说："很高兴收到你的邮件。下周六中午在社区花园的凉亭里见面如何？那儿总是空着的。这样行吗？"

米娅的回信这么快，让阿尼娅如释重负，但在她的回信里，几乎没有迹象表明她像阿尼娅一样难过。我会不会又显得有些敏感了？她想。但她已经发出了邀请，于是回信道："好啊，听起来不错。到时见。"

社区花园离阿尼娅家很近。在周六那天，当她来到那里的时候，她很感激米娅选择了一个对她更方便的地方。但是，她也感到很紧张，担心见面是不是一个好主意。结果会怎样？她想。我们会有所进展，还是会把事情弄得更糟？

米娅已经在凉亭里了。正如她所说，这里空无一人。那天天气很好，不冷不热，小凉亭显得舒适宜人。米娅拥抱了阿尼娅，坐下来，并示意阿尼娅也坐下。"那么，"米娅说，"你是怎么想的？"

"我希望我想的和你想的一样。"

米娅叹了口气:"你这是怎么回事?"

阿尼娅觉得自己又开始有些抵触了。"我怎么回事?你是怎么回事?你怎么能这么冷漠?我觉得你好像根本不在乎我们的关系。"

米娅说:"我不会每次都为一些鸡毛蒜皮的小事大惊小怪,也不会有像你一样的反应,但这不意味着我冷漠或者不关心我们的关系!"

"等等,"阿尼娅说,"我们不要再吵了。"

"对,"米娅表示同意,"别吵了。"

她们默默地坐了一会儿,然后米娅问道:"这是怎么回事,阿尼娅?"

"这就是问题所在,"阿尼娅说,"为什么每次都是我的问题?你难道不关心我们的关系吗?"

"我从没说过全是你的问题!"米娅有些抵触地说。然后她的语气放缓了:"我只是担心。我很在乎我们的友谊,而且我感到很无助。"

"听你这么说,我真的很欣慰,"阿尼娅说,"但这是我第一次听你说这些事在困扰你。我真的不知道你有多在乎我们的友谊。你像我一样怀念我们过去的亲密吗?"

"当然了。这不是显而易见的吗?我要怎样才能说清楚呢?"

"其实,并没有那么显而易见,"阿尼娅说,"看看我发的那封提议见面的邮件吧。我好不容易鼓起勇气,说我对那次晚餐的结果感到难过,不知道这对我们的关系来说意味着什么,而你的反应却是'很高兴收到你的邮件'。我不知道你的感受是不是和我一样。"

"可我不懂——我为什么非得说出来呢?"

"因为这样有用,"阿尼娅说,"我不会读心术。你给我贴上了'敏感'的标签,刚刚还说我喜欢操心鸡毛蒜皮的小事。这些话把我放在了低人一等的位置上,就好像我是个有问题的人,这种标签让我感到不安全。没错,我当然有一些需求,但你不也有需求吗?这不是平等的关系吗?"

米娅停顿了片刻,想了想阿尼娅的话,然后轻声说道:"好吧……我现在有些明白这一点了,我很抱歉。没错,我也很难过,而且我希望当时能明确地表达出来。"

在一阵沉默之后,她们的身体都感觉有些放松了。然后米娅用更柔和的语气补充道:"我是不是还做了什么疏远你的事情?"

"嗯,实际上,还有,"阿尼娅说,"一段时间以来,你的生活方方面面都很顺利,而我却一直有些不如意,这让我很难和你待在一起。"

"就因为我的生活很顺利,所以我不该谈论我的事?难道只有这样我们才能做朋友吗?你希望我不谈论我生活中的重要事情吗?这让我感觉不公平。"

"不,当然不是,"阿尼娅说,"如果我们要保持亲密的关系,就需要自由地谈论生活中的方方面面。你指责我太敏感,但当你谈论修建新房子时的各种昂贵开销时,我却没有见你考虑过我可能会有什么感受——这不是有些太不敏感了吗?"

米娅开始流泪了:"对不起,但我只能和你一个人分享自己的成功。"

"我也愿意听你分享。"阿尼娅轻声地说。她停顿了一下,说:

"怎么了？你为什么要哭？"

听到这句话，米娅的眼泪止不住地往下流。"你知道我的成长环境，我身边的其他孩子都来自富裕的家庭。我家也不穷，但我总是觉得别人拥有的东西比我多。成功的感觉真好，我不想自吹自擂，但我还能和谁分享呢？"

"米娅，我真的想和你一起庆祝，"阿尼娅伸手握住米娅的手，"相信我，我为你感到高兴，也想成为那个让你无话不谈的人。"说完这句话，阿尼娅停了几分钟，给米娅一些空间，让她能够好好地哭出来。

"不过，"在米娅停止哭泣后，阿尼娅说，"我必须承认，有时我们聊完天，我对自己生活中不太如意的事情感觉更糟了。我常常感觉自己不够好，即使和最好的朋友在一起，这种感觉也让人很痛苦。"

"但我能怎么做呢？"米娅问。

"我知道你想要帮忙，"阿尼娅说，"但在我分享我的困境时，你却给了我一些草率的建议，比如'也许你该找一份新工作了'。然后当我对此表示不满时，你又说我太敏感。事实上，即便是现在，我也在担心你接下来会说什么，更糟的是，即便你不说，我也担心你会那么想。"

"这些话挺难接受的，"米娅说，"但我理解了。我不想这样和你相处。我完全不知道这一切对你有多难。很抱歉我说你太敏感。你说得没错——我不够敏感。"

"谢谢你这么说，"阿尼娅说，"这真的让我感觉好些了。我觉得你现在比那天晚上吃饭时更理解我了。即使只是在点头之交之间，这种情况也已经够难受的了。我讨厌自己嫉妒你，而且不知道该怎么处理这种感受。"

"我也不知道该怎么处理这种情况，"米娅承认，"但我很高兴我们能坦诚地谈论这件事。我相信我们会找到办法的。"

千钧一发

米娅和阿尼娅打破了僵局，但过程中充满惊险。对于她们俩来说，那次晚餐可能成为压垮骆驼的最后一根稻草。阿尼娅也可能会按照最初的想法，在事后等米娅主动联系她。米娅也可能没有立即回复阿尼娅的邮件，让阿尼娅放弃修复关系的想法。最后，她们的友谊也可能在凉亭的谈话中破裂，因为一开始她们都在指责对方不够敏感或过度敏感。

在这种争执中很容易陷入困境，因为你害怕提出问题会让分歧变得更严重。人们还有另一种倾向，那就是将争执过度简化为孰对孰错的问题，并认为错全在对方，而你完全没有任何责任。这种过度简化会减少和解的选项，让双方都不愿采取行动。在那种情况下，你们不再倾听彼此，因此更难以建设性地解决问题。

当你感到受伤，与关心的人产生隔阂的时候，你最需要的就是感觉被倾听、被充分理解——正如前面所说，这是"产生情感联结"的两个关键方面。**然而，要做到这一点，你必须了解自己的需求和感受，然后明确地表达这些需求和感受。没有人会读心术。** 只有那样，你们才能进入合作解决问题和修复关系的阶段。

当你感到受伤，与关心的人
产生隔阂的时候，
你最需要的就是感觉被倾听、
被充分理解。
然而，要做到这一点，
你必须了解自己的需求和感受，
然后明确地表达这些需求和感受。
没有人会读心术。

米娅和阿尼娅都曾面临一系列重大的选择。在每个关键时刻，她们都可能决定面对问题、面对彼此，也可能选择逃避。在那次糟糕的晚餐之后，她们就立即陷入了这样的境地。幸运的是，阿尼娅选择了面对米娅。尽管她感觉受到了伤害，但她还是愿意冒险，更多地袒露脆弱的情绪，主动写邮件说，她为这次晚餐感到很难过，这段关系对她来说很重要。正如本书强调的那样，这种对脆弱的表达能促进双方袒露自己脆弱的一面。然而，米娅没有在邮件中表达自己的脆弱情绪，这就错失了加深彼此关系的机会。

在凉亭里谈话的时候，她们又面临着另一个重要的选择。她们在相互指责：阿尼娅说米娅不够敏感，而米娅反击说她至少不会"为一些鸡毛蒜皮的小事大惊小怪"。这可能是谈话中引起冲突的节点，也是许多人不愿意提起困难的人际问题的原因——人们担心，相互的责备会升级为破坏性越来越强的指责，直到双方都不知道该如何挽回局面。阿尼娅很有可能会起身说道："我受够了，你可真是个好朋友。"而米娅也会以牙还牙。

重要的是，阿尼娅或米娅都可以防止谈话变成冲突。当阿尼娅说这句话的时候，她就做到了这一点——"等等，我们不要再吵了"。

幸运的是，米娅做出了积极的回应，但她们还没有脱离困境。特别是争议往往说明不只存在一个问题，而你们可能一开始并没有意识到这一点。像愤怒这样的强烈情绪一旦失控，就会火上浇油，导致严重的冲突。但是，如果人们能管理并理解这些强烈情绪，它们反而能帮助我们认识到，我们的情绪越多，就越有可能存在一些深层的问题。

阿尼娅的这个问题起到了打破僵局的作用："你难道不关心我们的关系吗？"听到这句话，米娅终于能够表露自己的感受了。"我只是担心。我很在乎我们的友谊，而且我感到很无助。"通过表达一些脆弱的情绪，米娅让阿尼娅更容易分享更多让她困扰的问题。这样一来，她们就产生了好奇心，并开始理解对方的行为和反应背后的原因。而且，她们也更愿意说出她们关系中的核心问题，比如嫉妒，也更愿意说出需要对方给予什么样的支持。

阿尼娅还做了一些其他的事情，使对话出现了成功的转折。除了坚持表达自己的感受以外，她还聚焦于米娅的行为以及她觉得有问题的事情上。阿尼娅没有继续攻击米娅的不敏感，而是指出米娅对电子邮件的回复、提供建议的倾向，以及不愿表露自身感受才是问题的根源。请记住，如果给予反馈的人坚持只表达自己所知的现实，给出针对具体行为的反馈，那么反馈就会更准确，也让人更容易接受。

阿尼娅和米娅打破僵局的过程并不完美，但这没关系。处理困难的人际问题不需要在完全正确的时间说出完全正确的话。阿尼娅和米娅原本可以更早地分享自己的感受（并且更好地倾听对方行为背后的感受）。她们原本应该注意到自己在何时"越界"了。她们犯了一些错误，但及时发现了问题。在这次交流中，最有价值的经验就是坚持的重要性。在任意一个节点上，她们都有可能远离对方，这可能进一步破坏她们的关系。坚持不懈、面对彼此需要保持耐心、坚持自我管理、愿意反复沟通。不过，正如米娅和阿尼娅发现的那样，最后的结果往往是值得的。

米娅与阿尼娅的故事（第 3 部分）

阿尼娅想起了米娅对她童年的描述。"我对你的成长经历略有所知，"阿尼娅说，"但即便是在大学里，我们也没怎么聊过这个话题。听起来童年对你的影响比我意识到的更多。"

听到这番话，米娅真正敞开了心扉。"是的，现在回想起来，我觉得当时的成长环境真的是很糟糕。所有的孩子都穿着名牌服装，去夏纳度假，住在豪宅里。人们总是试图在地位上胜过他人。我跟他们根本不是同一个世界的人。我穿的衣服都是在寄售店买的，我甚至从没去过密西西比河西边，而且我家住在一间小公寓里。我从没有邀请过其他孩子到家里来，我把全部的精力都放在隐藏我根本不能融入那个世界的事实上了。"

"米娅，我真不知道你小时候的日子这么艰难。"阿尼娅说，"我真不敢相信我们做了这么久的朋友，而我却对这些知之甚少。唉，我很抱歉。"

米娅点头表示感谢，接着说："我去年回去参加高中毕业 25 年同学会的时候，我第一次感觉和其他人平起平坐了，就好像我终于达成目标了一样。总的来说，我的工作比他们好，这让我很有成就感。然而，当我听到他们喋喋不休地谈论他们在汉普顿的房子和俯瞰纽约中央公园的公寓，人人都像过去那样试图比过对方的时候，我最不愿意做的事情就是把我生活中的那些美好的事情告诉他们。我讨厌那种吹嘘。他们觉得财富是与人交往的衡量标准，这种理念让我厌恶、无法忍受。"米娅停顿了一下，说："因为我不想像他们一样吹嘘，也不想让任何人像我过去那样感到渺小，所以除了你和杰克以外，我不和任何人聊自己生活中的那些很棒的事情。"米娅开始哭泣。

随着对米娅的了解逐渐加深，阿尼娅觉得自己的心也变得柔软了。她轻轻地摇了摇头，说："我之前对你的感觉，正是你在高中时对你朋友的感觉，这真是有些讽刺。我很高兴我们能讨论这件事！"

"这句话听起来真让我难受，但这也是事实。"米娅轻声地说，"真是讽刺。很抱歉我让你有那种感觉。"

她们两人都觉得轻松多了，接着聊了一会儿其他的童年回忆。然后阿尼娅提议她们在公园里走一走。她们边走边聊，阿尼娅更多地谈到了工作中遇到的困难，以及为什么她希望即将发生的管理层变动可以让她不至于离职。这一次，米娅支持地点了点头，给予了她发泄情绪的空间。

米娅和阿尼娅继续散步，她们还谈了更多她们需要从彼此那里得到什么，她们的友谊也因此更加深厚了。阿尼娅向米娅保证，她真心希望米娅能够在她面前为自己的成功感到欢喜，而米娅也承诺减少自己下意识的反应，少提供解决方案，只是认真倾听。

承担责任

本章讲述了两个相关的理念（事实上，整本书都在讲这些）：几乎在所有情况下，我们都有选择；对方的回应方式会使一些选择变得更容易，而让另一些选择变得更难。

米娅和阿尼娅都能避免这次冲突，或者更快地解决冲突，而且她们都能够独立地采取行动。我们曾无数次看到学生、同事、客户和朋友放弃了这种采取行动的自由。与此同时，人们的确可以相互影响，如果我们想要建立深刻的关系，我们就需要意识到自己的行为会如何为对方减少或增添限制，也要了解他人的行为会如何影响我们。请记住，他人会影响我们，但不一定会控制我们。

将上面所说的两种理念结合在一起，始终离不开这个问题：要承担适当的责任，既不要太多，也不要太少。对于那次糟糕的晚餐，米娅和阿尼娅都没有为发生的事情负起责任——她们都认为错在对方。在随后见面的时候，她们在表露自己的感受与担忧的过程中，都开始为自己的行为承担责任，并且指出了对方的行为对自己的影响（让自己更容易或更难以按照理想的方式行事）。

拒绝为对方的反应承担责任可能是有危险的。如果米娅说"你是个独立的人，不应该受到我的贬低的影响"，那她就没有承认她们彼此之间的关系。相反，承担过多的责任也是有危险的。如果米娅说"哦，这都是我的错"，就会发生这样的情况。这样会把阿尼娅变成无助的受害者。她们最终的做法承认了这两点：我是有选择的，我受到了你的影响。

同样值得注意的是，有时分享问题比分享我们想要庆祝的成功更容易。后者可能会让我们感到脆弱，因为我们害怕别人会认为我们"太骄傲自大"。但是，作为好朋友，就需要在你一切顺利的时候，甘心做一个欣赏你的人，为你感到高兴，而不会给你贴上"吹牛大王"的标签。这正是米娅对阿尼娅的期待。

一旦僵局被打破了，阿尼娅和米娅的沟通就到了可以深入解决问题和修复关系的阶段了。她们分享了各自的成长故事——她们有某些反应或需求的原因。这样一来，她们就让友谊中的各种问题暴露了出来。在刚开始的时候，许多人只会分享更安全的情绪（通常也更肤浅）。这往往不利于暴露最重要的问题。相反，你必须耐心地弄清彼此的真实情况。只有对一系列问题达成共识，米娅和阿尼娅才能做到这一点，从而更充分地表达真实的自己，全心全意地支持对方。

假如当初米娅说"你看上去很低落，发生了什么"，那她们的晚餐就可能会很愉快，也不会产生这次冲突。或者，如果阿尼娅说"你知道的，米娅，我觉得你的建议没有帮助"，米娅就可能会说"抱歉"，然后改变话题。这是及时处理"刺痛"、避免冲突的一种方式。这样一来，那天晚上她们也许就会过得更愉快……但她们就不会产生这次颇有价值的冲突，也不会让那么多问题浮出水面。那些问题最终让她俩的关系变得更亲密了。

即使冲突可能让人感到紧张，甚至有些危险，但它可能对我们有所帮助。冲突能够直接暴露问题，能让情绪表达出来（情绪代表了彼此的真实情况），这样你才能知道对方的想法。在米娅和阿尼娅的故事里，有好几个问题都在酝酿积累，而这次冲突让所有问题都暴露了出来，这样她俩才能解决问题。尽管她们的分歧让人感到痛苦，但迫使她们发现了对彼此来说真正重要的东西。她们处理这些问题的能力，不仅使她们用建设性的方式解决了问题，还让她们对彼此、对友谊的承诺都更加坚定了。她们让最初的消极互动产生了积极的结果。建设性地利用冲突是一个很复杂的问题，我们会在下一章更详细地探讨这个问题。

深化学习

自我反思

1. 先把自己放在阿尼娅的位置上，然后再把自己放在米娅的位置上。看看她们相互分享了什么：对你来说，像她们那样自我表露有多容易（多难）？你有没有可能在某些方面有困难？然后，请再进一步思考你会如何处理这种情况。

2. 感觉低人一等：当你感到低人一等的时候，主动采取行动是很难的。请再次站在阿尼娅的角度思考：在那种情况下，表露脆弱的一面对你来说有多难？你是否曾有过在冲突中觉得低人一等，并且等待对方首先采取行动的时候？从你对这些问题的回答中，你对自己有了哪些认识？

3. 重要关系：请回顾你的重要关系，回想一下对方做的让你觉得低人一等的具体事情。那件事情是什么？你是如何回应的？

4. 感觉高人一等：你是否觉得自己做的一些事情，可能会让重要关系中的他人感到低人一等，或者让他们难以对你袒露脆弱的一面？

应　　用

通过上面的第三、第四个问题，你可能已经发现，在有些重要关系里，你或者对方感到有些低人一等。请和他们讨论一下这个问题，以及你们可以做些什么来改变这种情况。

理　　解

　　你从这些有关脆弱情绪的讨论中学到了什么？这些讨论是否让你们都更愿意向对方表露脆弱的情绪了？你是否弄清了自己需要做些什么，才能让对方更容易表露脆弱的一面？表达脆弱对你来说有多容易？

激动的情绪、
你来我往的争论、
指责、矛盾激化，
以及之后愈发根深蒂固的成见，
让许多人害怕冲突。
而只有克服自己对冲突的恐惧，
才能有效利用冲突。

第 12 章

建设性地利用冲突

米娅和阿尼娅的争执让一些关键的问题暴露了出来——阿尼娅感觉自己没有得到真正的倾听，米娅感到自己不能如实地分享自己的感受，她们俩都觉得她们的关系不如以前亲密。当她们意识到她们问题的根源时，她们都愿意改变对待彼此的方式。她们的问题并不简单，但有一个简单的解决方法。

但是，许多冲突并没有简单的解决之道。假设你需要父母来帮你照顾孩子，他们也乐意帮忙，但他们对孩子的管教比你严厉得多。你不喜欢他们的教育方式，但你害怕如果告诉他们，他们就不愿意再帮你照顾孩子了，而你十分需要他们的帮助。看起来，你们的需求是相互排斥了：你需要有人免费照看孩子，但管教要宽松一些，而他们想要对孩子严加管教。此外，如果他们指责你利用了他们的慷慨，却不知感恩，那该怎么办呢？或者，如果他们的育儿方式让你想起小时候他们对你的严苛态度，那又该怎么办？有一大堆可能出问题的地方。

要处理这种类型的冲突，每个人都需要使出浑身解数，因为事情可能会先变糟，然后才会变好。第 5 章里的麦蒂和亚当面临的工作与育儿的争议尤其如此。

麦蒂与亚当的故事（第 2 部分）

就在麦蒂和亚当讨论他们的分歧（没有得出令人满意的结论）的几周之后，麦蒂和朋友特蕾莎一起吃了一顿午饭。特蕾莎几经周折，终于解决了她家照看孩子的问题，得以重返全职工作。"这个问题是可以解决的，"特蕾莎说，"只是代价不菲。"麦蒂问她是如何与丈夫解决这个问题的。"这并不容易，"特蕾莎说，"需要一番协商，并且需要他同意多做一些家务，但我们还是达成了共识。"

那天晚上，麦蒂哄孩子上床睡下之后，亚当才回家。他早些时候打电话告诉麦蒂，他有些好消息，所以麦蒂等他回来一起吃晚饭，这样他们就能边吃边聊了。麦蒂觉得又饿又累、闷闷不乐。她脑子里还在不停地回想与特蕾莎的谈话。

亚当进门的时候，脸上挂着灿烂的笑容。他说："我有一件很棒的事情要告诉你——我都等不及在晚餐的时候跟你说了。"他们刚在餐桌旁坐下，亚当就骄傲地宣布，他要负责一项新工作，这是一个重大的机会。他会学到很多东西，并且更有可能获得梦寐以求的晋升。麦蒂静静地听着，没有说太多。亚当谈到了这项新工作需要他承担一些额外的责任。他说，他需要付出的代价之一就是"在一定时期内，进一步减少晚上和周末的休息时间，但这是值得的"。

麦蒂叹了口气，轻声说："干得不错。"

"没有别的要说的了吗？"亚当问。

"唉，亚当，"麦蒂说，"这只会让我们几个月来一直试图讨论的事情变得更糟。我已经对自己在照顾孩子、操持家务方面承担更多的责任感到不满了，现在你又告诉我，你在家的时间会更少。不管这个机会对你来说有多棒，我都很难对这件事的结果感到兴奋。"

"又是这件事？"

"没错，又是这件事！"麦蒂说，"这事躲是躲不掉的。"

他们对视了一会儿，然后麦蒂继续说："我今天和特蕾莎吃了午餐，她告诉我她找到了一个很棒的日托机构，这样她就可以回去做全职工作了。如果我们能研究一下这个问题，腾出更多时间，就会有所帮助，尤其是如果你打算在晚上和周末花更多时间加班的话。"

"可我们负担不起，"亚当说，"儿童日托机构的费用高得离谱。改造厨房已经花光了我们的积蓄，我们现在拿不出那么多钱。"

"那也许你应该考虑拒绝这项工作。"

"这没道理，"亚当说，"这个机会能让我们将来取得更大的成功。"

麦蒂想要收起餐盘，默默地把餐具收拾到厨房去，但她停了下来。她没有离开，而是说道："亚当，我不能为你感到激动，因为我心里充满了怨气。这次我不会就这么算了。我受够了！我们必须改变现状，我们得谈谈。你的职业选择不但让我个人付出了代价，也在损害我们的关系。"

"你是什么意思？"

"你看，你什么都有。你有一份令人兴奋的工作，这份工作有趣、有挑战性、有意义，还有与成年人的互动——人人都想要这样。

而我被困在家里，只能和三岁、五岁的孩子待在一起。"

"可这不是也很有意义吗？"

"当然，从某种角度来说是这样的，"麦蒂说，"但你想和我交换位置吗？如果你一整天都在买东西、打扫厨房、和小孩子玩——尽管他们很可爱，但你却不能和成年人交流，也没有智力上的挑战，你会有什么感觉？你愿意这样吗？"

"等等，"亚当说，"别把我说得跟坏人一样。我们之前说好了——先由我挣钱养家，你来负责孩子和家务。父母双方都去工作，压力太大了——这个决定是我们俩一起做的。"

"我知道，我也很抱歉，"麦蒂说，"但我不能再接受这个决定了。当我们做决定的时候，我没有意识到有这么大的弊端。"

"亲爱的，我不知道该为你做些什么。我爱你。"

"我知道你爱我——但这不是重点。重点在于，我开始意识到我们表达爱的方式是不同的。我希望你知道，我想支持你，庆祝你工作的成功。我也愿意为你的发展贡献自己的一份力量，我也希望一直如此。同样地，我也需要你愿意为我的发展做一些事情。我没有感觉到你为我做了这些事情，我担心你只满足于让我照顾孩子、操持家务。这不利于我的幸福和成长。很长时间以来我都不开心。"

"所以你想让我放弃这项新工作？"

"不，当然不是。我想支持你，好好地感谢你，你应该得到这样的感谢，但我也需要你支持我。"

"我想，我不知道该怎么做。我们一聊起这个话题，你就走了。这让我有些无助。"

"是吗？真让我有些意外，"麦蒂说，"我从没想过你会感到无助。我还以为你不在乎我的感受，或者只想证明自己是对的。"

"这个嘛，我的确想证明自己是对的，这你说得没错。"他笑得有些不好意思，"但我依然非常关心你。你是我的妻子和生活伴侣。"

"你也说得没错，我一直在回避这些话题，但不是因为没有什么你可以做的事。我回避谈话是因为我害怕冲突，害怕冲突对我们的影响。我想，现在我更害怕的是，如果我继续回避会发生什么。"

"你在害怕什么？"亚当轻声问道。

"当初结婚的时候，我们的关系是平等的。我们一起做重大的决定，我们帮助彼此成长。我害怕我们会失去那样的关系。我害怕你会忽视我的感受，或者说一些让我感觉更糟的话，比如提醒我做母亲是值得的，或者孩子在长大后会觉得与我更亲。我也意识到，我自己也有错，因为我不怎么谈自己越积越多的怨恨情绪。尽管我现在感觉很难受，但我认为，要处理我们之间的问题，第一步就是我不再逃避。"

麦蒂应该如何重获自己的权力

如果两个人回避处理重要的问题，就像麦蒂和亚当那样，他们就会经常陷入困境，无法有效地解决问题。在面对亚当的时候，麦蒂有两个问题：第一个问题是他们对于照看孩子的分歧，第二个问题是他们之间的权力不平衡，这让麦蒂认为她不能影响亚当，进而妨碍了他们解决第一个问题。

麦蒂直面了自己对冲突的恐惧（她担心，如果用更强烈的语气表达自己的感受和担忧，就会导致冲突），设法摆脱了这种恐惧对自己的控制，进而开始缩小了她与亚当之间的权力差异。她质疑了她母亲提倡的、社会约定俗成的性别角色，也质疑了她与亚当之前所做的决定——当时她并不完全清楚这样的决定会带来哪些结果。她表明了立场，没有像过去那样逃避。麦蒂还使用了基本反馈模型的四种变体：

- 这就是你的行为对我的影响。她谈到了自己的不快乐和怨恨。
- 你的行为无助于你达成目标。她谈到，对于亚当的新工作，她并不能像亚当希望的那样表示支持、感到兴奋。
- 你可能达到了你的目标，但你付出了一些不必要的代价。她承认亚当达成了他事业进步的目标，但大大损害了他们的关系，也影响了他们婚姻的公平和平等。
- 是不是我做了什么事，才导致你有这样的行为？她承认了自己过去的逃避行为和回避冲突的倾向，承认了自己对问题负有责任。

如果麦蒂"越界"，对亚当横加指责，这次对话就会朝着完全不同的方向发展。想象一下，如果她说"我觉得你只在乎自己""我觉得你把自己的成功看得比我的幸福和我们的婚姻还重要""你只想利用我来给你生孩子、打扫卫生""你就是个典型的以自我为中心的、剥削别人的男人"，那会发生什么。亚当不太可能承认这些指责，这样的指责会让他产生防御的心态。指责可以发泄被压抑的愤怒，可能会让指责者感觉更好，但会疏远对方。

我们已经强调过，权力的一个主要来源是对自己情绪的觉察。亚当的新工作机会让麦蒂心生怨恨，这帮她意识到他们之间的情况已经变得有多糟糕。觉察自己的感受，可以让你做出更明智的选择。如果她再次用理性压抑自己的感受（我应该对照顾孩子感到高兴——他们不会再回到这样美好的年纪了，而且这种安排很合理，既有利于全家人，也有利于亚当赚更多的钱，所以我应该为他感到高兴），她就不能提出婚姻中真正重要的问题，也不能让亚当真正注意到问题。

此时的目标不是让亚当接受她的解决方案，同意支付日托机构的费用。这还为时尚早。相反，应该让亚当坐下来认真讨论这个问题。毕竟，麦蒂只知道自己的看法，她需要亚当说出他的看法，才能共同解决问题。但在此之前，他们还有一些问题有待处理。

即使这样的沟通在一开始会导致更多冲突，但为了让婚姻中的问题浮出水面，双方都必须坚持下去。重大的分歧会导致强烈的情绪，从而让人难以倾听对方的担忧，产生更加根深蒂固的成见，矛盾激化的可能性也会更大。然而，正如我们在米娅和阿尼娅的故事中看见的那样，强烈的情绪也可以说明问题的重要性，让你们更愿意着手解决问题。

麦蒂与亚当已经取得了一些进展，但还没到可以解决问题的地步。这不意味着他们有大麻烦了。他们现在已经能够开诚布公地讨论问题了，而且麦蒂也没有退缩。

麦蒂与亚当的故事（第 3 部分）

亚当想了想麦蒂的话。"这话挺难接受的，"他说，"但我很高兴我们能谈这件事。"

麦蒂的身体放松了。"谢谢，听你这么说，真的对我很有帮助。"

他们静静地坐了一会儿，为他们此时的相互理解感到欣慰。然后，麦蒂补充道："我们需要像过去一样，共同做出我们生活中最重要的决定，重新思考我们应该如何支持彼此。"

"没错。"亚当说，"所以……该怎么做呢？"

"我提出了一个我认为很有帮助的建议——在家庭之外寻找日托机构。不过你马上就否决了，说太贵了。"

"的确是太贵了啊！"

"等等！没错，是很贵，但你有什么资格下'太贵'的结论？是不是'太贵'你说了算吗？"

"每个月担心家庭收支的人是我，"亚当说，"我没见你为这些事操过心。"

"这话让我很生气，"麦蒂大声说，"通常我会在这时走开，结束谈话，但我不会再这样了。亚当，我简直不知道该说什么了。你怎么能说我不在乎我们花了多少钱呢？你很清楚我有多节约。在改造厨房的时候，寻找便宜装修方案的人是我。你这么说让我很受伤！"

"对不起，"亚当不情愿地说，"可钱的事让我很担心。"

"天哪，难道你以为我不担心吗？我只想要找个日托机构，这样我就能做一些别的事，而不只是整天照顾孩子、做家务。"

亚当交叉双臂，说："即便如此，把他们送到日托机构并不是解决问题的方法。你知道所有的朋友们都怎么说——日托机构里的孩子总是生病。不管怎样，你都得提前下班去接他们，最后我们还得花钱让别人来照顾他们，而且我们俩的压力都会很大。这样根本不行。你还有别的想法吗？"

"又来了，我不喜欢这样！我提出想法，你否决我。如果你不喜欢我的提议，那你可以提出解决方案。孩子和家庭是我们两个人的责任。他们也是你的孩子。这是我们的问题，而不只是我的问题。"

亚当没有回答。

麦蒂问："你在想什么？"

"没想什么。"

"你怎么可能没想什么？你肯定在想些什么。"

"我想，如果这对你真的很重要，那你就得赚足够的税后收入来支付日托的费用。"

"等等，亚当。这根本不是个公平的解决方案。如果我一开始不能全额支付怎么办？这听起来就像支付日托费用是我一个人的责任，而不是我们两个人的责任。这是我们的责任。曾经关心过我的那个你到哪儿去了？你说得好像我在要某种奢侈品似的。"

亚当想了想，最后说道："这样一来，我们以前说好的事情都不算数了。一切都乱套了，我不知道该怎么办。"

"我要你做的只是考虑一下可能的选项，不要想都不想就拒绝我的提议。你认为我们应该怎么做？"

亚当再次沉默了。然后他说："我不想再谈这件事了。"

"我也不喜欢这样。但我很确定，如果你拒绝讨论这件事，一切都不会变得更好，我很在乎我们的关系，不会放任我们的关系就这样破裂。"

"我们已经谈得够多了，但还是没有结论。"他的双臂依然交叉在胸前。他低下头，没有再说什么。

"我认为逃避没有任何好处。"麦蒂说，"我们都努力坚持一下，直到有些思路为止吧。我们之前已经有过太多次谈话，但都没有解决这个问题，我担心如果我们再像以前一样会发生什么。"

他们隔着桌子默默地坐着，谁都不知道接下来该说什么。

为什么冲突这么可怕

乍一看，麦蒂和亚当的谈话似乎让事情变得更糟了。这就是许多人害怕冲突的原因——激动的情绪、你来我往的争论、指责、矛盾激化，以及愈发根深蒂固的成见。毫无疑问，冲突是不舒服的，即便在最理想的情况下，冲突也是混乱的，有时甚至会让人感到害怕。在激烈的人际冲突中，我们害怕会造成不可修复的伤害，或者导致关系的破裂。但是，在这个时候结束谈话，只会让我们最担心的事情更有可能发生：永远地陷入僵局。此外，这样还会让双方都无法成长。

尽管一方或双方都很容易变得情绪化，但即使事态升级，也不一定会失控。看看亚当暗示麦蒂花钱有些大手大脚的时候发生了什么：麦蒂可以试着压抑自己的感受（就像她以前那样），也可以走向另一个极端，用报复性的攻击来发泄情绪。她并没有采取这两种做法，相反，她提高了自己的音量，说出了自己感到愤怒。她表达得很明确。她的话和语气与当时的情况是完全相符的。这种做法奏效了，但值得注意的是，没有一种选择是始终"正确"的。尽管她对亚当指责她不关心他们的开支而感到愤怒，但她依然选择用事实来做出回应："你很清楚我有多节约。在改造厨房的时候，寻找便宜装修方案的人是我。"然后她分享了自己的感受，而没有攻击亚当。（"你这么说让我很受伤！"）通过所有这些对话，她证明了坚持表达自己的感受有多重要，以及坚持重申自己曾说过、做过的事情有多重要。

麦蒂对亚当说她很生气、很受伤的时候，并没有给亚当贴上不好的标签（比如"吝啬鬼"），因此她待在了自己的半场。这种选择更有可能避免让事态升级，更有助于让对话进入解决问题的阶段。

亚当一度开始搪塞麦蒂，他说："我们已经谈得够多了，但还是没有结论。"他交叉双臂，低下头，默不作声。心理学家约翰·戈特曼（John Gottman）在研究中指出，搪塞会激怒对方。[1]亚当"搪塞"的企图也被麦蒂的话打破了："我认为逃避没有任何好处。我们都努力坚持一下，直到有些思路为止吧。"请注意，虽然麦蒂没有退缩，但也没有说这样的话："该死，我可不许你什么都不说。"这样会让亚当觉得走投无路、不知所措。相反，她重申了自己的初衷，表明她有多在乎这段关系。她与亚当保持着相近的情绪状态，并坚持阐述事实。

麦蒂与亚当的故事（第 4 部分）

过了好长一段时间，麦蒂打破了沉默，用真诚而好奇的口吻问道："为什么钱和日托的事情对你来说这么困难？"

亚当又沉默了好一阵子，不知道该从哪里说起。"我猜，可能是因为我想到了很多关于里德的事。"他说。里德是他在大学里最好的朋友。"在我们毕业之后，他找了一份薪资比我高的工作。但是那些钱让他的欲望变成了无底洞。他总是必须拥有最新的、最时髦的车。我们还在租房子的时候，他为了买一栋大房子而负债累累。他妻子也喜欢花钱，而且他们会一起去很热门的旅游胜地——还记得他们总是去斐济和新加坡度假吗？这就是为什么我们从不和他们一起去旅游。但是后来他破产了，他失去了一切，他们的婚姻也破裂了。这件事一直萦绕在我心里，也让我感到害怕，我不想让那样的事发生在我们身上。"

麦蒂的眼泪涌了出来。"我知道他们离婚了，但我不知道整件事情的原委，也不知道这件事对你有什么影响。显然这件事对你很重要，亚当，我很感谢你能告诉我。我觉得，理解了这一点，会对我们的讨论有所帮助。我能理解你对钱的担忧，我支持你的这种想法，但我们和里德完全不一样，把孩子送去日托也不会让我们破产。虽然我想支持你，但我也需要你支持我。"

亚当点了点头，他们都陷入了沉思中，但这次他们依然保持着眼神交流。

麦蒂再次打破了沉默："你知道，如果我不爱你，我就不会在这么累的时候跟你谈这些了。我依然忠诚于你，忠诚于我们的婚姻。"

"我也是。我一直埋头苦干，却根本没注意到发生了什么。你之前听起来更生气、怨气更重，但这次我听到的是你的失望、悲伤和恐惧。"

"我们都累了，"麦蒂说，"如果我们都同意明天再来讨论这个问题，那么我们先睡一觉，之后再决定也许会更好。明天是周六，可能更容易挤出时间来。我妈已经计划好明天带孩子们去动物园了。"

"好啊，这可能是个好主意。"

* * *

幸运的是，麦蒂用了共情和好奇来回应了亚当的搪塞（"为什么钱和日托的事情对你来说这么困难"），而没有采取更强硬的态度。她扩大了谈话的范围，但没有回避最初的问题。她邀请亚当分享更多的心声，并且给了他足够的空间。亚当和麦蒂的对话清晰地体现了我们在之前所强调的内容：问题解决的阶段既不是线性发展的，也不是泾渭分明的。尤其是问题很复杂、很棘手的时候，即使问题还没有解决，设法修复关系也是很重要的。在表达自己的关心和担忧时，麦蒂的好奇心是非常真实的。她能够直接表达自己的需求和担忧，并且依然能与亚当保持情感联结，所有这些因素都让她更容易把问题拿出来讨论，并开始修复关系。

越早开始修复关系，产生的结果就可能越有效。如果麦蒂语气轻蔑，在谈话时走开，进而导致矛盾激化，或者如果亚当沉默不语，那么这段关系就会受到更大的伤害。相反，他们继续相互交流，直到他们都觉得至少在一定程度上得到了对方的倾听，感受到了情感联结，并且能够表达对彼此的承诺为止。

休息一下也是很重要的。如果你们筋疲力尽或者被情绪压垮，不能再谈下去了，暂停一下也是有意义的。不过，拒绝处理问题，与找一些时间和空间让自己的想法和感受沉淀下来之间有一个重要的区别。如果你情绪激动，就几乎无法做这样的反思。亚当和麦蒂约好了一个明确的时间来继续讨论他们的问题，这一点非常重要。这样他们就无法回避这个问题。回避问题只会带来片刻的喘息，下次问题出现的时候，就可能引发更多的愤怒情绪。

20 世纪 60 年代的"个人成长运动"中有一句格言："不要让争论过夜。"我们对此表示强烈反对。**休息可以给予人们所需要的客观**

视角，而"速战速决"的想法只会让人匆匆做出草率的决定，在一觉过后，他们可能会觉得这种决定并不合适。

他们在讨论中的短暂休息也很有用。冲突会带来一个问题，那就是对话进行得太快，没有足够的时间考虑其他的方法是否有效。尽管在一开始，麦蒂和亚当的沉默让人觉得像是陷入了僵局，但只有在他们安静下来之后，麦蒂才能停止争论，产生好奇。短暂的休息不一定是回避。这可以是一个机会，让我们借此审视自身的感受，并评估这些感受是不是更深层次问题的线索。

当这对夫妻陷入沉默的时候，他们很容易感到沮丧，这会促使他们想要做些什么。但是对于这种情况，有一句我们喜欢的老话说得很好——"不要盲目行动，要静坐思索"。在"人际互动"课程中，我们会说"顺其自然"。我们的意思是，"此时此刻，我可能不知道到底发生了什么，也不知道有什么解决方法，但如果我们坚持表达自己的感受，事情就会变得更清楚，问题也会最终得到解决"。麦蒂说"如果你拒绝讨论这件事，一切都不会变得更好"以及"我们都努力坚持一下，直到有些思路为止吧"的时候，她就秉持了这样的态度。

在这个过程中，麦蒂和亚当开始重新制订解决这个问题的规则：

1. 不逃避——我们要坚持讨论问题，直到解决问题为止。
2. 我们俩都有责任提出可能的解决方案。
3. 必然会产生费用，我们都必须接受这一点。

休息可以给予人们
所需要的客观视角，
而"速战速决"的想法
只会让人匆匆做出
草率的决定。

即使他们达成了上述共识，亚当和麦蒂也没有完全进入解决问题的阶段。他们之前一直在试图证明对方是错的，而现在则开始理解什么是对彼此重要的东西。他们开始意识到，问题不仅仅与寻找日托机构有关。尽管他们还有很多事情需要讨论，但他们迎来了重大的转机，朝着解决问题的方向迈进了一步。他们的关系还不能算是"深度关系"，但他们已经为达成这一目标奠定了基础。

深化学习

自我反思

1. 把自己放在麦蒂的位置上。她现在的处境很艰难，因为她既迫切需要改变现状，又不想损害自己的婚姻。回顾一下她说过的话，以及试图做的事，想想你会如何处理这些情况。哪些情况对你来说尤其具有挑战性？

2. 有效的方法：克服了自己对冲突的恐惧之后，麦蒂就能有效利用冲突了。她做到了：

   ● 坚持沟通，不退缩。

   ● 没有攻击对方，进而导致矛盾激化。

   ● 承认自己在这个问题上负有责任，没有把错误都推到亚当身上。

   ● 运用反馈模型并举一反三，不指责对方。

   ● 注意自己的情绪，有效运用情绪。

   ● 即使亚当对她的财务观念做出了消极的归因，也没有进入防御状态，反而用事实予以反驳。

   ● 拓宽了寻找解决方案的思路。

   ● 确保两人都不跑题，不逃避。

   ● 好奇地询问亚当的想法。

   ● 认同亚当的目标，并明确表示不同意他实现目标的方式。

   当你因为重要的问题而陷入冲突、情绪激动的时候，你能使用上面的多少方法？哪些方法更简单？哪些方法更有挑战性？

3. 重要关系：在你的重要关系里，有没有善于利用冲突的人？

他们具体会做些什么？相反，有没有人在处理冲突方面存在问题？他们会做什么？

应　　用

如果你能找出善于处理冲突的人，就问问他们，当他们难过或受到攻击的时候，他们是怎么处理冲突的。

如果你与身边的某个人在处理冲突方面存在问题，就讨论一下如何改善这一点。

理　　解

对于冲突管理以及自己的优势和局限，你有了哪些了解？为了自己的进一步成长，你打算采取哪些行动？

如果你和某个不善于解决冲突的人进行了讨论，这次讨论对你们的关系有什么影响？关于提出可能十分棘手的问题（你在与其他人的讨论中可能会遇到这样的情况），你学到了什么？

PART 2

第二部分

"好的关系"如何
转变成"深度关系"

草地小憩

你和同伴刚刚翻过了峭壁。这一趟爬得很过瘾，但消耗了不少体力，你们决定在一片景色宜人的草地上休息。山顶隐约就在前方，但附近的风景很优美，青草也很柔软。

现在，在这片草地上，你们有了更多的选择。是待在原地，欣赏你们取得的成就，还是穿过草地，沿着山脚前行，在一间温暖的小屋落脚？你们要爬上山顶吗？乌云正在华盛顿山的山顶聚集，但你以前曾在乌云密布的天气里爬过山，也喜欢这样的挑战。一旦乌云散去，山顶的景色是非常壮观的，你也觉得自己已经准备好应对任何恶劣天气了。

但你不必现在就做出决定……

在前几章里，你获得了一些非常宝贵的能力——如果你已经采纳了"深化学习"的建议，并将其中的材料付诸实践，那就更是如此。你已经学会了如何建立良好的人际关系，并且将其发展为稳固、有活力、互惠互利的关系。你已经知晓如何走过轻松的坦途，爬过险峻的山路，到达最终的目的地。（如果想回顾第一部分里谈到的各项能力，你可以翻阅附录 B。）

这些能力适用于所有关系，无论是点头之交还是更亲密的朋友关系。它们不仅适用于家人和朋友，也适用于同事、下属，甚至上司。"人际互动"课程能在斯坦福和其他顶尖商学院开课超过 50 年，并不是偶然。在工作中，人要和人打交道，所以在工作中掌握这些能力是职业成功的关键决定因素。

即使你不再往下读，你也已收获颇丰。不过，在最后的这几章，我们会见证本书描写的这五段关系如何走向"深度"。有些关系成功了，有些则没有。在每一段关系中，人们都会面临一个重大的困境。能否运用书中的能力，会影响他们能否将这些稳固、良好的关系，转变为特别的、深度的、几乎有些神奇的关系。

这五段关系都有了显著的发展。关系里主人公对彼此的了解更加深刻了，制订了一些有利于提出问题的规则，学会了如何在尽量不指责对方的情况下表达自己的需求，并且都在不同程度上有效地解决了问题。现在，他们还需要怎么做，才能让关系变得更加深度？他们又该怎样才能知道自己是否已经达成了这个目标？我们其他人怎样才能知道呢？

这种转变的发生并没有一个明确的时间点，在某种程度上，这是一种主观的感受。但是，当你不必隐瞒你自己重要的、与这段关系有关的部分（对方也是如此）时，你就知道你们已经建立了深度关系。到那时，你就可以很自然地说出，你对对方、对自己的情况感到有些不确定、有些困惑，于是你们就可以讨论这件事了。你们也可以处理重大的问题，即使这些问题让人感到害怕。

即便到了那个时候，"深度"也不是关系的最终状态，它自身也是一个连续体。每个人能够表露的东西、能够给予的支持、将会遇到的挑战，都是没有止境的，而且每个人都会进入新的成长阶段。

你会更加理解深化关系的奥妙，而你接受信息的"触须"也会变得更加灵敏。

很多时候，人际关系会通过一个不断迭代、不断深化的循环，有机地过渡到"深度"阶段。这些关系可能是长期的家人关系、朋友关系或同事关系。这些关系中的差异和分歧已经得到了妥善的处理，不会妨碍人们增进亲密感。他们没有重大的、困难的冲突，也没有棘手的问题。无论哪一方感到"刺痛"，都不会拐弯抹角。更重要的是，他们都知道如何在问题相对较小的时候予以解决。两人都全力支持对方的成长和学习，无论他们认为怎样能使对方受益，都不害怕坦率直言。在关系建立的初期，他们就确立了坦诚、互爱的原则，无论在任何时候都会身体力行。随着时间的推移，这些量的积累无疑会催生质的改变。

在其他情况下，人际关系会变得"深度"是因为那些关键的选择，我们将在接下来的三章里看到这样的现象。在第 13 章，我们会回到麦蒂和亚当的故事里，来探讨如何解决有争议的问题。第 14 章讲述了埃琳娜和桑杰面临的严峻考验——而那之后他们发现，设定边界并不会伤害他们的关系，反而会增强关系。在第 15 章，我们探讨了米娅和阿尼娅的困境，也就是如何处理这样的情况：一个人迫切地需要一些重要的东西，但这些需求却引发了另一个人的痛苦。

并不是所有深刻的人际关系都会变成"深度关系"。在第 16 章里，我们会讲述几个这样的例子，并探讨其原因。我们还会讨论这个棘手的问题：工作中的深度关系。这里的关键是：建立这种关系是可能的，但需要额外考虑一些东西。

最后我们要谈的是，关系不会沿着直线发展。在最后一章，我们会讨论两位作者的一段经历，那件事一度摧毁了我们的深度关系。我们会着重探讨我们的关系是如何出问题的，我们是如何修复关系的，以及这段经历是如何帮助我们变得更加信任彼此的。

尽管不是所有深度关系都源自危机，但最后五章中有四章都以此为焦点。这是因为，出于恐惧而回避危机往往会妨碍我们建立深度关系。再次借用爬山的比喻来说，我们假设这是你和同伴首次一起爬山。尽管你们俩都想登上山顶，但山顶笼罩着乌云，风也越来越大。对你们来说，待在草地里、不再额外付出最后努力会很轻松。对于许多关系来说，向"深度关系"状态的转变过程是很平稳的，但有些关系则需要面对重大的挑战。我们希望最后几章能鼓励你直面这些挑战。

如果两个人能坐下来
共同解决问题，
想出的办法往往远比
任何一个人想出来的要更好。
两个人会考虑更多的选项，
发现对方的思维漏洞，
并且从对方的做事风格中获益。

第 13 章

双方共同解决争议

如果两人能坐下来共同解决问题，想出的办法往往远比只靠一个人想出来的要好。两个人会考虑更多的选项，发现彼此的思维漏洞，并且从对方的做事风格中获益。一个人可能更愿意冒险，而另一个人可能更加谨慎。或者，一个人更关注已经取得的成功，而另一个人可能会看到仍需解决的问题。双方都需要对方来保持平衡，但只有当他们都学会如何有效利用自己的特点时，这种平衡才会发挥作用。

麦蒂与亚当的故事（第 5 部分）

在亚当和麦蒂发现他们的问题之后的第二天早上，麦蒂的母亲带孩子出门游玩，而亚当和麦蒂坐在厨房的餐桌旁喝咖啡。

"我一直在想我们昨晚的谈话，"亚当说，"我想让你知道，我听到你说的话了。你是对的，我一直都在关注我的事业和我想要的东西，而没有看到你的处境。对此我很抱歉。"

麦蒂的眼睛湿润了。"谢谢你这么说。"

"嗯，我们回顾一下上次谈过的话题吧。"亚当说。他们俩都重述了自己理解的对方心目中的问题。"那我们现在该怎么做？"亚当问。

"我睡前一直在想，我有了几个想法，"麦蒂说，"温尼克斯一家让贾妮的妈妈和他们住在一起。尽管你和我妈妈关系不错，但我觉得我们可能不想让她过来。"亚当点头表示同意。"我们可以找个留学的互惠生来帮我们照看孩子，但是我们的房子也算不上宽敞，而我们都挺注重隐私的。"

"我也想到了这个主意，但也出于同样的理由把它排除了。"

麦蒂继续说："第三个选择是仔细检查我们每个月的开销，看看我们能拿出多少钱来找日托机构。考虑到这一点，我可以开始探索一些我的选择，也许我可以找份兼职，或者做更多的义工。"

"可是我们能省下来的钱都存起来了。如果我们有一些保障安全的储蓄，我才会觉得更安心。"

"我也有同感，但鱼与熊掌不可兼得。你说这份新工作会给你加薪，让你获得更好的升职机会——这样你就又可以加薪了。我们现在苦一些，不就是在为将来的收益投资吗？"

亚当想了想。"好吧，"最后他说，"我明白你的意思了。"

"但是？"麦蒂说，"我太了解你了。你在担心什么？"

亚当笑了。"没错，你的确太了解我了。可是我不知道我现在能不能回答这个问题。从逻辑上讲，我同意这种为未来投资的做法，但这依然让我感到不安。我还不完全清楚原因。"思索了一会儿后，他说："我觉得，让我很困扰的一件事是，我以为我们之前把一切都说好了，你答应在德里克出生后要待在家里照顾孩子。现在你却要反悔。"

"是吗？"麦蒂问。她感到有些抵触，但不想让讨论增添火药味。"我甚至没想到这会成为问题的一部分。没错，我们是说好了，我也理解你的意思，我想要改变的确让你感到沮丧。但是事情一直都在改变。为什么这个改变那么艰难？"

"我知道事情会变，但这就是问题所在。有太多该死的东西都在变化，而我希望有些东西能保持稳定，比如我们，还有我们的约定。我对生活有一些期待，但事与愿违，我真的感觉很难面对。"

"等等，"麦蒂打断了他，"我们生活中有很多东西是稳定的，比如我们的婚姻，还有我们对孩子的承诺。此外，你说要遵守约定，那我们不是还说好了要关心彼此的成长吗？你却愿意对这个约定视而不见。为什么照顾孩子的约定就那么重要？"

亚当思索了一会儿，说："我知道，我在逻辑上完全同意你的说法。我们约定我们中的一个人要待在家里，我觉得这里面有些东西对我很重要。我可能太传统了，也可能想得太多了，但我们身边有很多这样的家庭，父母双方都外出工作，他们压力大得都喘不过气来了。我只是想让我们的生活能有更多喘息的空间，你能明白吗？我也不想让外人承担太多照顾孩子的责任——我希望由我们中的一个人来做这些事，这对我很重要。我感觉有些羞愧——这样说有些性别歧视的感觉，因为我不愿意放弃我的工作。我很愿意为你的成长和幸福付出。我也不能为自己的感受找到合适的理由，但这些感受的确存在。"

麦蒂放松下来了。"谢谢你分享这些。我已经预感到你会有这种感觉，但听到你亲口承认，对我来说依然很重要。听着，亲爱的，即使我们给孩子找个半托，我也会一直照顾孩子。我理解遵守约定对你来说有多重要，所以我们最终决定把那个约定从'现行协议'中剔除的时候，要十分谨慎。但就目前而言，日托似乎是最好的选择。你愿意让我们尝试一下这个选择吗？"

亚当点头表示同意。"好吧。把这些说出来让我感觉好多了。我们试试吧。"

麦蒂露出了感激的微笑。"谢谢。但在我们做决定之前，还有很多东西需要了解。我要看看我能不能去做兼职，然后再看看有哪些日托机构可以选择。我们再检查一下咱们的收支，看看有没有可以削减的地方。好吗？"

亚当缓缓地点了点头，表示同意。"无论我们怎样选择，都先尝试一段时间吧，然后再看看情况如何。"

在第一次尝试解决问题的时候，麦蒂和亚当做得不错，他们避开了一些很常见的陷阱：

- 急于下判断。冲突是有压力的。希望快速解决冲突的想法可能会让人们轻率地接受第一个想到的选项。复杂的问题通常不止有一个可行的解决方案，而且通常会涉及让双方产生复杂而强烈的情绪的议题。幸运的是，麦蒂和亚当没有落入急于下判断的陷阱。他们在讨论中一直设法用双方都能满意的方式来解决问题。

- 非此即彼的思维。这种陷阱的一个极端的例子是"我们要么支付全托的费用，要么就维持现状"。麦蒂一开始就提出了几种可选的方案，从而使他们避开了这个陷阱。这里的大部分工作都是麦蒂做的——如果他们一起思考，就可能想出更多的选择，比如看看麦蒂的母亲能否一周替他们照看几天孩子。

- 为解决方案争执，而不关注需求。如果人们过早地将注意力放在解决方案的优缺点上，而不是后退一步，寻找核心问题，就会落入这个陷阱。[1] 麦蒂对智力挑战和成年人的互动有着基本的需求。对于这个问题，日托是一种解决方案，但不一定是唯一的办法。

- 把观点当作事实。亚当没有仔细检查他们的财务状况，就认为他们没钱支付日托费用，因此落入了这个陷阱。同样地，当他分享自己获得新职业机会的事情时，他解释说，这意味着晚上和周末会加更多的班，但事实真的是这样吗？他和经理核实过这一点吗，还是说这只是他的假设？

- 把初步的尝试当作最后的决定。现在觉得合适的选择，在之后可能会觉得不合适，就像麦蒂发现自己对以前的约定感到不满一样。尝试性的约定是指，双方决定采取行动以便收集更多的信息。在做出最终决定之前，看看尝试性的办法效果如何，这样双方可以再做出调整。

- 不重视个人的需求：事实和逻辑很重要，它们代表了可能的选项。但我们也强调过，平衡每个人的需求也同样重要。亚当承认他有一些不确定的感觉，这些感觉不符合逻辑——尽管如此，这些感觉依然存在。在这一点上，亚当做得很好。如果他不说出这种感觉，任何解决方案都是不完整的，而且可能无法长久。

- 不考虑个人的风格：每个人都有自己的习惯、需求和倾向。亚当对于约定似乎有些死板，而麦蒂在解释尝试与最终决定之间的区别时就考虑到了这一点。

- 决定由谁来做什么：人们在做决定的时候，是有选择（和偏好）的，在把决定付诸行动的时候，也是有选择（和偏好）的。亚当不应该告诉麦蒂她应该如何研究找工作的事，麦蒂也不应该告诉亚当应该如何向他的经理提出平衡工作与生活的问题。他们可以共同决定需要做什么，而不谈论如何做的问题。

麦蒂与亚当的故事（第 6 部分）

在接下来的周三晚上，亚当和麦蒂把孩子哄上床之后，坐在沙发上喝了一杯酒。

"有件事我必须承认，"亚当说，"尽管我同意我们周六讨论的内容，但我仍有一些疑虑。"

麦蒂看上去有些担心。"你不会是想把整件事再从头到尾聊一遍吧，是吗？"

"别担心，"亚当笑了，"我觉得你也会想听我说这个。我需要和别人聊聊这件事，所以我今天和德鲁一起吃了午饭。"

"什么？你把我们的私事告诉了别人？"

"先别急，"亚当说，"没事的。你知道德鲁和我关系很好——我又不会随便告诉任何人。德鲁跟我说了他和他儿子之间的问题，而我需要找人聊聊我们的决定。我自己心里怎么都想不通。别担心——我没有把你说成坏人。他站在了你那边，对我的态度也很直接。"亚当笑了："可真够朋友！"

"他怎么说的？"

"差不多跟你说的一样。事实上，他把我教训了一顿，说我只考虑自己，而没有为你考虑。他甚至还说我配不上你，"亚当轻轻地说，"这真是让我不得不深思。"

"这个嘛，因为你愿意面对这个问题，"麦蒂笑着说，"所以你完全配得上我！"

"并不是我那天没听懂你说的话，而是听到另外一个人的看法会让我更安心。听到他讲他和他妻子一起解决他们的问题，让我觉得自己没那么孤单了。"

麦蒂点了点头："我从没想过我们还会成为模范夫妻。"他们安静地坐了一会儿之后，她说："我自己也思考了一下，为什么工作对我来说这么重要。我需要和成年人互动，也需要不断成长的机会，这是我们之前说过的，但还有一些其他的原因。你还记得我妈因为结婚，从大学辍学的事情吗？她必须靠打工才能供我父亲读完工程学院。没有学位意味着她只能做文书工作——没什么成就感。在哥哥们和我出生以后，她连文书工作都不做了。她从没有过自己的事业，我知道她很遗憾。"麦蒂哭了起来："我害怕最后也像她一样。"

亚当放下酒杯，搂住了麦蒂。

情绪平复一些之后，麦蒂继续说道："在我说这些的时候，我还意识到了一些事情。我爸爸爱我妈妈，但我不确定他是否真正尊重我妈妈这个人。当然，他尊重妈妈抚养了我们，并且把家务料理得很好，但那不是一回事。我担心我们之间也会发生同样的事。"

亚当陷入了思索，沉默了好一阵子。"虽然我不愿意承认，"他终于开口说道，"但我明白你为什么担心这种事情了。我很感激你为孩子所做的一切，但是……没错，这样会让我有很多话都不能跟你聊。我不知道这是不是尊重的问题，但我知道你是什么意思了。"亚当又停顿了一下，他们俩都在思考这个问题。然后亚当接着说："好吧，我知道为什么这件事这么重要了——对我们俩都很重要。"

在接下来的周末，亚当和麦蒂仔细研究了他们的财务状况，确定了日托的预算，为麦蒂腾出了一些时间。"这些时间应该足够让我去找份兼职了，"她说，"但我不想把话说死。我们先看看情况如何——我可能想要更多，也可能不想要那么多。"经过一番讨论，他们同意做六个月的尝试。

"先说清楚——我们俩这是在试验，对吧？"亚当问。

麦蒂点点头："当然。谢谢你愿意尝试。"

* * *

在这对夫妇的谈话过程中，他们讨论的框架发生了变化。这已经不再是"麦蒂的问题"了，而是夫妻俩需要共同解决的问题。然后他们就能够探索不同的解决方法了，包括提出一些选项，思考如何一同解决问题。他们成功地为日托问题找到了初步的解决方案。

如果一方或双方都拒绝在某些话题上让步，其中往往有些深层的历史原因。重要的是，要在谈话中留出时间和空间，让问题浮现出来，并加以探究。觉察到一个人如何受到过去的影响，可以避免草率地给这个人贴标签。对于亚当和麦蒂来说都是如此。麦蒂很有可能断定丈夫是个吝啬鬼，但是她后退一步，开始探索，并且问道："为什么钱和日托的事情对你来说这么困难？"

如果一方或双方都拒绝
在某些话题上让步，
其中往往有些深层的历史原因。
重要的是，要在谈话中
留出时间和空间，
让问题浮现出来，并加以探究。

问这个问题的行为本身就很重要，亚当愿意思索自己的答案也同样重要。如果他们没有建立起相互支持、为彼此付出的氛围，他们可能永远也不会谈得这么深。对于亚当来说，要分享他大学朋友的事情并不容易，因为很可能遭到逻辑上的反驳。（"哦，亚当。那是里德——我们绝不会做那样的事！"）相反，亚当愿意表露脆弱的一面，分享这些过去的、影响他的事情，也让麦蒂之后更愿意分享。麦蒂也说出了自己源于成长经历的恐惧，这对于他们的谈话和亲密感都有帮助。

在尝试解决问题的时候，像麦蒂和亚当那样注意不同的时间框架也很重要——现在、过去、未来。"现在"能帮助你发现不满情绪的来源以及未被满足的需求（例如，麦蒂对智力刺激的需求和亚当对金钱的担忧）。"过去"能说明曾经缺失的东西，以及你们是如何变成现在这个样子的。"未来"能让你们专注于各自想要的结果，打破互相指责的僵局。讨论往往要在这些不同的时间框架之间来回转换，这样才能取得最佳结果。

第三方的作用

人们可能出于多种原因而向他人求助。有时，你想知道他人是如何处理类似情况的，麦蒂询问朋友特蕾莎是如何处理日托问题的时候，就是这样做的。有时你需要更加冷静的视角，这正是亚当所需要的。毕竟，麦蒂对她的需求怀有强烈的情绪，而且无论他们讨论的结果如何，对于德鲁来说都不存在相关利益。亚当认为德鲁能提供更客观的视角，也可能给他一些看待这个问题的新方式。

但是，这样做的前提是，德鲁能够做到公平公正，而且认识他们夫妻二人。他是亚当的朋友，虽然他认识麦蒂，但他更了解亚当。还有一个前提是，德鲁需要掌握所有相关信息。尽管亚当想要保持客观的态度，但他可能不会像麦蒂那样讲述这件事。德鲁能在多大程度上提供帮助，取决于他对这些局限的承认。

这些因素似乎没有妨碍德鲁支持亚当与麦蒂的共同目标，他的观点也很有启发性。德鲁对亚当很直接，如果他只是让亚当发泄情绪，或问一些开放性的问题，拓宽亚当看问题的视角，可能也同样会有帮助。我们不建议让第三方来提出解决方案，因为他们不具有所有的相关信息。但是他们可能对你的思考非常有帮助，他们能帮你弄清你最需要什么，这样你与另一方就能更有效地解决问题。

多种结果

亚当和麦蒂的冲突对他们两人而言都很困难。所以这样值得吗？最后，他们……

- 为眼前的问题找到了初步的解决方案。
- 在未来提出和解决问题的能力增强了。
- 让彼此的关系更紧密了。
- 增进了对彼此的了解。

经过这个艰难的过程，亚当和麦蒂对彼此的理解都加深了。他们的努力使得他们在关系的连续体上往好的方向前进，进入了"深度关系"的范围。但是，也许他们取得的最大的进展，是上述的第二点：他们共同处理未来争议的能力提高了。在处理金钱和日托问题的过程中，他们在未来建设性地提出和解决问题的可能性提高了。麦蒂答应不再回避问题，也不会再因为固守不再适合她的约定而闭口不言。亚当同意考虑麦蒂的需求，而不是仅仅根据自己的需求做出回应。此外，他也不再认为孩子和家庭只是麦蒂的问题，而是认识到了他也需要分担这些责任。最重要的是，他们发现了之前阻碍他们的个人历史因素。

像这样的约定只是重要的第一步，还需要继续强化。他们其中一方可能会把事情搞砸，不能很好地遵守约定。但是，比搞砸更令人担忧的是，如果约定没有得到承认和执行，将会发生什么。事实上，如果能及时纠正，违反约定的行为反而能够让双方把之前的经验教训记得更牢，更有助于关系的修复。假设亚当后来提出了一个困难的话题，而麦蒂不愿面对这个问题。他这样说就会很有帮助："我们以前说好了，你不会在我们讨论困难的话题时离开去洗碗，这次是怎么了？"

情况（和关系）越复杂，在解决问题的过程中可能出现的问题就越多。这就好像大家熟知的剥洋葱的比喻一样。表面的问题会让人难以发现内在的真实情况。我们发现了表面的问题，进而可能看到在这之下的、更隐秘、让人更脆弱的问题。这个问题可能包含着重要过往经历的影响。此时双方都需要坚持沟通，弄清真实的情况。

要做到这些绝非易事。罗马不是一天建成的。冲突越严重，解决冲突所需的时间就可能越长。解决冲突需要耐心、技巧，以及发现问题、一同找出解决方案的决心。

深化学习

1. 把自己放在麦蒂的位置上。有好几次，她和亚当都可能会放弃沟通或跑题，但她坚持下来了，直到他们能够找到一个初步的解决方案。在面临每个选择的时候，你认为你会怎么做？在麦蒂采取的这些做法里，有没有对你来说很困难的？你会不会在某些步骤上遇到困难？

2. 重要关系：在至少一段重要关系里，可能发生过一件或更多的事情，让你们难以解决问题。你和对方容易落入以下哪些陷阱：

   - 非此即彼的思维
   - 为解决方案争执，而不关注需求
   - 把观点当作事实
   - 把初步的尝试当作最后的决定
   - 不重视个人的需求
   - 不考虑个人的风格
   - 决定由谁来做什么

3. 第三方：当你作为第三方，或者向第三方求助的时候，有没有遇到过下面的问题？第三方……

   - 不清楚自己的角色（应只倾听、拓宽视角、指出未经验证的假设、表达同情等）。
   - 认为应该由他来提出解决方案。
   - 忘记他缺乏关键信息（作为提出观点的人，他并不在事发现场）。

● 在诱导之下开始偏袒某一方。

应　　用

　　在你的重要关系里，如果你发现了一个需要讨论的问题，那就运用你所学的所有技能来改善你的决策和问题解决技巧吧。

理　　解

　　讨论得怎么样？讨论结果是否成功地实现了四个目标——解决问题、提高双方解决问题的技能、更加了解彼此，进一步增强你们的关系？

　　为了提高你解决问题的能力，并进一步地发展这段关系，你还需要在哪些方面再接再厉？

哲学家普鲁塔克
曾说："我不需要
这样的朋友——
我改变他也改变，
我点头他也点头。
我的影子在这方面做得更好。"
真正的朋友不会
只说你想听的话，
而是会说他们认为
对你最有益的话。

第 14 章

边界与期待

一位同事问你，你能不能在下班后送她去机场，而你很愿意。你只需要稍微绕一点远路，这位同事的请求似乎也很合理。但是，另一个没车又缺钱的朋友却不论早晚，经常要求你去机场接他。这有可能也是合理的，因为这段关系很重要——然而，也有可能不合理。如果你觉得不合理，那我们又该如何设置人际边界，区分哪些要求是公平的，哪些要求让人觉得是负担？此外，面对强加的负担时，我们能在多大程度上保持坦诚？为了友谊，我们应该忍气吞声吗？

在关系的不同阶段，每个人对于什么是合理的请求都有着自己的期待。你的期待可能源于过去的经历，也可能源于你认为你会为对方做什么。朋友之间很少明确地讨论这样的期待，但仍然深深地怀有这样的期待——"人们应该是这样的"。对于人们（哪怕是非常亲密的朋友之间）应该对彼此提出什么要求，应该为彼此做些什么，如果你们怀有不同的期待，那就会出现问题。

即使你知道明确边界可能会破坏一段重要的关系，但你可能也会有需要这样做的时候。如果对方感觉被排斥或被疏远了怎么办？忍气吞声、回避冲突实在是太容易了。哲学家普鲁塔克曾有一句广为流传的话。据说他曾调侃道："我不需要这样的朋友——我改变他也改变，我点头他也点头。我的影子在这方面做得更好。"用更现代的话说，真正的朋友不会只说你想听的话——他们会告诉你他们认为对你最有好处的话。但是，如果这会伤害你们的关系，那又该怎么办呢？这就是埃琳娜和桑杰面临的困境。

埃琳娜与桑杰的故事（第 5 部分）

在接下来的几年里，桑杰和埃琳娜的友谊日益深厚。由于工作出色，埃琳娜升了职，调到了公司的另一个部门。尽管她不再直接与桑杰一起工作，但他们依然定期见面，共进午餐，分享日益增长的友谊所带来的轻松与愉快，从对彼此的了解和关心中汲取力量。他们还扩大了友谊的圈子，把桑杰的妻子普里亚和埃琳娜的丈夫埃里克容纳了进来。他们四个经常聚在一起，成了好朋友。有一天，桑杰打电话给埃琳娜，有些神秘地问，他们能不能在下班后一起喝一杯。他说："我需要讨论一些工作上的事，但不能在这儿说。"埃琳娜同意了，他们决定在城市另一边的一家安静的酒吧见面。

桑杰挑了一张僻静的桌子，远离其他人。他们点完饮料之后，埃琳娜说："说吧，出什么事了？"

"这个嘛，首先，我要谢谢你拿出时间来跟我聊天。我需要听听你的意见，我没有其他人可以聊这件事。"

"我很乐意！听起来很重要。"

"没错，是很重要。"桑杰吸了一口气，然后说，"我在考虑离开公司，自己创业。我在大学时的一个朋友罗兰找我做他的合伙人。我一直想创业，但一直没有合适的时机。不过可能永远都不会有所谓合适的时机。自从我大学毕业，得到第一份工作之后，我就一直梦想着做自己的事业。后来我有了婚姻、孩子、房贷以及薪水越来越高的工作。你懂的——金手铐○之类的事情。我担心如果我现在不离开，我就永远都离不开这里了。我很想开创自己真正热爱的事业，更不用说这样能做自己的老板，凡事自己说了算。"

埃琳娜笑容满面。"这太令人兴奋了，桑杰！没错，这当然很可怕。我也并不觉得太奇怪，因为你似乎已经焦躁不安了好一阵子。我有些羡慕你愿意冒险。我不知道我能不能做到像你这样。"

"是啊，这件事既可怕，又令人兴奋、让人充满活力。我一直都很循规蹈矩、行事谨慎。你知道好好赚钱养家对我来说有多重要。我不知道考虑放弃现在这个稳定高薪的工作是不是有些疯狂。但如果现在不冒险，更待何时？我认为我从来没有在职业发展方面逼迫过自己，而现在觉得应该拼搏一把了。罗兰是个极具创造力的人，他在之前的工作中一直干得不开心。他对教育科技产品有一个很棒的想法，可能会改变行业的游戏规则，你知道我很喜欢这个领域。你觉得我应该做这件事吗？"

"普里亚怎么想？"

○ 金手铐是指公司利用股票期权、奖金红利等预期收入手段留住企业高层管理者等人才的手段，一般都有时间等限制，在限制期内辞职离开则无法兑现。——译者注

桑杰的脸色沉了下来，说："这就是问题所在，我觉得我现在还不能告诉她。"埃琳娜看上去有些惊讶，于是桑杰继续说道："你了解她。尽管我很爱她，我们都知道她很容易焦虑。她很在意财务的稳定——孩子年纪还小。我担心她不会理解，或者更糟糕的是，她会认为我很自私，为了追求一个梦想，连家庭的幸福都不顾了。除非我完全考虑清楚，把一切安排妥当，否则我不想告诉她。一旦我确定要这么做了，我就会告诉她。现在，我只想跟你好好商量一下。"

埃琳娜眉头紧锁，低头看着自己的饮料。她整理好思绪之后，平静地说："抱歉，桑杰，尽管我很想帮忙，但这让我很为难。我做不到。这对普里亚不公平。"

"你是什么意思？我以为我们之间的关系可以让我们开诚布公、互相帮助。"

"我们的关系确实如此。"

"显然不是。"

埃琳娜畏缩了一下。"哎哟。这话可真让我难受。首先，如果你感到失望，我很抱歉。我确实认为我们之间的关系是那样的，所以我才能对你实话实说。桑杰，不能给予你想要的帮助，我也感觉很为难。我想要支持你，也很感谢你对我的信任。但我不认为这是我支持你的最好方式。"

她停顿了一会儿，斟酌自己的措辞，然后继续说："正是因为我很关心你，所以在你和普里亚谈过之前，我们不能先谈这件事。桑杰，你要我做的事会伤害普里亚。事实上，也会伤害你。"

"这是什么意思？为什么会伤害普里亚？你了解她。她一定会很烦恼。我不想在还没拿定主意的时候就给她增添不必要的担忧。这就是我为什么先要跟你谈谈。"

"听着，桑杰。现在其实有两个问题。一个问题是你是否要尝试创业——这个问题其实相对简单；另一个问题是你和普里亚的关系。"

"我们的婚姻就是这样的，"桑杰有些激动地说，"而且，实话说，这不关你的事！"

"当然，这是你们的婚姻。但是，当你把我扯进一个实际上和普里亚有关的问题时，这就变成了我的事。你是否要创业，这个决定对她有很大的影响。我关心你，但如果我按照你的要求做了，就可能会影响我和普里亚的关系。她要是知道了一定会很生气，而我也不会责怪她生气。但更重要的是，如果按你想的这样做，对你也是不利的。"

"对我不利？"

埃琳娜点了点头。"如果你决定创业，这只是你需要做出的许多重要决定中的一个。还会有许多其他决定会影响你们的财务状况。你要继续瞒着普里亚吗？如果你继续瞒着她做这些决定，她会觉得和你之间的隔阂越来越深。你们此时比以往任何时候都需要亲近，而我担心你们会越来越疏远。我完全理解刚开始和她谈的时候会很难，但如果你先和我谈，我就会助长这个问题——我不想这样对你。这就是我说'对你不利'的意思。"

桑杰想了想，然后说："可我现在就是没法和她谈这事。你知道她有多爱操心。这对她来说不公平。"

"是的，我确实了解她的那一面。我也了解你。我的问题是，你选择现在不和她谈的原因，在多大程度上与她有关，又在多大程度上与你有关？"

"你这是什么意思？"桑杰生气地说。

"是这样的，"埃琳娜继续说道，"我有时会想，你对她的保护是不是有些过度了。比如说，那天我们四个人一起吃晚饭，你在对她讲你最近和管理委员会起冲突的事情时，只用那些精心选择过的措辞。那周你在午餐时告诉过我你有多生气，但你对普里亚讲的时候，语气却很平静，只阐述事实。"

"这倒是，可是埃琳娜，你必须承认，普里亚喜欢小题大做。如果我什么都跟她说，她会以为我就要被开除了。我得花上一个小时才能让她打起精神来。"

"我理解，我明白她常常会有一些让人难以招架的反应，但你把所有的问题都推到她头上了。我们之前谈过你有多不喜欢冲突，我只是在想，你不愿意与普里亚讨论这个问题，与你那个讨厌冲突的部分有没有关系。你是在保护她，还是在保护自己？不管怎样，要是埃里克在和我谈之前就和别人讨论重大个人决定的利弊，我会杀了他的。"

"嗯，普里亚和我的确不一样，我的婚姻是我的事。唉，我只是希望你能支持我。"

"听到你说我对你的支持不够，我感到很抱歉。我却觉得我很支持你。我愿意在某些时候和你探讨问题，但我不能代替普里亚。如果我真想做一个好朋友，那么我必须告诉你，我认为现在没有什么事情比和她谈论这些事情更重要——现在谈，不是之后谈，不是在你完全想清楚之后。"

"我不知道这件事怎么就突然变成关于我的婚姻和我难以应对冲突的讨论了。我觉得我们的谈话应该到此为止。"桑杰喝完他的饮料，准备起身。

"不，桑杰，我们先别走。"埃琳娜说，"我们没必要再谈你和普里亚的关系了——我要说的已经说完了。但现在，不管我们有意还是无意，我们的关系出现了一个问题，逃避是不会有帮助的。我们好好谈谈吧。"

桑杰又坐了下来，但双臂仍然交叉在胸前。"你说我们的关系有问题是什么意思？"

"你觉得我不支持你，而我认为我支持你，"埃琳娜说，"在我看来，支持既包括赞同你的想法，也包括挑战你的想法。我想用这样的方式支持你，也希望你能用这样的方式支持我。这也包括，我希望你在认为我犯错的时候能告诉我。如果我们一直讨论创业的事，可能会让我们现在觉得更加亲密，但会让你和你的婚姻付出高昂的代价。如果我这次这样做了，你可能会一直来找我谈话，而不去找普里亚。作为一个非常关心你的朋友，我不想助长可能出现的坏结果。"

"所以，你无论如何都不愿意和我讨论罗兰的想法？"

"不，我没有这么说，"埃琳娜说，"我现在不愿意讨论，但我愿意在你和普里亚谈过之后讨论。这是我支持你的最好方式。"

"老天，"桑杰说，"你不会就此罢休的，是吧？"

埃琳娜笑了："不会——而且我真心希望你能理解，这是因为我太关心你了。"

桑杰苦笑了一下，站起身来付了账。"这次我请。谢谢你抽出时间来见我。"他们走出店门的时候，他补充道："这真的很难，你对我可真是太严格了……但我可能需要这些。我有很多东西需要考虑。我会告诉你我是怎么做的。"

"你对我可真是太严格了。"桑杰的这句话说得没错。事实上，埃琳娜的严格让他们的关系变得"深度"了。他们能对对方坦言自己的需求和情绪，真诚互动，并最终得以有效地处理冲突。尽管桑杰在谈话的一开始并不认为埃琳娜站在他这一边，但埃琳娜反复强调，她拒绝桑杰，主要是出于她认为什么对桑杰最好的考虑。同时，她没有否认她也在为自己担忧——让桑杰征求她的意见可能会破坏她和普里亚的关系。

尽管这次考验让他们的关系更加牢固，但也很可能产生相反的结果——这是埃琳娜承担的风险。在她第一次与桑杰设置边界的时候，桑杰可能会气冲冲地离开酒吧，放弃他们的友谊。

当一段亲密的人际关系向前发展的时候，不仅一方可能会向另一方求助，另一方也可能出于关怀与责任，感觉不得不答应对方的要求。这就是埃琳娜感觉到的压力。但是，她选择了迎难而上，因为她看到了潜在的危险，而且她认为这样做是值得的。如果她没有直言不讳，就说明她认为他们的友谊经受不住冲突的考验。

为了取得积极的结果，他们双方都必须对反馈保持开放的态度。起初，埃琳娜的话让桑杰难以接受，埃琳娜做了好些解释，才让桑杰意识到自己的行为会带来高昂的代价。幸运的是，埃琳娜愿意坚持自己的立场，直到桑杰明白了为止，而且她也能够适可而止（"我要说的已经说完了"）。她的反馈是信息，而不是用来抨击桑杰的棍棒。这次互动也让桑杰学到了一些东西。我们目前还不清楚他会为他与妻子之间的交流问题承担多少责任，但这个问题已经被明确地提出来了。同样重要的是，埃琳娜和桑杰明确了"支持"在一段深度关系中的真正含义。

即使他们的关系过渡到了"深度关系"的阶段，这也不意味着关系不会继续发展。新的情况总会出现，当一个方面有了发展，另一方面就可能遇到潜在的挑战。他们愿意提出并解决问题吗，还是会因为压力太大而不敢再次冒险？假设桑杰开始改善自己面对冲突的能力，他会使用建设性的方法，还是会采用一些有惩罚意味的做法？关系中不存在完美的最终状态，这也是人际关系让人既感到兴奋，又有挑战的原因之一。人们并非总能很容易地面对持续学习和成长的可能性，但这也是深度关系让人感到神奇的原因之一。

让这件事变得更加复杂的是，它不仅涉及了桑杰和埃琳娜。他们俩都各自处于一个关系网中。埃琳娜想和桑杰建立一段深度关系。桑杰想和普里亚拥有亲密的关系，而埃琳娜想要与普里亚成为亲密的朋友。如果埃琳娜答应了桑杰的请求，她（至少在一开始）会拉近她与桑杰的关系，但会破坏他们各自与普里亚的关系。一段关系的发展不应该以牺牲另一段关系为代价。

坚持的重要性

在一段深度关系里，由于双方之间有着高度的信任和关怀，他们都可能对对方提出意义重大的请求。但是，**如果对方想要一些你不愿意给予的东西，你该怎么说才不会让他们感觉被排斥？**如果我们担心损害彼此之间的关系，坚守立场就很困难。然而，不坚守立场也同样会损害关系。

如果你当了祖父母，你可能会厌倦总是被叫去照顾孩子，但你不想破坏你与子女之间的亲密关系。年迈的父母开车可能会有危险，而你的兄弟姐妹希望由你去告诉他们不要再开车了。一个朋友可能会向你借钱，一想到要答应这种要求，可能会让你感觉不好。但是，你想继续保持非常亲密的关系——你该怎么做？

如果对方想要一些
你不愿意给予的东西，
你该怎么说
才不会让他们感觉
被排斥？

　　我们的朋友布丽安娜的哥哥是个酒鬼，更糟的是，他是个不讨喜的酒鬼。多年来，每当他和他妻子到布丽安娜家吃饭的时候，布丽安娜总是得容忍他的粗鲁行为。后来，布丽安娜意识到她开始害怕哥哥的来访了。她知道哥哥在工作中承受着很大的压力，害怕对他说任何关于喝酒的事都会增添压力，或者让他们之间产生隔阂。布丽安娜认为背着哥哥和嫂子谈这件事也是不对、不公平的，而且也没有必要。但是这个问题已经不容忽视了，布丽安娜担心即使她什么都不说，也会造成隔阂。

　　在一次特别不愉快的夜晚聚会后的第二天，布丽安娜打电话给哥哥，说有件重要的事情需要和他谈谈。他们说好几天之后一起去喝杯咖啡。

　　"这是我和他之间最艰难的对话之一，"布丽安娜告诉我们，"我基本上对他直说了，在他喝得大醉的时候，我有多讨厌和他待在一起。我告诉他，只要他在别的地方，和别人在一起，他愿意喝多少就喝多少，但他和我在一起的时候喝醉就不受欢迎了。我告诉他，除非他答应在我在场的时候减少喝酒，否则我不想和他在任何社交场合中待在一起。我把我全部的理由告诉了他，包括我担心如果我不提出这个问题，我们的关系会有问题。我们一直都很亲密，我很确定我们俩都希望这样的关系能持续下去。起初他说我在'小题大做'，对他太苛刻了，但我坚守了自己的立场。我告诉他，除非他能尊重我的要求，否则我不会与他在任何可能喝酒的地方接触。他最终答应试着按照我的要求去做。

　　"从那以后，在我们一起聚餐，或者和共同的朋友一起外出的时候，他只会喝一杯加冰的威士忌（而不是喝四五杯）。虽然我猜他在其他场合依然会喝得很多，但当我们在一起的时候，他不会那样做了。我觉得，如果我什么都不说，如果我没有尊重自己内心的感受，设置重要的个人边界，我们的关系就会慢慢地恶化。相反，我们依然很亲密——实际上我们比以前更亲密了。"

用这种方式设置边界，有可能会让人感到疏远，但布丽安娜和埃琳娜都用这种方法表达了自己拉近关系的愿望。俗话说"篱笆筑得牢，邻居处得好"。边界也有助于建立深刻而亲密的关系。

"坚持"（埃琳娜和布丽安娜都得到了类似的评价）与刻薄或排斥是不一样的。埃琳娜不想伤害桑杰，在他们的谈话中，她一直关注的是桑杰的行为，而不是他的性格。诚实地说出你认为什么对对方最好，就需要这种严格的态度，尤其是在对方想要回避的时候。

在接受反馈的时候也需要坚持。听人谈论你的行为引起的问题并不容易，但桑杰最终做到了。他好几次试图把话题从婚姻问题上转移开，甚至想要离开，但他最后坚持下来了，并听到了埃琳娜的反馈。布丽安娜与哥哥的谈话也经历了类似的过程。与内心脆弱的人建立深度关系很难，甚至是不可能的。布丽安娜和埃琳娜都明白（也表达了）这一点：对方能接受这样的反馈。

然而，给予否定的反馈而不让对方感到被排斥是很难的。埃琳娜用了好几种方法渡过这个难关。她很可能会生气，因为桑杰让她陷入了艰难的处境，还怒气冲冲地反驳她。她不但没生气，反而多次告诉桑杰，她之所以坚持这样的立场，是为了帮他而不是伤害他。她把侧重点放在她认为对桑杰最好的做法上，指出满足桑杰的要求会伤害他和他的婚姻，并重申她认为自己的做法是最大的支持。

值得注意的是，桑杰的要求并不过分。有可能（甚至很有可能）埃琳娜和桑杰仔细讨论了创业的问题，而普里亚一直都不知道埃琳娜参与过讨论，结果可能一切都好。这就是让埃琳娜坚守自己的立场如此具有挑战性的原因。从另一角度来看，如果桑杰说："嘿，我要加入一家风险很大的初创公司，我需要你说服普里亚，让她相信这是个好主意。"那桑杰就明显越过了不该越过的界限。正是因为从表面上看，他最初的要求是合理的，所以埃琳娜就更难以明确自己的边界了。事实是，这个情况很微妙——这才使得这个故事变得如此重要，因为这种情况很容易让我们落入陷阱。

你与某人有一段深度关系，并不意味着他愿意让你进入他生活的方方面面。桑杰愤怒地说"我们的婚姻就是这样的，而且，实话说，这不关你的事"，他说得没错。桑杰和普里亚想要怎样的关系是他们自己的决定，不必考虑埃琳娜的感受。想象一下，假如那天在酒吧见面的时候，桑杰只是告诉埃琳娜，他在考虑这个创业机会，而且不打算把这件事告诉妻子。埃琳娜会有一些担忧，作为一个很好的朋友，她会把这些担忧说出来，但是会让桑杰按照他自己的意愿做事。

但是，桑杰不只是告诉了埃琳娜他可能有的计划，还向埃琳娜寻求了建议和忠告，从某种程度上讲，还向她寻求了情感支持。这就把埃琳娜牵扯到这件事情里了，让她成了这一过程的潜在"同谋"。因此，她才有权提出问题并坚持自己的立场。在向桑杰解释的时候，她明智地解释了这两种情况之间的区别，从而让桑杰更有可能产生较好的反应。此外，请注意，埃琳娜并没有强迫桑杰去和普里亚分享这件事；她只是很直接地告诉桑杰，在他与普里亚谈过之前，她不会和桑杰讨论这件事。

埃琳娜做了三个重要的选择，加深了他们之间的友谊。第一个选择是不勉强自己满足桑杰的要求。第二个选择是当桑杰暗示她不在乎他们的友谊时，没有产生防御心态。第三个选择是没有让桑杰过早地结束谈话。在整个过程中，埃琳娜关注的是她认为对桑杰、对他们的关系最好的做法，并且坚持为这个目标而努力。

如果埃琳娜在这三个选择上做出了任何让步，并不一定意味着犯了不可挽回的大错。假设她一开始同意与桑杰讨论这件事，但在几次沟通之后，她意识到自己落入了陷阱。这时她就可以表达自己的担忧，说她不愿意继续做这样的"同谋"。同样地，在桑杰指责她不在乎他们的关系时，如果埃琳娜情绪失控了，简单地道个歉就足够了，然后他们可以再讨论一下对她而言何谓"支持"。如果他们没有解决问题就离开了酒吧，还有些问题需要讨论，那他们可以在下次一起吃午餐的时候继续讨论。没有人能每次都做到完美。

埃琳娜与桑杰的故事（第6部分）

在接下来的一周，埃琳娜和桑杰在酒吧见了面。他们一坐下，埃琳娜就问了桑杰的近况，以及他有没有和普里亚谈过。桑杰做了个鬼脸，说他跟普里亚谈过了，但正如他所预料的那样，谈得并不顺利。普里亚很不开心，说创业让他们陷入财务危机。

"你们讨论其他问题了吗？"埃琳娜问，"鉴于她的这种反应，向她提出问题有多困难？"

"没有，我不知道该怎么说了。我担心我开始讨论其他问题，她会否认或者产生抵触情绪。"

"我理解，"埃琳娜说，"但这也是一个好机会，你可以用一种让她难以否认的方式提出问题。因为在那个时候，你们都感受到了你觉得难以面对的反应。"

"我不确定，埃琳娜。这太难了，我不想把事情弄得更糟糕。"

"你不能指望这事很容易，"埃琳娜说，"你们俩多年来一直用这样的方式相处，而你现在在试图从根本上改变这种相处模式。"

"你可真是不肯罢休，我的朋友。"桑杰说，"好吧，我会试试的。"

桑杰在几周时间里做了多次尝试。普里亚一开始对这些话题很抵触，不但很生气，还指责桑杰不体谅她的担忧。但是桑杰依然坚持不懈，因为他相信，如果能解决这个问题，他的婚姻会变得更好。

请记住，即使一段关系称得上"深度关系"，它依然能继续向前发展。既然埃琳娜和桑杰已经经受住了考验，就说明他们的关系能够处理较为复杂的问题，例如桑杰与妻子的关系问题。尽管看起来埃琳娜在给桑杰提建议，干涉他的婚姻，但埃琳娜的目的是做一个"教练"，帮助桑杰实现他想要的目标。这个故事也说明了第三方的作用，以及两个人在发展深度关系的时候可以做些什么。埃琳娜为桑杰的成长和发展尽心竭力，桑杰对此心知肚明，但埃琳娜的做法不同于桑杰最初的要求，而是更有建设性。帮助桑杰给予普里亚反馈，并没有影响埃琳娜与桑杰、与普里亚的关系。在这个例子里有一个假设，即埃琳娜非常了解桑杰，能够理解他最想要什么样的婚姻。

埃琳娜拒绝与桑杰讨论创业的事，最后反而加深了她和桑杰的关系。她经过深思熟虑，承担了一些风险。这样并不一定能有好结果，但她打了个赌：为了潜在的益处，冒这个险是值得的。他们最后发现，他们的友谊不仅经受住了考验，其内涵也比之前更丰富了。正是因为埃琳娜愿意承担这样的风险，桑杰看到了埃琳娜对他的关心有多深。在这个过程中，他们俩对自己的了解也加深了。因为他们已经拥有了深厚的友谊基础，而且他们都有技巧、有能力去进行艰难而建设性的对话，所以埃琳娜赌赢了。

深化学习

自我反思

1. 把自己放在埃琳娜的位置上。她的处境很困难。她担心如果不答应桑杰的要求，桑杰就会感觉受到了排斥，而他们的关系也会受到损害。如果是你会怎么做？回顾一下埃琳娜在故事里面临的所有选择，你可能会如何回应？你觉得你会怎样处理这种情况？

2. 重要关系：请找出一段这样的重要关系。在这段关系中，你对于对方可能会为你做哪些事情感到不确定。请写下你认为完全可以提出的要求，然后写下肯定不能提出的要求。之后再写下你不确定能否提出的要求。

应　　用

　　去和上面第二个问题中的那个人谈谈，分享你写下的东西。（你可能想要先请他们思考一下同样的问题：他们认为能或不能向你提出的问题。）然后澄清那些不确定的问题。

理　　解

　　谈论边界是很困难的，设置边界可能会让人感到被排斥。你能直接提出这个问题而不让对方产生隔阂吗？当他人谈论边界的时候，你会有什么感受？这样的讨论对你们的关系有什么作用，会如何影响你们之间的亲密感？

拥有一段深刻的关系，
并不意味着你必须满足
对方的每一个需求。
在面对纠缠不清的问题时，
平衡"照顾好自己"和
"对他人做出回应"
这两种需求尤其重要。
关键是要坦言自己的需求，
关心他人的需求，
不加指责地对话。

第 15 章

面对纠缠不清的问题

关系会不断地发展，对话也会越来越深入。你会如何面对父母的老去？你应该生孩子吗？你该怎样应对失业？财务压力重重，婚姻关系紧张，你又该做些什么？随着话题越来越私密，你们的讨论也越来越容易产生情感共鸣，因为这种互动带有更强烈的情绪，也更加真诚。然而，这样使得保持客观更加困难。如果对方提出的话题勾起了你的个人情绪，让你想起了以前的、现在的，或者未来将会面临的处境，你该怎么办？

在这一章里，我们会继续讲述米娅和阿尼娅的故事。在她们发生争吵，又成功修复关系之后，她们决定要多见见面。在见面的时候，她们两人都分享了许多个人问题。阿尼娅能够更加开放地与米娅谈论工作中的好与坏。米娅也向阿尼娅吐露了她对青春期的儿子谈恋爱的担忧。这些对话让她们在接下来的一年里变得更加亲密。

她们发现，她们在大学做室友时的那种联结又回来了。但是后来，事情变得复杂了。

米娅与阿尼娅的故事（第 4 部分）

一天晚上吃完饭时，米娅显得特别闷闷不乐、心不在焉——阿尼娅在此前的晚餐时也注意到了她的这副样子。

"米娅，你好像不太对劲。"阿尼娅问，"你有什么烦心事吗？"

米娅低头看着她的酒。"嗯，"她说，"有些事让我心烦，但我不知道我想不想聊这些。"

"当然，这是你的选择。如果你想聊，我很乐意听。"

"我真的不知道……我肯定有些不对劲……有些低落。我应该感到高兴。或者，更确切地说，我没有理由不高兴。我有一份好工作、一栋漂亮的房子，还有一个爱我的丈夫。然而我觉得生活中没什么让我兴奋的事，这让我很烦恼。生活太无聊了，你明白吗？每天都是一个样子。我有时会想，人生真的就是这个样子吗？"

"听你这么说，我也很难过，"阿尼娅说，"这种状态真的很难受。知道是什么原因引起的吗？你和杰克一切都好吗？"

"还好……算是吧。他很爱我，但说实话，我们俩的感觉更像是亲密的朋友，而不是爱人。我们的关系没有了过去的那种能量。"

"话虽如此，可你们已经结婚快 20 年了，"阿尼娅说，"要像前 10 年那样是不现实的。而且，不管我们多爱孩子，生孩子总会让夫妻关系付出一些代价。对克里斯托弗和我来说确实如此。"

"是啊，在理智上我知道，但我依然想要更多。你不也是吗？"

"当然，在某些抽象的层面上的确如此，但生活并不总是美好的。难道我们不应该多看看我们拥有的好东西，而不要期待一切都十全十美吗？"

"是啊，我猜也是。我不知道我能不能克服这种感觉。"米娅说，然后她们的谈话就转移到其他话题上去了。

一个月后，这两位朋友才有机会再次一起吃晚饭。米娅很健谈，举止看上去也轻松多了。她们点完菜，又询问了彼此各方面的近况。米娅说："我真高兴我们能一起吃晚饭。"

"我也是。你怎么了？你看上去很'兴奋'。"

米娅笑了。"你鼓励我多分享是对的。我意识到，我一直在试图掩盖自己的不满。我越忽略这种情绪，情绪就变得越糟糕。"

"很高兴听你这么说。听起来事情好多了。"

"是的，的确好多了。有一个我多年前认识的人，泰勒。他突然关注了我的 Facebook 页面。"米娅说，"当时他要到市里来一趟，还说重聚一下可能会挺好的。所以我们见了面，喝了几杯，玩得很开心。他这个人既有趣，兴趣也广泛。我们谈了各种各样的事，我们坐在一起的时间越长，我就越发注意到我是多么有活力。那天的乐趣比我多年来感受到的还多。我不记得上次和杰克有这种感觉是什么时候了。"

阿尼娅感到胃里有什么东西沉了下去。"哎呀……"

"哎呀什么？老天，阿尼娅。我只是说，开怀大笑和深度交流很棒。我都不想让那天结束了。"

"嗯……所以那天晚上是怎么结束的？"

"当然，什么都没有发生。我们俩都是结了婚的人，但我们说起了我们在一起有多么愉快，于是决定以后他再来的时候也许可以一起吃顿午饭。他会经常来这儿出差。"

"唉，米娅，我不禁担心这件事最后可能会导致什么结果。"

米娅没有理会阿尼娅的话。"我们不要小题大做。我只是遇到了一个很有趣的人，觉得和他一起共进午餐很有趣。仅此而已。"

虽然阿尼娅依然怀疑这件事可能会产生严重的后果，但她只说了一句"好吧"，没有再说什么。她们转移了话题，阿尼娅开始谈起了她公司里令人兴奋的变化。

一个月后，在她们下一次一起吃晚餐的时候，米娅急急忙忙地跑到了阿尼娅的桌子旁。阿尼娅说她看起来很高兴。

"谢谢！我感觉真的很棒。泰勒和我昨天又吃午饭了，我还在兴奋呢。"米娅接着解释说，自从上次见阿尼娅之后，这是她第二次与泰勒吃饭。

阿尼娅什么都没说，但稍稍皱了皱眉。

"除了吃饭以外，什么都没有发生……目前没有，"她说，"但我能看出事情可能的走向。我发现自己经常在想他。阿尼娅，也许这很疯狂，但这是我生命中一直缺少的东西——我已经有很多年没有这么有活力了。"

阿尼娅觉得她的身体紧张起来了。她喝了一口饮料，说道："天哪，米娅，这一切似乎发生得太快了。我不认为无聊是抛弃婚姻的好理由。"

米娅的脸沉了下去。"太让人失望了。你自己说的，我看上去很开心。这是好多年以来，我第一次感觉到了开心。你为什么不能更支持我一些呢？"

"你不会真想让我告诉你可以去搞婚外情吧？"

"也不是——但我希望你至少能理解我的处境。你有没有过类似的感觉——就是想从婚姻中得到更多的东西，害怕未来四十年都是日复一日的乏味生活？"

阿尼娅小心地斟酌自己的措辞。"我能理解无聊和不满足。是的，我有时会有这种感觉。但我觉得如果你去和泰勒搞婚外情，那就很糟糕了。"

"阿尼娅，我觉得你不理解。你太着急评判我了。我只是觉得自己被困住了。日复一日，越来越郁闷。你为什么不能理解我呢？"

"理解与支持我认为很糟糕的选择之间是有区别的，"阿尼娅说，"我不禁会想所有可能出问题的事情。这就像一条底线，一旦你跨过去了，就很难再回来。"

"你到底是怎么回事？你从一开始就对这件事持否定态度。我说的是我的生活——不是你的。"

阿尼娅把脸埋进手里，开始轻声哭泣。"这件事也与我有关……你不知道跟你聊这些有多难。"

米娅的脸色缓和下来了，她从桌子那边伸出手，握住阿尼娅的手。"出什么事了，阿尼娅？"

阿尼娅努力控制住自己的情绪，说道："几年前，克里斯托弗出轨了。我从没有跟你说过，因为当时我们有些疏远，而且那件事已经过去很久了。听你谈起泰勒，又让我想起了那些伤害和背叛的感觉。我觉得那些痛苦还在那里，就在平静的外表之下……太尴尬了。这件事让我感到很羞耻，我怕说了你会看不起我。你现在说的话都是克里斯托弗说过的。当时我很担心是我的错，是我不够好，或者做错了什么。听你说这些又勾起了那些感觉。"

"哦，不，我很抱歉——我完全没想到我们的谈话会造成这样的结果。不，我不会看不起你。我也不认为我的不开心是杰克的错，克里斯托弗出轨可能完全与你无关。"

"当然，克里斯托弗和我最后解决了问题，但我当时真的不确定我们能不能熬过这一关。当时太痛苦了，米娅。我不想看着你也经历那样的事情。"

"我明白了，你在为我担心，我很感动。但这是我的生活，阿尼娅。我得看看泰勒和我之间的感觉是不是真的。你是我唯一可以倾诉的人。"

"我感觉很矛盾。"阿尼娅说，"我分不清哪些是自己的经历，哪些是我对你的话产生的反应。婚外情已经够糟糕了，但更糟的是，克里斯托弗一开始并没有对我说过他不开心。后来他又瞒着我在外面找人……太糟糕了。听你说的时候，我能感觉到自己又在重温当时的痛苦，而且我想保护自己，不想感受那些感觉——我猜我也想保护你。"然后她接着说："要是克里斯托弗和我一开始就去做婚姻治疗就好了。我很高兴我们最终去做治疗了——否则我们可能会离婚。"

"我明白，无论是在当时还是现在，克里斯托弗的出轨都让你很难过。"米娅说，"但是，这是不是意味着你不能和我一起谈谈我的那件事？"

现在阿尼娅已经止住了哭泣。"我希望你觉得能和我交心。但是，如果你把我对你的支持当作对婚外情的支持，那又该怎么办？这就好像我支持克里斯托弗出轨一样。我讨厌这种感觉，我不知道该怎么做。"

阿尼娅和米娅的关系已经很接近"深度关系"了。她们对彼此越来越开放，越来越支持，对彼此的反应也越来越坦诚，并且能够提出异议。但是，阿尼娅的处境很难。米娅戳到了她的痛处。

不难想象，这种情况在很多关系里都会出现。也许你害怕自己被解雇，而你最好的朋友恰好刚刚失去了工作。或者你刚刚得知母亲得了绝症，而你的朋友却突然失去了父亲或母亲。还有可能，你很难适应为人父母的生活，而你的朋友却一直怀不上孩子。对于其他人来说，这些事情的相似性可能特别容易让他们产生共鸣，但对于你的这些朋友来说，却很容易给他们造成创伤。无论关系有多亲密，你们都可以这么说："很抱歉，我真的很想帮忙，但这对我来说太痛苦了。"否则，亲密的关系就可能让人感到是一种强迫。

事情还有其他的可能性，这取决于情绪痛苦的程度。其中一种解决方法就是像阿尼娅那样，承认并说出自己的感受。在谈话中，她一开始就意识到自己无法保持客观，并且实话实说了。这样帮助了米娅更清晰地理解阿尼娅所说的话。

阿尼娅可以接着说："米娅，这对我来说很难，但我想我能理解你的感受。不过，请不要把这理解为我在间接地支持你出轨。我希望你把我的反应当作我的担忧，而不是警告。也许表达我的担忧能给你一些不同的视角，帮助你看清各种结果和选择。"

阿尼娅的第三个选项是专注于最初的问题：米娅的不快乐。尽管在米娅第一次表达自己的不满时，阿尼娅对这个问题做了一些初步的探索，但她的逻辑判断"生活并不总是美好的"基本上就打断了探索。与此不同的是，她本可以继续保持好奇，帮助米娅反思她的郁闷背后的深层问题。关注根本问题可以让她们探索多种解决途径，而不只是看到与泰勒搞婚外情的可能性。

随着阿尼娅与米娅谈话的继续，阿尼娅采用了这三种方法中的一些要素。

米娅与阿尼娅的故事（第 5 部分）

阿尼娅很愿意尽可能多地陪伴朋友，并且把这一点告诉了米娅，让米娅很是感激。在随后的谈话中，阿尼娅尽可能地帮助米娅探索了她不快乐背后的问题。她帮助米娅审视了各项选择，并考虑了后果和婚外情的潜在影响。尽管很难，但阿尼娅依然努力将自己的问题与朋友提出的解决方案区分开来。这就给了米娅一个机会，去探索婚外情的含义而无须让阿尼娅表示同意。

一天下午，米娅若有所思地说："即使杰克知道了，我也不认为与泰勒的短暂婚外情会结束我的婚姻。他一定要知道吗？不是很多人在私下里都有一些小小的冒险吗？"

"是啊，你也许可以保守秘密，但这对你的婚姻会有什么影响呢？"阿尼娅追问道，"这样真的能让你和杰克更亲密吗？如果他发现了，这又会对你们未来的信任关系造成什么影响？我不得不承认，即便是现在，当克里斯托弗说起女同事的时候，我有时还会感到不安。把这种不确定性带入婚姻真的值得吗？此外，如果你爱上泰勒怎么办？那又该怎么办？如果你不想离婚，更好的做法难道不是弄清你想从杰克那里得到些什么吗？"

阿尼娅可以看出，她的问题让米娅很纠结。米娅听进去了，但不愿放弃与泰勒幽会的想法。她们继续探讨了根本问题是什么。阿尼娅问了米娅想从杰克那里得到什么东西，以及她还能做些什么来得到这些东西。

在接下来的一周，她们在继续沟通的时候遇到了一些困难。其中之一就是阿尼娅又开始给米娅建议和警告了："你真的该停下来了……你在玩火。"米娅说这样的话对她没有帮助，于是她们又回到了正轨。

还有一次，阿尼娅恼火地说："你没想清楚，我真不敢相信你竟然会考虑这件事！"

米娅有些吃惊，然后说："这太伤人了，阿尼娅。我没感到支持和理解。相反，我感觉受到了评判。"

"很抱歉让你感觉被评判了，"阿尼娅答道，"虽然这不是我的本意，但我认为对我来说，对你直接一些很重要，这样你才能知道我的想法和感受。我觉得这是我作为你的朋友的责任。"然后她们再次回到当前问题的讨论上了。

阿尼娅和米娅不断深入地讨论这些问题，但在某种程度上，他们都陷入了僵局。最后，阿尼娅说："我不知道我能不能再给你更多的帮助了。我不是专业的心理治疗师，无论我多努力不让这些事情影响我，但依然有太多事情会戳到我的痛处。尽管我不能继续跟你谈这件事了，但我希望你知道我有多关心你，知道我们的关系对我来说有多特别。"

米娅回答说："是的，我知道。"

***

即使在深度关系里，也不是每个问题都能得到解决。但是，通过处理这种僵局，这两位朋友可能进一步增强了她们之间的关系，巩固她们的友谊。她们之所以能做到这一点，有好几个原因。第一，她们没有因为当前的处境而责备对方。没错，米娅是说过："这是不是意味着你不能和我一起谈谈我的那件事？"这个问题完全不同于咄咄逼人的要求："你为什么不能在我身边支持我？"同样，阿尼娅也没有说："这件事对我来说那么痛苦，你怎么能指望我会支持你？"

第二，她们俩都表露了很多心声：米娅分享了感到再次充满活力对她有多重要，以及她有多么需要阿尼娅；阿尼娅把克里斯托弗出轨的事情，以及她在那段时期内的各种情况告诉了米娅。最后，即使阿尼娅感到痛苦，但她依然继续为米娅提供支持。这样就减少了米娅认为她的好友不关心她的可能性。

拥有一段深度关系，并不意味着你必须答应对方的每个要求。平衡这两种需求是很重要的：一种需求是照顾好自己，另一种是对他人做出回应。在面对纠缠不清的问题时，这一点尤其重要。关键是要坦言自己的需求，关心他人的需求，不加指责地对话。

三个额外的注意事项

共情与认同之间有什么区别

即使阿尼娅不支持米娅提出的应对不快乐的方式，但她仍希望对朋友表达共情和理解。这样做很难。这需要她们都清楚这一点：阿尼娅的共情不代表她支持米娅搞婚外情。

平衡"照顾好自己"和
"对他人做出回应"
这两种需求尤其重要。

我们的朋友伊芙曾与她父亲面对过一个相似的挑战。她父亲阿尔弗雷多总是疏远家人，把所有的反馈都当作攻击。伊芙试图对他的不高兴表示理解，从而与他建立联结，但阿尔弗雷多把她的共情当作她同意他的看法：他受到了家人的虐待。他总是坚称自己的意图是好的。但伊芙试图指出影响别人的不是意图而是行为，这在他听来又是一番攻击。伊芙不知道该如何摆脱这种困境。如果对方想要认同，共情和理解可能会不起作用。伊芙不得不承认，她不能满足父亲的要求。她试图对父亲表达共情，但付出的代价却是更大的隔阂，他们两个人都不想要这样的结果。

要是支持对方与我的价值观相悖怎么办

阿尼娅反对米娅的想法，不是出于价值判断，而是出于亲身经历过的代价。但是，如果她认为出轨是不道德的，那该怎么办？一个人真的能"恨其行，爱其人"吗？这样的态度真的能让米娅感到全心全意的支持吗？当被问及对同性恋的看法时，教皇方济各说："我有什么资格去做这种评判？"如果你持有强烈的价值观念，而你又不是教皇方济各，那么让你不去评判，又有多容易呢？

如果阿尼娅对婚外情持有强烈的价值判断，而米娅知道这一点，那她就不太可能向阿尼娅寻求支持。我们不会与一位"深度"的朋友分享所有的问题，这就是为什么我们大多数人都需要不止一个这样的朋友。

要是我越过了界限，扮演了心理治疗师，那该怎么办

阿尼娅鼓励米娅去探索她对生活和婚姻的不满的来源。她问了一些开放式的问题，鼓励朋友去深刻反思造成她不快乐的根源，并考虑其他处理问题的方法。但是，非专业人士能做的是有限的，阿尼娅知道自己的局限。当阿尼娅说"我不知道我能不能再给你更多的帮助了。我不是专业的心理治疗师……"的时候，她不是在放弃好友的角色，也不是在评判米娅；她在承认自己的局限。尽管如此，你也不能强迫别人去做心理治疗。尽管阿尼娅告诉了米娅心理治疗曾帮助她和克里斯托弗应对类似情况，但米娅最终还是拒绝了这个提议。到了这个时候，阿尼娅已经做了她能做的一切。

和一个人深入交谈，也许能打开一扇大门。无论是好是坏，那扇大门再也无法对那一个人紧锁了。通过这种方式，一段深度关系可以影响另一段关系。阿尼娅以为克里斯托弗出轨的往事已经过去了，但她却开始意识到自己内心依然有些遗留下来的感受，可能会促使她和丈夫重新讨论他们的关系需要如何进一步地修复。

这种对话可能是一把"双刃剑"。是的，也许阿尼娅和克里斯托弗最终会因为阿尼娅和米娅的谈话而受益，但阿尼娅并不想再次提起痛苦的话题。一旦两个人面对纠缠不清的问题，可能就别无选择，只有继续向前、解决问题——不管是不是在预料之中，也无论他们是否愿意。这就让我们回到了本书的核心原则：学习型心态的重要性。

假设克里斯托弗过去的婚外情让阿尼娅实在无法释怀。很可能克里斯托弗不喜欢有人让他想起过去的不忠。但是，如果阿尼娅选

择不去指责（"你怎么能对我做这种事"），而是去探索（"我怎么做才能让心态更平和"或者"我们现在的关系如何"），他们都有可能收获颇丰。要做到这一点并不容易，但这也是一个需要做出的选择。

这就是深度关系如此奇妙的原因之一——这是一种完全被别人了解和接纳的体验，是一种成为一个完整的人并以同样方式看待他人的机会，也是一个学习的机会。要建立这样的关系不容易，但这是完整的人生的一部分。

深化学习

自我反思

1. 想象自己是阿尼娅。你会如何处理她和米娅的情况？在不让米娅感到被排斥或伤害两人关系的情况下，你会如何表达你不愿与米娅讨论她的问题？

2. 勾起个人的情绪：你有没有遇到过这样的情况，即一位好友（或家人、同事）想要与你讨论他们面临的某个问题，但这件事勾起了你的强烈情绪？你是怎么处理的？

3. 勾起他人的情绪：你有没有遇到过这样的情况，即你想讨论某个问题，但又不确定对方能否和你谈？例如，也许你父母的心智健康正在恶化，而你的朋友近期失去了患有痴呆的父（母）亲。也许你的朋友愿意听你分享你的经历——也许不愿意。不管是哪种情况，你是如何处理的？对于自己当时的处理方式，你有没有希望做出改变的地方？

4. 当前的困境：你现在有没有这样的情况，即你想要谈论的事情可能会勾起他人的情绪？

应　　用

　　看看有没有一种方法能让你和"自我反思"问题 4 里的人讨论那个问题。你要怎么讨论才能既允许对方拒绝你，又不让你们任何一个人感觉受到了排斥？

理　　解

　　这种讨论需要你们既直接又敏感。谈得如何？你对自己、对谈话的过程有了哪些了解？冒这个险对你们的关系有什么影响？

我们在遇到障碍的时候，
为其加上"暂时"这个词
是很重要的。
一旦加上"暂时"，
含义就从无望变成了可能。

第 16 章

若"深度"求而不得

数十年来，本书的两位作者一直致力于教授和践行"深度关系"，但我们并非总能和生活中的人建立这种关系。从童年到青春期，卡罗尔和她已故的母亲弗洛拉的关系非常亲密。弗洛拉说得很清楚，她想和女儿做"最好的朋友"，这样卡罗尔就能对她无话不谈，她一直也是这样做的。弗洛拉给了卡罗尔很多后者认为很好的建议，包括化妆、恋爱，以及婚前性行为的危险等。卡罗尔不是个叛逆的孩子。她守规矩、成绩优异、不惹麻烦。

当卡罗尔长大成人、结婚生子之后，一切都变了。她发现，她们"亲密"关系的前提是卡罗尔对弗洛拉的顺从，以及几乎始终把她的需求置于自己的需求之上（否则卡罗尔就太"自私"了）。弗洛拉非常擅长在自己失望或生气的时候给予对方反馈，但是当她做的任何事情让卡罗尔感觉不好时，她却不太善于接受反馈。她是卡罗尔见过的最挑剔的人之一——非常固执己见，别人很难影响她的看法。

随着卡罗尔对有效人际关系动力的了解越来越多，她想知道有没有办法能让她与母亲拥有真正的亲密关系，两个成年女人之间的关系。在卡罗尔攻读博士学位的时候，她们两人有了一次难忘的交流。

"我不明白你为什么要读博士，"弗洛拉说，"这样你的孩子和丈夫都不能得到他们需要的关注了。"

"妈妈，你说你不理解我为什么费力去读博士，而不花时间陪家人，让我感觉自己很糟糕，"卡罗尔说，"这是你的目的吗？"

"当然不是，我只是觉得你把自己逼得太狠了，而且完全没有这个必要。"

"对谁来说没必要？"

"所有人。"

"关于这件事，我已经和安迪谈过很多次了，他完全支持我。我问过他，他是否觉得他和孩子不得不做出很多牺牲，而他向我保证并非如此。"

"我不信。"

"所以你觉得他在对我撒谎？"

弗洛拉沉默了一会儿，然后说："我只是根据自己的经验说的。曾经有一段时间，我们经常见面——去购物或者去吃午餐。我们会在电话里闲聊好几个小时。你现在好像都没时间做那些事了。"

"没错，你说得对。这正是因为我想把空闲时间用来陪伴安迪和孩子们。"

　　"所以我才不明白你读博士的事情。"

　　"你是说,你不支持我读博士,是因为我没有那么多时间陪你?"卡罗尔问。

　　"我可没这么说。我是说这样给你的家庭造成了不必要的伤害。"

　　这就是她们的对话。尽管卡罗尔试图表达这样的对话所造成的影响,但她屡次都未能成功。卡罗尔想向母亲解释,她不能影响弗洛拉的看法,这已经让她们产生隔阂了。卡罗尔试着告诉弗洛拉,每次弗洛拉对其他家人下定论的时候,她都觉得不舒服。卡罗尔对弗洛拉说,每当弗洛拉不愿意承认自己可能犯错的时候,都会让她更不愿意(而不是更愿意)花时间和她在一起。卡罗尔告诉弗洛拉,她这样说,是希望她们能拥有更亲密的、成年人之间的关系。

　　弗洛拉常常用眼泪回应她,说卡罗尔这样很不公平。她只想和卡罗尔更亲密些,但她们不能像以前那样亲密,正是卡罗尔导致的,因为她"太忙"了。卡罗尔试图指出,她们的亲密关系是由她们在卡罗尔小时候的互动方式(也就是卡罗尔总是顺从弗洛拉,因为母亲总是"对的")所决定的,而那样的互动已经不合适了。弗洛拉不承认,她会说实情并非如此,或者转移话题。

　　卡罗尔很难接受这样的事实:尽管她已经学会了如何建立深度关系,但她不能和母亲建立这样的关系。当弗洛拉身患癌症、时日无多的时候,卡罗尔做了最后一次尝试。在母亲做手术的时候,她努力成为最好的女儿,经常去看望母亲,连续几个月里,每周都有好几天开车送母亲去输液中心。尽管卡罗尔多次邀请弗洛拉谈谈对于现状的感受,但弗洛拉不愿意。卡罗尔认为,弗洛拉完全不愿意进行一场自己不能占上风的对话(没错,这种归因的确"越界"了）。卡罗尔爱弗洛拉，而且知道弗洛拉也爱她。但是，她们之间没有深度关系。

深度关系能带来一个重要的结果，那就是成长与发展的机会，但这种成长的方向必须是双方都想要的——而不是一方给另一方设置的方向发展。可是，如果对方的需求导致他们想让你按照与你的想法不同的方向发展，那会发生什么？弗洛拉宣称，她只是为了卡罗尔好，但其实弗洛拉只是希望卡罗尔按照她想要的方式成长（更准确地说，是不成长），这会迫使卡罗尔倒退回青春期时的样子，用那样的方式与母亲相处。反过来，卡罗尔也希望母亲成长，但卡罗尔所谓的成长是指能够谈论自己时日无多的事实（以及许多其他困难的话题）。

如果母女俩能好好谈谈，这个问题也许就能解决了，但弗洛拉不愿意进行这种讨论。**深度关系需要双方愿意正视问题，愿意承认错误，寻找看待事物的新方法。**弗洛拉不愿意这样，是因为她必须是对的，这对她来说是最重要的。两人之间可以有关怀，甚至可以有爱，就像这对母女一样，但不是有了这些就是"深度关系"。尽管双方可能都想与对方建立更亲密的关系，但要让卡罗尔放弃自主，这个代价就太大了；而且弗洛拉不愿成长和学习，这也让她们不能建立深度关系。

本章说明了为什么有时我们竭尽全力，依然不能让关系变得更有意义。随着你和对方越来越了解彼此，你们可能会发现，你们的观念天差地别，达成共识所需的努力，可能实在是太大了。可能你们的共同点不够多，深交所付出的代价超过了益处。可是，如果你们的关系本来有可能变得"深度"，但还没有到达那个程度，那该怎么办？发生了什么？是你们做了什么，或没做什么导致的吗？我们能从停滞不前的关系中学到什么？

深度关系需要双方
愿意正视问题，
愿意承认错误，
寻找看待事物的新方法。

菲尔和蕾切尔：仅此而已

在第 9 章，当蕾切尔告诉父亲，他提建议和缺乏共情的沟通模式让她实在受不了的时候，她和父亲消除了一个关系中的重大障碍。一次对质并没有完全解决这些问题，菲尔有时会回到过去的模式里，但他们现在有了一种新的关系——蕾切尔可以指出他的问题了。随着时间的推移，菲尔越来越能克制自己的习惯，他们的关系也越来越亲密。

这次成功让蕾切尔备受鼓舞，她意识到她想从父亲那里得到更多。他没有和蕾切尔分享生活中许多重要的部分，而蕾切尔想要真正走入他的内心。自从母亲去世以后，蕾切尔一直在担心菲尔能否适应没有母亲的生活。她也越来越担心菲尔能否做好外科医生的工作。他们的医院没有规定退休的年龄，菲尔已经比领退休金的年龄大了好几岁了。当蕾切尔偶尔提起这个话题时，他的回答总是："工作使我年轻。"他还会补充说自己没有退休的打算。他们的谈话总会到此为止。然而，蕾切尔开始听到有些传言说他父亲的手术技术已经不如从前了。她担心这会导致什么后果。我不想看到他被迫离开工作岗位，而不是按照自己的方式退休，她想。但是，当她小心翼翼地提起这个问题时，菲尔总是一笑置之，说同事只是嫉妒，他虽然年事已高，但依然宝刀未老。

蕾切尔渴望能与父亲多谈谈这个问题，并深入探讨其他个人的话题。回顾过去的 40 年，他是怎么看待自己的职业生涯的？有没有什么后悔的地方？他有没有想过想走却没有走的道路？失去了一生挚爱以后，他到底过得如何？为了给这种对话创造条件，她分享了自己面临的许多个人和职业问题。菲尔似乎很重视这样的讨论，由于他不再那么热衷于提建议，蕾切尔觉得更容易表露自己的感受与挣扎了。但是，无论她怎么努力，都没能让父亲吐露心声。菲尔就像一本合上的书一样，让人难以捉摸。

蕾切尔决定更直接一些。她安排他们外出吃晚饭。在吃饭的时候，她列出了她想讨论的所有话题，以及他们能从中得到什么好处。"你之前说过，你想把自己的人生经验传承下去，谈谈你的生活就是传承的一种方法。"她说。

"但我不习惯这样做，"菲尔说，"我不太喜欢回想自己的生活，谈论我以前可能会选择的人生道路看起来没什么意义。我只是觉得，最好过去的事就不要再想了。"他沉默了一会儿，然后轻轻地说："谈论你的母亲实在是太痛苦了。我们不能享受现状吗？"

蕾切尔不肯放弃。"我们走一步看一步吧。我提到了好几个话题。选一个你最愿意谈的，我们看看结果如何。"菲尔沉思了一会儿，说："我曾经要在两个专业里做选择，我们来谈谈这个吧。"他谈了半个小时，但蕾切尔看得出他心不在焉，谈得有些勉强。菲尔摇了摇头。"这样不行。我还是喜欢听你讲你的生活，我已经很好地做到不提建议了。我很乐意谈谈你小时候我们做过的事，以前的旅行。关于过去，我只想聊这些。"蕾切尔点了点头，不情愿地妥协了。

改变关系的基础

蕾切尔没有意识到，她想要的是一些根本性的东西。想要改变别人的行为是一回事（哪怕改变的是菲尔以前对别人的生活指手画脚这样根深蒂固的行为），改变关系的基础则是另外一回事，而这就是蕾切尔要求菲尔做的事。

蕾切尔现在是个成年人了，她想要的更像是成年人之间的关系。

这就需要他们双方做出重大的改变。蕾切尔现在必须更多地采取主动的态度（她已经开始这样做了），而菲尔必须做的不仅仅是减少提建议的行为。他必须更多地袒露脆弱的一面，做更多的自我表露。他们成功地讨论了菲尔提建议的习惯，这使他们的关系变得更加平等了，但仅此而已。菲尔似乎不想再让关系继续向前发展了——至少，肯定不是像蕾切尔想要的那样发展。这种改变对他来说是不是太大了？

尽管蕾切尔希望菲尔更多地表露自己的情绪，但在他一生的大部分时间里，他都是一个倾向于理性分析的人。此外，他所受的教育和工作环境并不鼓励他表露蕾切尔想要的那些脆弱情绪，他的家庭生活也是如此：菲尔的妻子多年来一直在向蕾切尔"解释"菲尔的感受。如果人际交往的主要方式一直受到强化，人就很难做出改变。

既然如此，蕾切尔还有哪些选择呢？她可以选择顺其自然。毕竟，她已经取得了不小的成功。在过去的一年里，蕾切尔和菲尔的关系有了很大的改善。她能更多地分享自己的事情，而不用听菲尔给她提建议。这样的关系给他们带来的亲密感，让他们双方都很开心。一心想要深度关系，可能会带来一个潜在的坏处，那就是低估任何没达到这个程度的关系。有时候，对已经取得的进步心怀感激是必要的。不同的人能满足我们不同的需求。蕾切尔的婚姻很美满，也有一些亲密的朋友。丈夫和朋友可以满足她对深层联结的需求，同时她也可以享受目前与父亲的关系。

或者，她也可以再努力一些。她已经看到，菲尔是可以改变的，所以也许他可以再做出一些改变。她和父亲的关系一直很亲密，而进一步的改变可能让他们关系的内涵变得更加丰富。对于菲尔来说，分享更多关于自己生活的事（尤其是向女儿分享）可以让他用更有意义的方式与人相处——尽管这样做对他很难。这也能实现他所说的传承自己人生经验的目标。

但是，蕾切尔应该做多大的努力呢？那次晚餐时 30 分钟的尝试够不够？如果蕾切尔答应菲尔的提议，谈谈她小时候的往事，对话会不会朝着她想要的个人表露的方向发展？还是说她会白费力气？

我们会用一个问题来回答这些问题（毕竟我们是教师，这是我们的本能）：她如此坚持是为了谁呢？有时我们只需要接纳别人本来的模样。她是否真的看到了一些蛛丝马迹，表明菲尔很孤独，想要更多的亲密，还是说她这样强迫菲尔，只是为了自己的需要？

我们可以从另一角度来看蕾切尔的选择。正如本书开头所说，卡罗尔·德韦克建议，在我们遇到障碍的时候，加上"暂时"这个词是很重要的。[1]一旦给"我不能对我的重要他人表达我所有的需求"这样的表述加上"暂时"，其含义就从无望变成了可能。蕾切尔不知道菲尔未来会怎样。也许菲尔的手术工作不会像过去那样顺利；对他来说，和蕾切尔讨论这个问题比和其他外科医生讨论更容易。也许菲尔会看到一位正在走下坡路的同事，但这位同事却不肯面对现实，菲尔可能会意识到自己不想走上同样的道路。在这些时候，菲尔可能更愿意自我表露。

我们越是努力，
就越有可能疏远对方。
逼得太紧可能会让
关系失去生命力。
相反，配合对方的节奏
会让对方更有可能在之后
跟上你的步伐。

还有一种危险，那就是**我们越是努力，就越有可能疏远对方。逼得太紧可能会让关系失去生命力。**相反，配合对方的节奏会让对方更有可能在之后跟上你的步伐。蕾切尔可以珍惜她现在得到的东西，同时在心里依然记住：情况可能会发生改变，以后她有可能会得到更多。事实上，她自己也可能会改变。

本与利亚姆：失败的尝试

在第 4 章本和利亚姆的故事结束时，这两位朋友取得了一些进步。本说他会尽量不再过多追问私人问题，利亚姆也承诺会把对本的意见提出来，而不是闭口不谈。他还表示会分享更多。

在接下来的一年里，他们的友谊与日俱增。利亚姆遇见并爱上了一个名叫布里塔妮的女人，本觉得她很棒——和利亚姆很般配。利亚姆有时很强势，本喜欢布里塔妮和利亚姆在一起时不卑不亢的样子。

由于利亚姆和布里塔妮待在一起的时间比较长，所以本和利亚姆见面的时间比以前少了。一天晚上，他们一起去喝酒，本问利亚姆最近如何，利亚姆透露：他认为布里塔妮可能就是他命中注定的爱人。

"太棒了！"本说，"她很好，我真为你感到高兴。"利亚姆看起来有些闷闷不乐，不愿看本的眼睛，所以本又问了一句："出什么事了吗？"

利亚姆笑了，摇了摇头。"我真是什么都瞒不过你……我想这可能是好事。问题是她的母亲——南希。我受不了她，她以为自己什么都知道——她总是对自己一无所知的事情发表意见。"利亚姆越说情绪越激动，"就在上周，她对我指手画脚，让我去买房子，可她既不知道我的财务状况，也不了解房市。"

本同情地摇了摇头。"啊，真烦人。你认为她为什么会这样？"

"一个原因是，她特别依赖别人。她丈夫在四年前去世了，而她好像根本没法继续她的生活。南希每天都给布里塔妮打电话。布里塔妮有时会带她一起吃饭，因为她很孤单，而布里塔妮对此很难过，但每次吃饭都让我很不舒服。在大部分时间里，她都在不断地询问布里塔妮生活中的事，然后对她的生活指手画脚。看在上帝的分上，布里塔妮是个成年人，而且是个很能干的成年人。真让我受不了！为什么南希以为自己是替别人解决问题的专家？"利亚姆深吸了一口气，说，"我觉得更让我困扰的是布里塔妮对她的反应——更准确地说，她毫无反应。无论南希提什么建议，她只会说'谢了，妈妈，我会考虑的'，然后就改变话题。为什么她不叫南希闭嘴？我开始失去对她的敬意了。我希望我的妻子能有些骨气。"

"天哪，你可真是被气坏了！"

"我当然生气了，"利亚姆说，"如果是你，你不生气吗？"

本感到有些矛盾。一方面，他想支持利亚姆，但另一方面，他觉得事情没有这么简单。他从没有见过南希，利亚姆对南希的描述很片面。很难相信南希就像利亚姆所讲的那样糟糕。此外，布里塔妮给他的印象是一个自信、脚踏实地的女人。她看起来并不软弱，也不是过于顺从的人。本不知道怎么说才能有所帮助。于是他点了点头，说："是啊，大概我也会生气。"他停顿了一下，然后问道："你觉得她们为什么是那个样子？"

"我又不是她们的心理治疗师！我也不需要你扮演治疗师！我只想发泄一下。我不知道我还愿意跟谁一起发泄。"

"好的，"本说，"我明白了——听起来你很不爽。尤其是考虑到你有多在乎布里塔妮。"

利亚姆向后靠了靠，稍微放松了一些。

"很高兴你愿意跟我发泄，"本说，"我希望你愿意跟我一起发泄情绪。但我必须直说——你对问题的描述有些太狭隘了。事情可能不是非黑即白的，如果你因为这样的想法和布里塔妮分手，那就太糟糕了。如果你不想谈这件事，我们就不谈，但我还是有些话要说。"

利亚姆沉默了。然后，他有些犹豫地点了点头，说道："说吧。你有什么想法？"

"我不认识南希，但我在想，她是不是真的像你所说的那样，像个'老巫婆'一样。不过，我的确对布里塔妮有一些了解，她给我的印象不像是没骨气的人。她对你就挺不卑不亢的。所以你为什么要给她贴上这么被动的标签？在我看来，她找到了一个应付她妈妈的好办法。"

"话虽如此，但这就让南希一直不肯收敛。布里塔妮应该让她闭嘴。"

"那是你做事的方式。你说南希认为她总觉得自己的做事方式是对的，你不也是在做同样的事吗？不管怎样，你为什么这么心烦？布里塔妮似乎没有受到什么影响，你为什么不能像她那样呢？"

"这让我很生气，本。你为什么总把事情扯到我身上？所以说，这是我的错咯？"

"不，我不是这个意思。我想说的是，你唯一能控制的人是自己。如果我是你，也会生南希的气，但我觉得我可能不会像你那么生气。事实上，我很欣赏布里塔妮处理这种问题的方式。她没有让母亲控制自己，也没有攻击自己的母亲。我只是在想，你有没有问过自己这些情绪背后有没有你个人的原因。"

"那有什么用?"

"你在考虑和布里塔妮结婚,所以南希会成为你的岳母。你需要和她处好关系。你能不能想想自己为什么会这样,好让你不至于觉得没法和她相处?"

"我不知道,"利亚姆说,"这种自省不是我的长项,但我会考虑的。"

在接下来的几个月里,利亚姆和布里塔妮的关系越来越好,本和利亚姆见面的次数更少了。但是利亚姆分享了更多他对布里塔妮的感觉,他们之间的友谊也变得更加深厚了。本很小心地不去询问他与南希的事情,但他依然有些担心。

后来,利亚姆告诉本,他和布里塔妮订婚了,打算在明年6月举行婚礼。这两位朋友找了个时间喝酒,为利亚姆庆祝。在他们聊完工作和日常生活的近况后,本问利亚姆婚礼计划得如何。利亚姆翻了个白眼,喝了一大口啤酒。

"我们应该私奔,"他说,"不出所料,南希什么事都要管,布里塔妮却听之任之。这场婚礼就像是南希的,不是我们的。"

"呃,真是糟透了。布里塔妮肯定也不好受。"

"其实,我不这么认为。"利亚姆说,"最让人恼火的是,布里塔妮似乎对南希做的所有决定都没意见。我简直要疯了。"

"我还以为你和南希的关系好些了。"

"才没有呢,我只是不想聊这件事。"

本停下来想了想,说:"利亚姆,我还是不明白这件事为什么让你这么心烦——尤其是听起来布里塔妮并不介意。在你看来,你和南希之间的相处模式有问题吗?"

利亚姆火了。"本，我受够了你每次在我为某件事烦心的时候说这些精神分析的废话，我再也不想聊这种婆婆妈妈的话题了。这让我什么都不想跟你说了。"

本放弃了："抱歉，我只是想帮忙。我们聊别的吧。"

话题转移到别的事情上了——工作、本为即将到来的马拉松的训练安排、利亚姆和布里塔妮考虑租的公寓，以及本正在交往的女人（本打算带她参加利亚姆和布里塔妮的婚礼）。

在后来聚会的时候（无论是婚礼前还是婚礼后），利亚姆一直在表达对南希的不满，本也只说一些同情的话，不再尝试探索其背后的问题。利亚姆提到，他觉得本最近的话很有帮助，并且说："谢谢你让我发泄，而不再说那些婆婆妈妈的话。"

"大概我们喜欢的东西不同。"本耸了耸肩，"就像我之前说的，我喜欢深入探索这类事情。"

利亚姆摇了摇头。"是啊，不过我不喜欢这种钻牛角尖的事。"

随着时间的推移，本和利亚姆见面的次数越来越少。利亚姆把生活的重心放在了婚姻上，而本发觉他从他们的关系中获得的东西越来越少了。他们仍然是朋友，还会偶尔聚在一起喝酒，但本觉得其他关系更让他满意，所以他把更多的时间和精力放在了别人身上。

当人们想要的东西不一样时

乍看之下，本和利亚姆的关系达不到"深度关系"的程度，似乎是因为他们想要的东西很不一样。利亚姆想要的关系似乎建立在"做哥们儿"的基础上，让他能够分享生活中的起起落落。本想要一种更深刻、更亲密的联结。早些时候，他们在工作和运动方面有足够的共同经历，因此能够建立友谊，但随着时间的推移，他们在关系中追求的不同越来越凸显，那些共同经历就显得越来越不重要了。

想从关系中得到的东西不一样，不一定会成为关系的阻碍，但人们必须面对这个问题。人们可能会朝着不同的方向成长，在这个过程中，想要的东西也会产生差异。这并不意味着他们必定会分道扬镳。建立亲密的关系，并不以双方想要的东西完全一致为前提。本和利亚姆的基本问题在于，他们无法讨论这些不同。做不到这一点，他们就无法调和彼此的差异。

他们落入了"非此即彼"的陷阱——要么本不再问私人的问题，要么利亚姆选择容忍本的询问。这就让他们无法弄清自己想要什么，不想要什么。利亚姆完全不愿意自省吗？还是本提问的方式让他不能接受？如果本想要和利亚姆一起探讨自己的问题，而不要求利亚姆也做同样的分享，这样对利亚姆来说会不会更好接受？我们和他们都不知道。他们没有走到这一步。

例如，本可以问："是什么妨碍了我们？我们为什么会遇到这种困难？"而利亚姆可能会嗤之以鼻，认为这种问题"太婆婆妈妈"，也可能不会。重点在于本没有问，他们也没有试图弄清如何更有效地讨论他们之间的隔阂。

他们不能讨论这个问题，所以他们的关系发展受到了限制。在最好的情况下，他们的关系会保持原状，两人会定期见面，聊聊近况。他们也可能会渐行渐远。他们不太可能建立真正有意义的关系。

工作中的深度关系

在我们职业生涯的大部分时间里，我们都在把本书中阐述的能力运用于工作中。我们培训过许多经理和高管，他们来自营利与非营利组织、教育与医疗机构、全美与地方的政府组织。我们帮助员工、经理、高管以及 CEO 学习如何更直接、更诚实地对待彼此。我们帮助他们的团队发展有效处理冲突的能力，也帮助他们解决人际问题，建立稳固的关系。在这个过程中，我们看到他们取得了巨大的个人成长，创造了更好的工作环境，并且提高了工作绩效。

我们在工作环境中看到过深度关系，也建立过这样的关系。这些关系拥有我们在本书中描述过的那些特征。无论你是对方的上司、下属，还是同级别的同事，你们都可能建立这样的关系，不过在组织里，建立这样的关系会遇到一系列内在的挑战。

有些重要的限制性因素不会出现在工作以外的场合。你多半可以选择自己的朋友和伴侣，但不太能选择自己的同事。西蒙可能是个很让人头疼的家伙，但你们的工作是相互依赖的，所以你必须设法与他建立建设性的关系。即使你在工作中建立了很稳固的友谊，但如果帮助他人晋升会让你付出代价的话，可能你愿意提供的帮助也是有限的。没错，你想帮助朋友，但等级制度天生就有竞争性——金字塔尖的空间是有限的。虽说深度关系中包含的一个重要方面是致力于对方的发展，但你在支持同事获得你们都想得到的特殊工作机会的时候，心里可能会感到有些矛盾。你不会刻意阻挠他们，但你愿意牺牲多少自己的晋升机会？

良好的工作关系可以发展为亲密的友谊。这一点很重要，因为建立这样的友谊能促使双方更真诚、更坦率地对待彼此，减少提出困难问题时的风险。但是这样做也有一些局限性。这些局限性在通用电气前 CEO 杰夫·伊梅尔特（Jeff Immelt）几年前在斯坦福大学的一次演讲中阐述得淋漓尽致："我曾经是杰克·韦尔奇（Jack Welch）手下的三个高级副总裁之一。杰克和我是好朋友，我们两家人过去经常在一起吃烧烤。有一次，我连续两个季度没能取得计划中的业绩。在一次高管静修会中，杰克把我拉到一边，搂着我的肩膀说，'杰夫，我很喜欢你，但你在下一季度的表现要是还像上两个季度一样，你就出局了'。我努力确保下一季度达成了业绩指标。"组织也许是管理者积极工作、支持员工发展的地方，但从本质上讲，组织的需求高于个人的需求。

作为管理者，你还面临着另一个限制性因素。你想要员工获得发展，你现在知道了如何给予发展性反馈。你也知道，提供稍稍超出员工能力的任务是促进他们成长的另一种重要方式。但正如我们所说，你的首要职责是确保组织的成功。在把一项重要任务交给可能会失败的员工之前，你可能会三思，即使这对他们来说是一个学习机会。在员工的发展需求与组织的成功之间保持平衡是一项重要的管理能力，而且其中涉及了风险。

稳固、信任度高的关系可以让我们对彼此敞开心扉。但是，如果直接下属向上司承认对自我的怀疑会减少获得工作指派的机会，他就很难这样做——尽管承认实情是有好处的，可能会让他得到他所需要的指导。此外，尽管员工可能知道上司的长处与短处，但他们在给予诚实的反馈甚至提出强烈的反对意见时都会有些顾虑，因为对方毕竟是给他们发工资的人。据报道，好莱坞著名电影大亨山姆·高德温（Sam Goldwyn）曾说过："即使会让你丢了工作，也要对我实话实说。"上司可能会说他们想要坦诚交流，但他们希望这样的交流有多少、有多频繁？

从本质上讲，这些因素不是必然会阻碍我们在工作中建立深度关系。无论是下面哪种情况，你们都有可能建立深度关系：与和你一样想要晋升的同事相处；与下属相处，并且在关心下属与为组织尽义务之间寻求平衡；与管理者相处，尽管你们之间存在权力的差异。在这本书里，我们提供了许多例子来说明如何建立深度关系。要让一段工作关系变成深度关系，需要用上你所学的各项能力。自我表露、坦率沟通、处理"刺痛"、给予和接受反馈、提出困难的问题、指出对方的利益所在、应对权力的差异，所有这些能力都为建立深度关系奠定了基础。大多数工作关系可能都会到达"草地"。一旦你们到了那里，就需要相互的承诺，稳步持续地增加自我表露，不断地走到舒适区外的 15%，并且把挫折视为可以探索和学习的东西，而不是退缩的理由。

尽管组织里会有许多限制性因素，但我们的经验告诉我们，大多数管理者和员工都希望更坦率、更直接地沟通。在我们开办的高管项目里，当我们问"你能多坦率地对待你的上司"时，我们得到的最多的回答是"哦，我得非常小心""如果我要提反对意见，就得小心自己的措辞""最好让上司认为那些新想法是他们自己想到的"，这让我们感到很有意思。无论职位高低，学员给出的都是这些答案。

然后，我们会追问一个问题："如果你的下属不同意你的一个想法，你希望他们怎么说？"不同级别的管理者再次给出了相似的答案。不过，这次的答案是："我希望他们直截了当地说出来，不要拐弯抹角。我想听实话。"

然后，我们会分享我们的观察结论："这不是很有意思吗？所有参与这个课程的人都很有安全感、很自信，但你们的上司却都很脆弱、缺乏安全感。显然，我们需要让你们的上司来上这门课，而不是你们！"我们上面已经提到，如果你能运用本书中的内容，你就能做到直接和坦率。你能帮助你的上司看到你是站在他们那一边的，你的初衷是成为他们的盟友。你不仅可能会获得更多的尊重，还可能与他们建立更稳固、更健康的关系。在这个基础之上，许多工作关系就能发展成深度关系。

我们的目的不是轻率地暗示做到这些是很容易的。这本书里的东西都不容易！但话说回来，你已经知道了。在组织里运用这些内容比我们在本章中讲述的情况要复杂得多。如果你想深入研究这个问题，我们推荐你看大卫和他同事阿兰·科恩合著的两本书：《赋能：分享型领导促成组织转变》（*Power Up: Transforming Organizations Through Shared Leadership*）与《没有权威的影响力》（*Influence Without Authority*）。[2]

深化学习

自我反思

1. 检查进步：在本书开篇的时候，你找了一些想进一步发展的
   关系。你现在与这些人的关系如何？你现在感觉满意吗？
   （当然，这些关系还有可能继续发展。）有没有像蕾切尔和她
   父亲那样的重大进步？你们是否满足于到达"草地"？还是
   说你们想克服最后的难关，攀登"高峰"？

2. 工作场景：有没有一些工作关系是你希望大大加深或者朝
   着"深度关系"的方向发展的？对于每一段这样的关系，请
   详细说说怎样才能增进友谊。当你要向对方提出这样的愿望
   时，你会有什么顾虑？

应　　用

　　对于那些进展让你满意的关系（无论是在"草地"上还是在
别的地方），你在多大程度上为对方陪你走过这段旅程而表达过
感谢？如果没有，就这样做吧！

　　对于那些和你一起停留在"草地"上的人，你决定做些什
么？如果你选择保持现状，那就和对方谈谈你有多么看重你们已
经有的进步，请不要小看你们一路走来的经历。如果你还想鼓励
对方与你走得更远，那就用令人信服但不强求的方式提出你的请
求吧。选择一段你在"自我反思"的问题 2 中想到的工作关系。
你该怎么做，才能让你们一同寻找使关系更加稳固的方法？

理　　解

　　你从上面的对话中学到了什么？你的哪些做法是成功的，哪
些是不成功的？

金缮是一种瓷器修复艺术。
稀有的金属粉末凸显了裂痕，
留下的"金线"告诉我们：
当某物遭到损坏时，
它会变得更加美丽。

第 17 章

如何修复破裂的深度关系

本书的两位作者拥有多年的亲密友谊。20多年前，我们在斯坦福大学初次相见。当时大卫在上"人际互动"课程，并且在培训这门课的授课老师。卡罗尔全程参加了培训，并最终加入了其他教师的行列，开始教授这门课程。我们两人很快就建立了密切的师生关系，并且朝着"深度关系"发展。

我们通常在大的目标上意见一致，但在处理问题的方式上有些细微的差别，因此我们常常可以琢磨出我们任何一人独自都想不出来的办法。提出和解决分歧对我们来说很容易，因此我们的工作关系很好。我们的友谊也日渐深厚，我们将彼此视为解决个人与职业问题的资源。由于彼此坦诚相待、非常信任，我们相信我们非常了解对方。此外，我们两人践行了许多本书中谈过的理念——相互的自我表露、给予和接受反馈（包括赞许性和发展性反馈）、解决"刺痛"、一起解决重大问题。

后来发生了一件我们都没有预料到的事，这件事几乎毁掉了我们高度信任、相互关心的关系。我们的问题牵扯到了很多因素，我们不知道应该如何解决——后来我们在第三方的帮助下解决了问题，并且运用了本书中谈到的能力。不过，我们的关系差一点就破裂了，这也说明了建立深度关系有多难——对于最热心于此的教师也是这样。

具体的分歧本身可以归结为一件很常见，甚至很普遍的事（当然，我们改编了具体的细节）：卡罗尔向她的雇主提了一些要求，但没能得到满足，而她发现大卫没有支持她。

从大卫的角度来看这件事：

我负责"人际互动"课程的教师协调工作已经很多年了，已经准备好退休了。这门课曾是我在斯坦福大学的职业生涯的顶峰，现在则是我留在那里的传承。十多年来，我一直在培养卡罗尔，她在斯坦福大学的事业发展蒸蒸日上，给我留下了深刻的印象。她承担了越来越多的责任，并全身心地投入工作中。她教授了"人际互动"课程的好几个部分，为MBA和高管项目开发了几门新课，并改革了"领导力研究员项目"，这个项目后来成了学校的招牌。尽管她在课程项目上取得了成功，但她的贡献几乎没有得到管理层的认可。但是，我非常重视她，认为她是我的最佳继任者。

她也愿意成为我的继任者，而我也相信她能上好这门课。由于我当时正为了争取预算忙得焦头烂额，所以能够由她接手课程，实在是让我感到安心。商学院当时面临着财务上的限制，正在削减对课程的支持。从目前来看，"人际互动"已经是成本最高昂的课程了，我担心有些必要的经费会遭到削减。保留这些经费是我的首要任务。

从卡罗尔的角度来看这件事：

大卫宣布他即将辞职，大家也开始讨论由我来接替他的工作。这时，我向管理层申请将"人际互动"定性为"项目"而不是"课程"。这件事为什么那么重要，其原因很复杂，但简而言之，项目会得到更多的基础架构支持，部分原因在于人们认为"项目"运行起来更加复杂。"人际互动"无疑正是如此。如果定性为"项目"，我也可以获得"主任"的头衔，我相信这会让我在教师和管理层中更有资历。

大卫已经在他这个位置上工作了几十年，我担心，只有满足这两个条件，我才能像他一样高效工作。没有这两个条件，我就没法像自己希望的那样成为他当之无愧的继任者。此外，我们在一个由男性拥有高度主导权的领域工作，而我作为一名女性，感觉处在劣势地位。多年来我在私人经营的公司里感受过这样的歧视，我曾希望学术界能有所不同，但事实证明这里也一样糟糕。我希望我的导师大卫能帮助我做到这两件事。

我去向管理层申请，但他们拒绝了我的这两项提议。我很生气。我为学校付出了一切，尽管我得到了学生的赞赏，但很少感觉我的贡献得到管理层的赏识和认可。相反，他们总是要求我做更多的事情。我过去一直认为，做一个服从命令的"好士兵"，为组织尽心尽力，最终能带来回报，但我越来越怀疑这一点了。我从来没有为自己要求过太多东西，而现在，当我想要一些我认为对课程的成功至关重要的东西时，他们却不愿意答应我的要求。正是因为这件事，我越来越气愤。我不再相信"好事会降临在那些耐心等待的人身上"。我跟管理层的人说，除非他们把"人际互动"定性为"项目"，并宣布我是这个项目的正式负责人，否则我就不干。我去找大卫寻求支持。

第一次对话

寒暄之后，卡罗尔解释了她想要大卫做什么。大卫说："卡罗尔，你为什么那么想要'项目'和'头衔'的虚名？我不明白这有什么大不了的。"

"这件事之所以重要，是因为我还会陷入像你现在这样的斗争。没有我要的那些认可，我觉得我赢不了。"

大卫想了一会儿，然后说："我觉得不是这样的，你已经做了很多工作，也因此建立了良好的声誉。管理层知道这一点，而且'人际互动'课程的老师也支持你。"

卡罗尔反驳道："这门课正处于发展的关键时刻。课程有许多灵活的部分，要负责这门课已经十分复杂了。与其他课程相比，这门课对整个学校的人员和部门的依赖性也强得多。这门课现在已经到了需要被认定为'项目'的程度了。我需要得到足够的认可才能负责好这门课。"

大卫向卡罗尔保证，他依然会在她身边，而且很乐意帮忙。他也反复表示他对卡罗尔很有信心。

"我需要的不止这些，"卡罗尔说，"我希望你能为我争取，让管理层满足我的要求。如果你不帮忙，我不可能像你一样在这个组织里取得成功，尤其是作为一个没有终身教职的女性！"

"对不起，卡罗尔，"大卫说，"考虑到你过去在这个项目的建设过程中做得很好，我认为你不需要这些。此外，我得把管理层对我的好感用在拯救我们的预算上。如果他们削减了预算——他们正在考虑这么做，那将会对课程造成负面影响，让你陷入困境。我现在必须全心全意地打好那一仗，不想给那件事造成不好的影响。"

卡罗尔说："可是，你为什么不能告诉他们这两件事对课程的未来有多重要呢？"

大卫答应说他会提出这个请求，并提供支持，但不肯为之争取。"我只愿意做到这个程度。"

卡罗尔带着愤怒和被误解的情绪离开了。"他怎么就没意识到这件事为什么对我、对他毕生的心血都十分重要？"

大卫感到有些恼火。"为什么她看不到没有这些标签她也能成功？为什么她不能接受自己永远也不会得到应有的认可？我从没得到应有的认可，我学会了接受现实。我能想办法在没有'项目'名称的情况下开办'人际互动'课程——她也能。"

委婉地说，这次谈话毫无进展。从那以后，事情变得更糟了。

在下一次与管理层的预算会议上，大卫声援了卡罗尔的要求。管理人员问他，这些要求对于卡罗尔领导其他教员来说是否至关重要。大卫迟疑了。"这个嘛，不能满足这些要求，肯定会让她的工作更加困难，但她能做到。"他说。他还补充说，真正的挑战是卡罗尔担任领导的正当性，以及她对管理层的影响力。管理人员向大卫保证这些不是问题。然后大卫问，为什么"项目"的认定和头衔对他们来说是这么大的问题，他们说这是因为他们正忙于应付财务问题，那才是他们的首要任务。他们也想在这次危机过后对各项目和头衔进行全面细致的审核，不想在这个时候做这种草率的一次性决定。然后大卫就不再坚持了。

大卫把会议上的事情告诉了卡罗尔，也告诉她了，即使他知道这对卡罗尔来说有多重要，他也不打算进一步争取。卡罗尔感到非常愤怒，而且非常受伤。

"这可真是一记响亮的耳光，大卫，"她说，"如果在关键时刻，过去的一切付出都不重要，那我拼命工作还有什么意义？"大卫说她的工作很重要，而且她也低估了自己过去积累的影响力。然后她重申了她担心这会对"人际互动"课程造成的长期损害，并补充道："如果我们交换位置，我会毫不犹豫地支持你——即使作为一个男人，你可能不像我那样需要支持。"

"卡罗尔，我不希望你那样做。你为什么会想那么做？"

"我想要对得起你，"她说，"因为你为学校做了那么多贡献。我希望你也能为我做到这一点。我真不敢相信，你看不到对得起我和对得起组织是一回事。我为你和你的人际互动'宝贝'付出了那么多，真不敢相信你会这样做。"

"你为学校、为课程、为我和其他人都做了很多——因此我非常感激你，"大卫说，"但我不认为你的那些要求对于课程而言是最有益的。预算问题很关键，涉及项目认定和头衔授予方面，我认为尊重管理层的程序也是很重要的。此外，我也不想让任何人认为我为你辩护是因为我们之间的友谊——那对你来说就太不公平了。"

我们的讨论就此结束了。

从卡罗尔的角度来看：

在那一刻，大卫既成了整个体制的代表，也成了我多年来被牺牲、被边缘化的所有感受的代表。我想，如果我不能指望他看到这里的不公，对我表示感谢，并给予我应得的待遇，我就不能指望任何人。

我在心里把我们的友谊一笔勾销了。我不知道我能不能再相信他。我认为我们的世界观相差实在太大了。我非常看重忠诚，但很明显他不这么看——或者他对忠诚的定义不同。我认为我们的差异是不可调和的。我不想和他有任何关系……再也不想。

从大卫的角度来看：

此时此刻，我感到很无助。我觉得她不再把我当朋友了，这种感觉很痛苦，但我不知道该说什么。我们翻来覆去地说着同样的论断。我希望随着时间的推移，卡罗尔的愤怒会消减，我们可以重新建立联结。

尽管我们的关系变得非常紧张，但我们仍然必须在那一年剩下的时间里一起工作。除了不得不说的话，我们几乎没有任何交流。员工会议短到不能再短，我们之间的互动也少到不能再少了。虽然我们对彼此都很礼貌，能够公事公办，但我们不再向对方寻求建议或讨论问题，更不要说像以前那样开玩笑了。

"人际互动"课程中的一个关键元素就是学会修复关系，有几位同事劝卡罗尔将她教授的内容付诸实践，与大卫见见面。卡罗尔觉得很委屈，很受伤，被深深地被背叛了，所以她拒绝了。她依然相信，如果她和大卫的位置互换，她会全力支持大卫。她不想和大卫有任何关系。大卫也知道这一点，他不知道该怎么办。

开始修复关系

几个月后，大家鼓励卡罗尔尝试修复关系。她的负面情绪仍很强烈，但她也为这段关系的破裂感到难过。她联系了大卫，请他到她的办公室来见面，看看能否做些什么来挽救这段友谊。

大卫欣然接受了邀请，因为他不知道还有什么其他方式能与卡罗尔建立联结。他不知道自己还有什么不一样的话可以说，但他心怀希望。

在冷淡而略显尴尬的问候之后，卡罗尔告诉大卫，他们能就修复关系进行一次真正的谈话。大卫也表达了相同的意愿。一开始，这次对话似乎与第一次谈话没有什么不同，都没有取得什么进展。

但大卫随后表示，他对卡罗尔如此生气感到不解，而卡罗尔也不敢相信大卫为什么不能明白这一点，因为他非常了解卡罗尔。

"一想到我可能不知道下次会因为什么事让你生气，"大卫说，"我就感到很紧张。"

"这不是惹我生气的事，"卡罗尔说，"而是我们的价值观似乎有着很大的差异，这让我怀疑我们到底有多了解对方。"

在重申了她有多难接受大卫不愿大力支持她的选择之后，卡罗尔更详细地解释了"主任"头衔以及将"人际互动"认定为"项目"为什么对她来说那么重要，并谈到了她觉得这个她为之奉献的组织不重视她的感受，以及她作为一名女性，在一生中要获得任何事物都必须更努力地争取。所有这些感受都和当前的问题纠缠在了一起。她告诉大卫，她采取了如此强硬的立场，但心里感到非常脆弱，因为她害怕自己受到误解。她也表示，在为了支持大卫和他毕生的工作而不懈努力了几十年后，却发现在紧要的关头不能指望大卫，这让她感到非常失望。

大卫开始理解卡罗尔所关心的这些事情有着多深刻的意义，对她有多么重要了。在某种程度上，他并没有得知更多的事实信息，但他开始更充分地理解卡罗尔的感受了。这并不是说他改变了自己之前所说的"预算优先"的看法，但他现在逐渐能够对卡罗尔感同身受，明白这一切对她的意义了。此时此刻，他表达了自己的理解，其中的一句话是："我明白你的感受了，也许这是第一次。我很抱歉。"

这对卡罗尔来说是个重大的突破。这是自从他们关系破裂以来，她第一次感觉被倾听了，而不是被人用异样的眼光看待，就好像是她有什么"问题"才会做出这样的反应。因为大卫对她的沮丧感同身受，所以她也稍稍愿意倾听大卫在立场上与她的差异了。这也是关系破裂以来卡罗尔第一次感觉到了情感的联结。她感觉到了大卫的共情，也感觉到大卫愿意在她难过的时候与她站在一起，而没有试图说服她放弃自己的想法，或者指责她不该有这样的感受。这让她相信他们可以从情绪的角度来谈话，而不是一直谈论想法和观点。

卡罗尔带着真诚的好奇问道："你为什么不能在争取预算的同时支持我呢？"

"卡罗尔，你担心的是能否成功地担任这门课的负责人。如果我不把管理层对我的好感全部用在阻止预算削减上，你就很难在这个位置上成功了。此外，如果我满足了你的要求，反而不利于让你获得你以为自己需要的地位。"

大卫解释说，如果只是因为他尽力争取，卡罗尔的请求才能得到批准，这反而会让她显得更不可靠。他也分享了自己在选择为哪件事争取时不得不做出的权衡，他为此感到了极大的压力。最后，他谈到了他也忍受了几十年不被充分认可的日子，并且刚刚开始释怀，把这种情况当作在这个体制里工作的一部分。他也谈到，在听到卡罗尔说除非她的条件得到满足否则拒绝接手项目时，他感到愤怒和失望。

我们两人的问题都与自身的情绪深深地纠缠在了一起。我们谈了好几个小时。尽管我们对这些问题进行了更加深入的探讨，也更清楚地理解了我们为什么会做出那样的反应，但并不是所有的问题都一清二楚了。这件事带来的痛苦太大了，一时半会儿是不能完全解决的。但是，我们已经取得了突破，恢复了足够的信任，可以再次真正倾听对方了。

问题分析

为什么两个很有人际能力的人会陷入这么深的关系困境？事情是怎么变得如此糟糕的？在这种情况下，有太多因素交织在了一起。这就像一个大大的绳结，用蛮力只会越拉越紧。我们必须弄清应该先拉动哪根绳子。

我们在全书中不断地强调充分理解他人的重要性，也强调了通过好奇和探寻找到根本问题的重要性。没错，我们俩都问过对方问题，但我们没有抱着真正的好奇心。这是为什么呢？

从大卫的角度来看，存在着几个原因。他真心相信卡罗尔非常胜任她的工作，因此不需要头衔和项目认定就能做得很好。他以为自己清楚卡罗尔的情况，出现这种问题主要是因为她的自负和她的不安全感。所以他为什么要提问呢？由于他过度相信自己的判断，而且对卡罗尔的动机做出了"越界"的归因，他问任何问题都显得更像是指责，反而可能进一步激怒卡罗尔。他的问题里没有真正的好奇心。大卫在整个职业生涯中也一直忍受着不被认可的委屈。他都学会了应对这种问题，卡罗尔为什么不能？他也为自己在培养卡罗尔上投入的心力感到愤怒，并且担心这门课最终会受到什么影响。

从卡罗尔的角度来看，她觉得自己的愤怒和受伤情绪是完全正当的，因此完全看不到其他的东西。她是个很有职业精神的人，也认为自己是个非常正直的人。她很少为自己提出什么要求，她冒险提出这样的要求，也让她感到很脆弱。她对于被边缘化有着很深的感触。在之前的谈话中，卡罗尔几乎没有对大卫说过这一点。

因此，（我们两人的）逻辑讨论是行不通的，还会适得其反。我们之所以陷入困境，也是因为我们的价值观有着基础定义上的差异。

卡罗尔之所以反应激烈，归根结底是因为她感到自己的一条最基本的价值观受到了践踏——忠诚。卡罗尔对忠诚的定义是"信守承诺或义务，以及对彼此的忠贞"。这就是为什么她告诉大卫，如果互换位置，她会毫无保留地支持他。因为她非常清楚自己在这种情况下会怎么做，她从没想过大卫会有不同的做法。

大卫也很重视忠诚，但他的定义不同。他把忠诚看作"致力于他人的成长和成功"——而且关系越深厚，越要致力于此。这就是他为什么要竭尽全力地指导卡罗尔。因为他很相信卡罗尔，所以不认为她想要的那些东西是成功的必要条件。

我们的价值观还有另一个差异，我们都相信自己行为的初衷是最正直的，并且都认为我们做的都是为了"人际互动"课程和学校好。这种确信让我们两人都变得容易评判他人，认为对方是错的。当我们感受到负面的评判时，都不愿意去理解对方。

是什么打破了僵局

我们的同事在敦促我们相互交流方面发挥了重要的作用，但我们认为即便没有同事的督促，我们也能取得突破。那可能需要更多的时间，但仍然是有可能的，其原因如下：

我们没有"妖魔化"对方。我们没有编造故事，诽谤对方心怀恶意或者品格恶劣。（卡罗尔说，虽然她不明白大卫为什么要这样做，但她知道大卫不是要故意伤害她。）同样地，我们俩都对对方感到失望，但谁也没草率断定对方是坏人或糟糕的人。由于我们没有采取那些极端的立场，所以我们最终才有可能相互理解。

我们都没有受困于虚假的自尊心。一个人要是处于卡罗尔的位置上，很容易产生一种这样的态度：向大卫表达沟通的意愿就意味着丢脸。幸运的是，卡罗尔的自尊没有阻碍她。此外，我们两人都不惧怕道歉——无论是为了我们所做的事情道歉，还是为了表达对他人的痛苦的理解。

我们都能够分清理解与赞同。大卫从没有认为卡罗尔的看法在客观上是正确的。当他能够将自己的立场与理解卡罗尔为什么如此受伤区分开时，事情才有了突破。接纳她的感受是合理的，并且表达这种接纳起到了关键的作用。在这件事情上，卡罗尔花了更长的时间才想通，但她最终还是理解（并尊重）了大卫为什么会做出这样的选择。

我们放下了逻辑，去探索更深层的个人问题。前两次对话之所以结果如此糟糕，其中的一个原因在于我们两人都在从逻辑的角度上讨论问题；而且我们两人最想要的都是做到"正确"。对于什么才是对课程好，我们俩也有着非常不同的看法，对此我们也都有着各自的一套逻辑。很多事情可能在逻辑上没有道理，但有着心理上的意义。

我们取得的结果符合成功解决冲突的四个标准。我们设法重新开始有效（与无效相对）沟通，我们在较深的层次上达成了相互理解，我们解决问题的能力提升了（所以我们不太可能再次陷入这样的困境），最后我们的关系比冲突之前更深厚了。

关系的复原与修复

金缮是一种修复瓷器的艺术。将金、银或铂金的粉末混在漆里，涂在破损的瓷器上，既能凸显裂痕，又能起到修复器皿的实际作用。这也是一种哲学：如果一件物品损坏了，那它就有了一种应当庆祝的经历，这种经历不应该被隐藏、被掩盖、被遗弃。稀有的金属粉末凸显了裂痕，就是为了表明当某物遭到损坏时，它会变得更加美丽。我们相信同样的道理也适用于关系的"裂痕"以及修复关系的过程。对于我们两人来说的确如此。尽管我们都为这样痛苦的僵局感到遗憾，但我们都珍视从中获得的东西。

回顾关系破裂与修复的时刻，让我们相信我们能够应对未来的任何分歧。我们的"情绪银行账户"里的积蓄更多了。我们意识到，我们都有一些未经检验的假设，其中包括一种信念：由于我们相互认识这么多年了，所以我们对彼此的了解很全面、很深刻。从那时起，这次发人深省的经历促使我们更加深入地探索，而不是想当然地确信我们完全清楚彼此的情况。

　　我们的冲突带来了一个更加重要的结果，那就是让我们之前的权力关系重新恢复了平衡——这说明了在工作环境中建立深度关系的复杂性。卡罗尔一开始对大卫充满敬畏，觉得能得到他的指导是无比幸运的。尽管卡罗尔经常不赞同大卫的想法，但她依然习惯于听从大卫的意见，即便是在她接手了大卫的一些课程，接管了"人际互动"课程里的一些责任之后也是如此。尽管我们都清楚权力不平等会造成什么代价，但我们依然没能看清我们之间的这种权力差异。有了这样的关系动力，再加上我们几乎总是在关键问题上意见一致，意味着我们从来没有过重大的冲突。通过克服这次冲突，卡罗尔看清并接纳了大卫也只是一个凡人，他可能会犯错，也的确犯过错。这样一来，之前我们关系里的权力差异就消失了。这既给了卡罗尔力量，也给了大卫自由。如果没有这种权力的变化，卡罗尔就不确定她是否愿意与大卫合作完成你手中的这本书。

　　对我们来说，修复关系的过程是一趟漫长的旅途，我们不仅让关系恢复如初，还变得比以往更加亲密了。我们之间疏远、正式的关系逐渐友好起来，然后再回到我们之前的状态，最后拥有了更稳固的关系——这不是一趟轻松的旅程。但是，这段旅程中付出的痛苦和努力都是非常值得的，我们之间还有金缮留下的"金线"为证。

> 希望上天赐予我们力量
> 让我们看到别人眼中的自己！
> ——罗伯特·彭斯（Robert Burns，诗人）

在本书的结尾，我们想谈谈恐惧。这个选择似乎有些奇怪，但只有谈论恐惧，我们才能帮你看到，如果没有恐惧会发生什么。

出于对评判的恐惧，我们所有人都有一些不愿意分享的重要部分。不要认为自己是例外——在我们带领过的所有 T 小组里，学员们一直纠结于这样的问题："我敢不敢让别人看到那些我努力隐藏的自我部分？"想想看：你不愿意向别人许下承诺，可能是因为你害怕他们不愿以同样的方式对待你。你一直犹豫是否要尝试某些新事物，可能是因为你害怕犯错。你没有要求你需要的东西，或者没有在别人伤害你的时候直接提出反对，可能是因为你害怕损害你们之间的关系。还有一种更基本的恐惧：如果有人真的了解你——全部的你，他们就会排斥你。

　　我们都知道，我们心中的自我意象与别人对我们的看法有着很大的区别。你对此是不是有些切身的感受？"看到别人眼中的自己"是否真的是一种上天恩赐的能力，尤其是在其可能摧毁我们努力营造的自我意象的情况下？你害怕如果接受他人的反馈，你会失去自尊和自我价值感。

　　这些恐惧限制了成长和学习，减少了承担风险、尝试新行为的意愿。这些恐惧还会将你困在你不愿面对的不愉快情境里，消耗你大量的能量。它们会让你失去真正的人际联结。"恐惧"有时是"看似真实的虚假预期"的代名词。

　　最重要的是，这些恐惧限制了你的人际关系发展到"深度"的可能性。正如我们一再说明的那样，只有当我们能够控制恐惧并承担必要的风险时，才有可能建立深度关系。这就产生了一个悖论。尽管恐惧会限制你，但你在建立和维持深度关系时所承担的风险却能让你从大部分这样的恐惧中解脱出来。这在一定程度上是因为你检验了这些恐惧，却发现它们是虚假的预期。建立深度关系的过程增强了你的人际能力，给了你如实表达自我、更充分地做真实自我所需的信心。

　　所有这些过程都能让你不必一再询问"我能说……吗""如果我……她会怎么看我"或者"我这么做他会有什么感受"。你不必再把精力浪费在自我怀疑上，而是专注于好奇与学习。当然，你可能依然会担心生活中的事情会如何发展，但这与担心别人排斥你真实的自我不同。这样一来，深度关系就能帮助你离开"非黑即白"的生活，过上五彩斑斓的日子。

因此，深度关系的内核就是一种近乎奇妙的、独特的自由体验。因为你知道对方关心你、能坦诚待你，所以你可以放心地倾听他们的反馈。这会让你更全面地了解自己。你很清楚自己的长处，以及如何利用这些优势。你不会把自己的弱点看作苛责自己的理由，而是将其看作生而为人的一部分，给予你成长契机的东西。深度关系能让你对自己的信念进行压力测试。可能过去对你有用的一些假设现在已经不合时宜了。他人的反馈和视角能拓宽你看待事情的方式，甚至能影响你对自身选择的理解。

最重要的是，尽管你有着那些人性的弱点，你关心的那些人依然会接纳你。你缩小了别人对你的看法与你对自己的看法之间的差距。他们对你的接纳能帮助你接纳自己。由此产生的自由是无可比拟的。

了解自己并接纳自己，能让你的内心产生一个"陀螺仪"——你知道的，就像那些充气玩具一样，在被击打之后，无论倒向何方，最后都会回到正中间的位置。你不会因别人的反馈而不知所措，也不会被他人的反应所控制。你与真实的自我、自己的价值感紧密相连，这让你能接受别人的观点。学习和成长总是需要冒险，但你现在拥有了坚实的基础。你完全能够成为一个终身学习者。你也有能力与另一个人建立深刻的联结。

你已经到达了山顶。比起在山谷里，甚至比起在山间的草地上，你现在能看到的世界更加广阔了。你很清楚，与另一个人一同站在这里，能让你有机会从不同的高处看到新的风景。在多次攀爬过这段山路之后，你知道和其他人再爬一次是可能的。未来还有更多的联结、更多的神奇经历在等待着你。

致　谢

企鹅兰登书屋（Penguin Random House）的丹尼尔·克鲁（Daniel Crewe）曾打电话问我们，有没有兴趣根据斯坦福著名的"人际互动"课程写一本书。如果不是他，我们不太可能会写出这本书。首先，我们要感谢他邀请我们踏上这趟旅程，感谢他相信我们，并且在三年多的时间里提供了不懈的支持和许多编辑建议。此外，我们还非常感谢皇冠出版集团的编辑埃玛·贝里（Emma Berry），感谢她对我们有求必应，用她的慧眼一稿又一稿地修改，让这本书的表达变得更加有力。

我们非常感谢詹娜·弗里（Jenna Free）的耐心指导，我们的原稿在她的帮助下变成了可读性更强的文字。她非常善于指出冗余、澄清内容，削减了大量不必要的材料，让书稿更具活力。她严谨的编辑工作告诉我们，往往少即是多。我们也非常感谢我们出色的经纪人霍华德·尹（Howard Yoon）指导我们走完出版的全程。

我们要感谢玛丽·安·哈卡贝（Mary Ann Huckabay）；感谢我们的好朋友、经常担任我们非正式顾问的马克斯·理查兹（Max Richards），感谢他对书稿投入的大量精力以及在参考文献部分的出色工作；还要感谢阿黛尔·凯尔曼（Adele Kellman）和瓦妮莎·洛德（Vanessa Loder），她们两人在不同时间读过书稿，也都提出了具体的建议，帮助我们进一步理清思路。

在写作本书的过程中，很多人都在不同时间给过我们反馈，并提出了明智的建议。我们要感谢我们"人际互动"课程的同事埃德·巴蒂斯塔（Ed Batista）、莱斯利·金（Leslie Chin）、安德烈娅·科尼（Andrea Corney）、科林斯·多布斯（Collins Dobbs）、伊法特·莱文（Yifat Levine），以及我们已故的朋友兰茨·洛温（Lanz Lowen），他看过我们最初的出版计划，并帮助我们确定了本书的方向。

在开始写作之后的三年里，我们从阿兰·布里斯金（Alan Briskin）、加里·德克斯特（Gary Dexter）、巴斯亚·盖尔（Basya Gale）、玛丽·加伯（Mary Garber）、苏珊·哈里斯（Susan Harris）、托尼·莱维坦（Tony Levitan）、埃德加·沙因（Edgar Schein）、罗杰·肖勒（Roger Scholl）那里获得了许多宝贵的建议。无论我们是否接受，他们的每一个想法和意见，都会让我们停下来，更深入地思考我们想说的是什么。在我们写作的这几年里，这本书发生了很大的变化。毫无疑问，如果没有他们的参与，本书肯定不会达到现在这样的水平。我们两人为最终出版作品中的任何局限负有全部的责任。

感谢帕特里夏·威尔（Patricia Will）在卡萨陶帕旅馆的招待；感谢罗伊·巴哈特（Roy Bahat）、里基·弗兰克尔（Ricki Frankel）、辛西娅·戈尼（Cynthia Gorney）与温迪·卡文迪什（Wendy Cavendish）的关怀、鼓励、热烈支持；感谢"科技领袖"组织的伙伴们一次又一次地帮我们收拾烂摊子。

我们要向我们成千上万的学生和客户表达感激和致以谢意，他们不仅塑造了我们的理念，还影响了我们个人。他们教给了我们许多有关如何发展有意义的关系的东西。我们希望能把他们教给我们的这些东西很好地表达给读者。在写这本书的过程中，我们和很多人进行了成百上千次的谈话，要把他们的名字都罗列出来是不现实的，我们只能为不能向他们每个人致谢表示歉意。

最后，除了我们在献词里感谢过的配偶之外，我们还非常感谢我们的儿女和孙辈——杰夫·布拉德福德（Jeff Bradford）和索菲娅·劳（Sophia Lau）、温莉·布拉德福德（Winry Bradford）、肯德拉·布拉德福德（Kendra Bradford）和托德·舒斯特（Todd Shuster）、列夫·舒斯特（Lev Shuster）、盖尔·舒斯特（Gail Shuster）、尼克·罗宾（Nick Robin）和亚历克丝·罗宾（Alex Robin），以及茉莉·罗宾（Molly Robin），感谢他们在我们的生命中扮演的重要角色，感谢他们帮助我们理解建立深度关系的真谛。

附录 A

情绪词汇表

表 A-1

快乐	关怀	沮丧	缺乏信心	恐惧	困惑	受伤	内疚/羞耻	孤独	愤怒
愉快		难受		紧张		被轻视	后悔		焦躁
愉悦		低落		焦虑		被忽视	被冤枉		厌恶
满足	热情对待	消沉	不自信	不确定	不确定	被忽略	尴尬	被冷落	恼火
满意	友善	难过	不相信自己	孤独	不确信	被贬低	有错	被排斥	厌烦
中意	喜欢	不舒服	不确定	恐慌	困扰	失望	弄错了	孤零零	讨厌
惬意	积极对待	失望	心虚	害羞	不舒服	不被欣赏	有责任	冷漠	气恼
欣喜		伤心	缺乏效能感	担忧	拿不定主意	自己的付出	搞砸了	冷淡	厌倦
舒畅		忧郁		不安		被当作理所	犯傻		烦恼
		烦恼		腼腆		当然	愧怍		生气
				尴尬			窘迫		懊恼
				手足无措					发火
				怀疑					恼火
				不自在					不耐烦
				焦愁					感到"刺痛"
				不适					
弱				难为情					

（续）

快乐	关怀	沮丧	缺乏信心	恐惧	困惑	受伤	内疚/羞耻	孤独	愤怒
喜悦	喜爱	忧愁	受挫	害怕	五味杂陈	相形见绌	羞愧	隔阂	愤愤不平
高兴	敬意	苦恼	挫败	恐慌	心乱如麻	受打击	内疚	疏远	恼怒
开心	尊敬	灰心	无能	忧虑	模糊不清	被漠视	悔恨	疏离	敌意
怡悦	钦佩	哀愁	无效	焦躁不安	烦忧	被侮辱	惭愧	孤独	不满
美好	关注	丧气	笨拙	惊恐发抖	漫无目的	被诋毁	应受指责	寂寞	窝火
轻快	重视	气馁	不堪重负	受到威胁	失去目标	被诽谤	丢脸	形单影只	被激怒
容光焕发	信任	痛苦	无济于事	难以信任	无所适从	被斥责	丧失尊严	孑然一身	气愤
兴高采烈	亲密	悲观	能力不足	他人	混乱	名誉扫地			动怒
欢快		流泪	不能胜任	冒险	隔阂	被蔑视			被冒犯
意气风发		哭泣	无能为力	惊慌	沮丧	被耻笑			敌视
精神振奋		凄惨	渺小	仓皇	不知所措	被中伤			赌气
		糟糕	不称职	难堪	矛盾	被虐待			好斗
		可怕	不重要	抵触	烦恼	被嘲讽			刻薄
		糟透了	不够好		无助	被小看			敌意恼
		悲伤	一无是处		毫无进展	被鄙视			心怀怨恨
		失落	无可奈何			被讥讽			怀恨在心
中		抑郁				被奚落			
						被利用			
						被剥削			
						被贬损			
						被践踏			
						被诬蔑			
						被贬毁			
						被贬抑			

（续）

快乐	关怀	沮丧	缺乏信心	恐惧	困惑	受伤	内疚/羞耻	孤独	愤怒
兴奋		阴郁		心惊胆战		被打垮			怒不可遏
激动		凄凉		惶恐不安		被压垮			怒气冲冲
喜不自禁	钟爱	阴霾	无助	担惊受怕	困惑不解	万念俱灰			火冒三丈
大喜过望	迷恋	绝望	力不从心	大惊失色	摸不着头脑	低人一等	满心悔恨		愤慨
惊喜若狂	倾心	空虚	举步维艰	绝望	毫无头绪	痛不欲生	被揭露		大发雷霆
美妙	珍爱	空洞	自卑	惊慌失措	不知所措	遍体鳞伤	不可原谅	与世隔绝	暴跳如雷
兴冲冲	崇拜	悲切	萎靡不振	毛骨悚然	进退两难	心如死灰	羞耻	被抛弃	被惹毛了
震撼	怜爱	悲痛	百无一用	脆弱	百思不得其解	备受折磨	颜面尽失	孤苦伶仃	暴怒
乐翻了天	宠爱	冷酷	完蛋了	怯场	左右为难	颜面尽失	低人一等	被遗弃	又愤填膺
欢欣鼓舞	痴迷	孤寂	像失败者一样	惧怕	糊里糊涂	羞愧难当	羞愧难当	断绝关系	憎恨
热情洋溢	依恋	黯然神伤	毫无价值	吓得动弹	进退维谷	痛彻心扉	屈辱		满腹怨气
欢呼雀跃	挚爱	无可救药	一文不值	不得	满腹疑团	任人鱼肉			怨愤
妙不可言	爱慕	格格不入				被抛弃			图谋报复
棒极了						被遗弃			咬牙切齿
幸福到了极点						被排斥			怒火中烧
自在快活						被丢弃			痛恨

附录 B

促进学习

我们希望你从本书中学到的最重要、最持久的技能是如何学习。对 T 小组的研究表明，习得本书中的能力的学员会在课程结束后继续学习，这要归功于正强化的循环。为了帮助你利用这种正强化循环，运用挑战自己的能力，我们在此要提醒你所学过的东西：

- 如何更充分地做自己，其中包括要看到表达自己情绪的力量。你已经学会了如何运用 15% 法则来提高关系建立过程中的自我表露。即使表露自己脆弱的一面可能会有风险，但在大多数情况下，益处都远大于风险。愿意让他人充分了解自己是需要勇气的，你已经知道，愿意表露脆弱更多地源于一个人的力量，而非软弱。

- 如何创造条件让对方更愿意自我表露，做真实的自我。在这个过程中，倾听对方的感受并鼓励他们充分表达是至关重要的。同样地，你也学会了不要急于做出评判。相反，即使你一开始不理解对方或者他们做了让你不高兴的事情，也要保持好奇。你也学会了重视对方的独特性，而不是要求他们变得像你一样。

- **提建议的局限以及问开放性问题的力量。**你已经提高了自己的共情能力。正如你想被人充分地了解和接纳，你也学会了如何充分了解和接纳他人。

- **如何给予并接纳针对行为的反馈，如何提出并解决困难的问题，以及如何帮助他人看到他们做得好的地方和有待改善的地方。**你和对方面临的困境可能是微小的"刺痛"，也可能是重大的冲突，但你已经发现，无论问题大小，反馈（尽管有时很难）都无须成为一种攻击。相反，反馈可以是一种让核心问题暴露出来的方式，这样你们两人就可以共同解决问题。如果你们都致力于帮助对方成长、增进你们的关系，反馈就无疑是一份礼物。

- **欣赏情绪的力量与广度。**你已经意识到了你有能力在同一时间感受多种情绪，你也发现了所有那些妨碍自己识别并恰当利用情绪的方式。

- **支持的形式是多种多样的，但支持对方有时需要提出困难的问题。**这种问题可能让说者和听者都不好受。这样一来，你就学会了如何变得比自己想象的更加诚实。这种诚实始于坚持表达自己所知的现实，也就是对方的行为对你的影响，而不是对对方的动机或品格做心理解读。

- **你的选择比你之前想象的要多得多。**有时并不是你"不能"

做某件事或说某句话，而是你选择不做或不说。有时沉默是最好的选择，但重要的是要认识到这也是一种选择。

- **冲突不一定是破坏性的**。如果你运用反馈模型，就能用建设性的方式提出并解决困难的问题，这样反而能够增强人际关系。

- **关系很少会沿着直线向前发展**。关系的发展往往会"前进两步，后退一步"。要建立有意义的关系，就需要坚持不懈；困难只是可以解决的、暂时的障碍，而受到损害的关系也可以修复。

- **你加深了对自己的了解——知道了自己的长处以及自我设限的地方**。也许最重要的是，你明白了可以从多个地方获得关于自己的信息。你可以从自己的情绪中学习，因为情绪可以表明什么对你来说是重要的。你可以通过问自己"我为什么有这样的反应"来学习。你可以从反馈中学习，因为他人知道并告诉了你，你的行为所造成的影响。你现在也知道了什么情境会触发你的情绪。

也许最重要的是，运用这些能力已经帮助你从自己的经历中学到了很多东西，因为你已经开始采取行动改善人际关系了。你已经看到了什么方法对你、对他人有效。你也不会再否认问题，而是会从问题中吸取经验教训，这样你和对方都能在下次做得更好。有了这些能力，你就不那么害怕冒险了。这样你才能拥有继续学习的自由。

行动起来

1. 既然你已经读完了这本书，那么根据上面的总结，你觉得对你来说，最重要的是从哪方面开始努力？

2. 设置具体的学习目标：与某些能力相比，你对另一些能力更擅长、更得心应手。你不可能同时努力提高所有的能力，所以请记住 15% 法则，选择更重要的能力。同样地，你有没有一些限制自己或让自己陷入困境的做法。弄清自己想在哪方面努力，认识到自己在哪方面是成功的，可以帮助你发现检验自己技能的机会。

3. 寻求帮助：他人能帮助你达成学习目标。因为要做出重大的改变，全靠自己是很难的。比如，即使更坚定地表达自己的看法是你的一个目标，你可能难以发觉自己何时在妥协。与你信任的人分享你想要努力改善的方面，让他们留意你落入习惯的陷阱里，或者错失进步机会的时候。他们还可能帮助你进一步明确自己的目标，并思考达成这些目标的方法。

4. 记录并反思：在本书的前面，我们曾鼓励你记日记。你不仅可以记录你取得的进步，还可以借此进行反思。假设你有了一次失败的经历——你又一次没能听从感受的指引。为什么会出现这样的情况？你是不是在处理某些情绪的时候遇到了困难？你是不是落入了自负的陷阱，让你难以表露脆弱的情绪？

有一个真实性有待考证的故事讲道，一位患者问心理治疗师："我怎么才能知道自己好了？"治疗师答道："当你在我之前发现自己的问题的时候。"根深蒂固的习惯是难以消除的。你可能依然不善于处理冲突。不要把目标设为能够自如地应对冲突，而要把目标设为有能力应对冲突。养成新的行为习惯需要练习以及坚持不懈。要坚持下去，一步一个脚印。不要被暂时的挫折打垮。

最后，我们想再次回顾奥古斯特·雷诺阿的遗言："我想我对此已经开始有所了解了。"我们祝愿你一生都在不断进步，不断发现，直到最后一刻。这才是生活的真谛。

注　　释

第 2 章　斯坦福商学院经典课程

1. Alan Alda, commencement address, Connecticut College, June 1, 1980.

第 3 章　让他人了解真实的你

1. Nancy L. Collins and Lynn Carol Miller, " Self-Disclosure and Liking: A Meta-Analytic Review, " *Psychological Bulletin* 116, no. 3 (1994): doi.org/10.1037/0033-2909.116.3.457; Susan Sprecher, Stanislav Treger, and Joshua D. Wondra, " Effects of Self-Disclosure Role on Liking, Closeness, and Other Impressions in Get-Acquainted Interactions, " *Journal of Social and Personal Relationships* 30, no. 4 (2013): doi.org/10.1177/0265407512459033.

2. 证实偏差是彼得·沃森（Peter Wason）首次提出的。他当时做了一个实验，考察了人们会在多大程度上寻找证实自己观点的线索，以得出自己的结论。P. C. Wason, "On the Failure to Eliminate Hypotheses in a Conceptual Task," *Quarterly Journal of Experimental Psychology* 12, no. 3 (1960): doi.org/10.1080/17470216008416717. Confirmation bias is defined by the American Psychological Association as "the tendency to gather evidence that confirms preexisting expectations, typically by emphasizing or pursuing supporting evidence while dismissing or failing to seek contradictory evidence." *APA Dictionary of Psychology,* American Psychological Association, accessed March 11, 2020, dictionary.apa.org/confirmation-bias.

3. 要查看更完整的情绪列表，可参见附录 A。

4. 要深入了解不同的文化对情绪的影响，可参见 Keith Oatley, Dacher Keltner, and Jennifer Jenkins, "Cultural Understandings of Emotion," in *Understanding Emotions,* 3rd ed. (New York: John Wiley & Sons, 2013).

5. Daniel Goleman, *Emotional Intelligence* (New York: Bantam Books, Inc., 1995).

6. 要深入了解"能动性"这个概念，可参见 Martin Hewson, "Agency," in *Encyclopedia of Case Study Research,* eds. Albert J. Mills, Gabrielle Durepos, and Elden Weibe (Thousand Oaks, CA: Sage Publications, Inc., 2010), dx.doi.org/10.4135/9781412957397.n5.

7. Katherine W. Phillips, Nancy P. Rothbard, and Tracy L. Dumas, "To Disclose or Not to Disclose? Status Distance and Self-Disclosure in Diverse Environments," *Academy of Management Review* 34, no. 4 (2009); Kerry Roberts Gibsona, Dana Hararib, and Jennifer Carson Marr, "When Sharing Hurts: How and Why Self-Disclosing Weakness Undermines the Task-Oriented Relationships of Higher Status Disclosers," *Organizational Behavior and Human Decision Processes* 144 (2018); Lynn Offermann and Lisa Rosh, "Building Trust Through Skillful Self-Disclosure," *Harvard Business Review,* June 13, 2012, hbr.org/2012/06/instantaneous-intimacy-skillfu.

8. 在《换脸》（Changing Faces）一文中，劳拉·罗伯茨（Laura Roberts）引用了大量研究，探讨了形象管理给心灵和人际关系造成的后果。那些研究表明了掩盖内心真实感受、价值观和社会身份造成的有害影响，以及表达这些东西所带来的积极影响。Laura Morgan Roberts, "Changing Faces: Professional Image Construction in Diverse Organizational Settings," *Academy of Management Review* 30, no. 4 (2005).

第 4 章　鼓励他人敞开心扉

1. Katherine W. Phillips, Nancy P. Rothbard, and Tracy L. Dumas, "To Disclose or Not to Disclose? Status Distance and Self-Disclosure in Diverse Environments," *Academy of Management Review* 34, no. 4 (2009).

2. David L. Bradford and Allan R. Cohen, *Power Up: Transforming*

Organizations Through Shared Leadership (New York: John Wiley & Sons, Inc., 1998).

第 5 章　平衡双方的影响力

1. Jean M. Twenge, W. Keith Campbell, and Craig A. Foster, "Parenthood and Marital Satisfaction: A Meta-Analytic Review," *Journal of Marriage and the Family* 65, no. 3 (2003); Gilad Hirschberger, Sanjay Srivastava, Penny Marsh, Carolyn Pape Cowan, and Philip A. Cowan, "Attachment, Marital Satisfaction, and Divorce During the First Fifteen Years of Parenthood," *Personal Relationships* 16, no. 3 (2009); Sara Gorchoff, John Oliver, and Ravenna Helson, "Contextualizing Change in Marital Satisfaction During Middle Age: An 18-Year Longitudinal Study," *Psychological Science* 19, no. 11 (2008).

2. L. Festinger, "A Theory of Social Comparison Processes," *Human Relations* 7 (1954), pp. 117– 140.

3. Allan R. Cohen and David L. Bradford, *Influencing Up* (New York: John Wiley & Sons, 2012).

第 6 章　避免刺痛变成剧痛

1. Douglas Stone, Bruce Patton, and Sheila Heen, "Have Your Feelings (or They Will Have You)," in *Difficult Conversations: How to Discuss What Matters Most* (New York: Penguin Books, 2010).

2. *APA Dictionary of Psychology,* American Psychological

Association, accessed March 11, 2020, dictionary.apa.org/confirmation-bias.

3. Jennifer Aaker and Naomi Bagdonas, interview by David Needle, "Humor in the Workplace," *Gentry Magazine,* September 2017, https://www.gsb.stanford.edu /experience/news-history/humor-serious-business.

第 8 章　有效反馈的挑战

1. Daniel Goleman, *Emotional Intelligence* (New York: Bantam Books, Inc., 1995).

2. Jennifer Aaker and Naomi Bagdonas, interview by David Needle, "Humor in the Workplace," *Gentry Magazine,* September 2017, https://www.gsb.stanford.edu/experience/news-history/humor -serious-business.

第 10 章　觉察并掌控情绪

1. Brené Brown, "The Power of Vulnerability," TEDxHouston lecture, 2010, www.ted.com/talks/brene_brown_on_vulnerability/transcript ?language=en#t-640207.

2. Douglas Stone, Bruce Patton, and Sheila Heen, "Have Your Feelings (or They Will Have You)," in *Difficult Conversations: How to Discuss What Matters Most* (New York: Penguin Books, 2010).

第 12 章　建设性地利用冲突

1. 要深入了解搪塞的现象以及与之相关的情绪爆发，可参见

John Gottman, *Why Marriages Succeed or Fail: And How You Can Make Yours Last* (New York: Simon & Schuster, 1995).

第 13 章　双方共同解决争议

1. 梅尔（Maier）及其同事在两项研究中发现，如果被试能够探索多种解决方法，而不只是坚持按照他们想到的第一个办法去做，问题解决的效果就会提高。Norman R. F. Maier and Allen R. Solem, " Improving Solutions by Turning Choice Situations into Problems," *Personnel Psychology* 15, no. 2 (1962): doi.org/10.1111/j.1744-6570.1962.tb01857.x; Norman R. F. Maier and L. Richard Hoffman, " Quality of First and Second Solutions in Group Problem Solving," *Journal of Applied Psychology* 44, no. 4 (1960): doi.org/10.1037/h0041372.

第 16 章　若"深度"求而不得

1.Carol Dweck, *Mindset: The New Psychology of Success* (New York: Random House, 2006).

2. Allan R. Cohen and David L. Bradford, *Power Up: Transforming Organizations Through Shared Leadership* (New York: John Wiley & Sons, 1998); David L. Bradford and Allan R. Cohen, *Influence Without Authority,* 3rd ed. (New York: John Wiley & Sons, 2017).